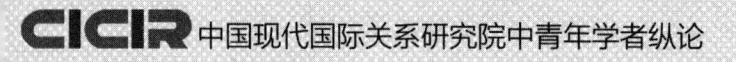

CICIR 中国现代国际关系研究院中青年学者纵论

日本海外港口开发战略研究

王 旭◎著

时事出版社
北京

序

日本海外港口开发战略是个值得关注和深入研究的议题。新时代新征程，中国不断扩大高水平对外开放，海洋强国建设坚定不移，需要借鉴世界主要国家的相关经验教训。日本是经济大国、海洋大国，研究其海外港口开发的战略意图、动向、成效、局限等，对中国"一带一路"建设和海洋强国建设有政策参考和启示意义。

日本在战后提出"海洋立国""贸易立国"，在全球港口建设和布局方面积累了较为丰富的经验。本书构建了国际关系视域下的港口问题分析框架，系统梳理了日本不同历史阶段的强港战略及其历史演进，对日本海外港口开发战略的形成、路径、特点、目标及驱动因素进行了全面探讨，从而强化了我国的日本海外港口开发研究这一薄弱环节，具有一定的创新意义。

本书至少有三点令人印象深刻。

第一，从国家发展与安全、地缘政治博弈视角考察和认识港口问题，探讨了一港之于一地乃至一国兴衰的意义。作者在宏观层面论证了港口与国际经济、国际政治、国际权力博弈的关系，在微观层面引入货权、港权、航权、买权（消费者权力）动态平衡理论，解释了海外港口开发与国家战略之间的互动关系。在此基础上，作者对海外港口支点的经营模式做出西方殖民式、美国霸权式、日本渗透式的分类。

第二，作者对日本海外港口开发进行了全方位的战略研究，可谓新的学术尝试。本书战略研究由理论、历史、路径、特点、案例、动因、评估、展望构成，谋篇布局层层递进、环环相扣，不仅在回答"是什么"的问题，还在尝试解决"为什么""将怎样"的问题。作者通过分级分类梳理日本70余年来的400余个海外港口开发项目，系统探析了日本关于通道安全、资源能源安全、国际产业网络布局、海外市场拓展、地缘经济利益、地缘政治与安全考量等多重战略诉求，从而全面展示了日本海外港口开发战略的样貌。

第三，对核心问题的论证总结比较深入，且联系中国实际进行了思考，现实意义突出。本书将日本渗透式经营模式特点概括为"国家主导、官民一体，战略推进、内外统筹，全程参与、全链捆绑，身份建构、差异竞争"，并指出其时代和实践的局限性所在，进而提出"以'全球发展倡议'引领中国特色海外港口开发""主动识变应变求变形成中国特色海外港口开发方案""坚持系统思维推动中国特色海外港口开发行稳致远"的中国特色方案。

"宝剑锋从磨砺出，梅花香自苦寒来。"本书作者王旭同志长期从事海洋战略研究，整理了大量中外文献资料，特别是日文一手资料，书中所使用的文献资料和统计数据有力支撑了其观点。书稿的完成，也体现了她对海洋、海权、地缘政治、国际政治经济、亚太区域经济及区域合作等理论的把握能力和踏实严谨的学术作风。

"海门回望千峰涌，港口雄开万里流。"近年来，中国现代国际关系研究院的青年学者秉持"起自学术、终及国家"的信念，在各自领域淬炼研究功底、坚持厚积薄发，推出一系列具有一定影响的学术成果，也为中国现代国际

序

关系研究院"老店"永葆芳华提供了源源不断的动力和活力。在此，祝贺王旭同志著作出版的同时，也期待看到更多青年才俊在中国现代国际关系研究院的学术浸润下茁壮成长、学术有成。

胡继平

2023 年 5 月

前　　言

在国际贸易中，海运占比90%。如果说海洋是全球互联互通的"高速公路"，那么港口便是这一高速公路的入口和加油站。由于港口具有与生俱来的国际性、联通性、集散性，国内港口与海外港口自然而然地共同组成一国的国际经济和权力关系网络。大国对海外港口支点控制与经营的争夺古已有之，这源于内外港口支点建设攸关一国发展与安全。

跨海交流率先始于边缘海。至少两千多年前，中国与朝鲜半岛、日本之间的海上通道便得以开辟；在亚欧大陆的另一端，各股势力围绕地中海海权的争夺战持续上演。泉州、亚历山大、威尼斯、马六甲……一个个闪耀着人类文明之光并杂糅着刀光剑影的港口城市从历史中走来，以港口为节点所勾勒出的画卷，正是国际权力重心转移与权力关系演变的宏大史诗画卷。

随着大航海序幕开启，人类正式步入远洋时代。西方殖民者抵近他国港口，以武力或武力威胁攫取对象国的港口通商权和控制权。为了掠夺殖民地资源、向殖民地倾销商品、建立远洋航线与陆路交通的补给点，西方殖民者盘踞对象国港口城市，从港口向内陆推进、渗透、蚕食。港口是列强在海外殖民扩张的起点、支点、节点。

历经两次世界大战后，国际格局、国际秩序、国际体系得到重塑。一方面，大多数被压迫的国家争取到独立地位，殖民地模式势衰。另一方面，美国、英国、法国等西方国家至今仍占领着位置紧要的海上要冲，发挥着当年布局海外港口支点网络的部分地缘、安全、政治功能，如关岛、夏威夷、迪戈加西亚岛、法属波利尼西亚等；美国作为霸权国家，仍在海外拥有多个海军军事基地。这些海外支点成为美国等西方国家自诩为"全球国家"的底气所在。但从大的潮流和趋势来看，二战后再没有爆发"世界性大战"，港口支点的安全属性一度弱化，甚至在新自由主义风潮下，很多国家放弃对港口的绝对控制。与西方殖民式海外支点经营、美国霸权式海外支点经营有着显著不同的海外港口开发模式日趋主流。

日本是海外港口开发模式的典型代表。其代表性体现为，在二战后至今的70余年里，日本持续推动海外港口开发，是开展海外港口开发时间长、成效显著的国家之一。日本累计在海外共开展海外港口开发项目400余项，其中规划调查项目380余项，承建港口40余个，参与经营港口接近30个。其项目遍布全球，合作覆盖各大洲主要国家。日本还在漫长的实践中形成了独具特色的日本模式，可归纳为"国家主导、官民一体，战略推进、内外统筹，全程参与、全链（港航产业链）捆绑，身份建构、差异竞争"。这一模式有别于以往的西方殖民式和美国霸权式海外支点经营，是渗透式海外港口开发的生动实践。

海外港口开发之于日本又有着特殊的战略意义。囿于战后体制的"束缚"，以及东亚发展型国家特征和岛国地理属性的作用，经济外交、海洋外交成为战后日本特色的对外战略推进路径。日本海外港口开发战略是日本对外经济战略和海洋战略，即"贸易立国""海洋立国"的交汇所在。海外港口开发与其对外战略的重心完全吻合，对国家经济、政治、地缘、安全战略诉求的实现发挥着难以替代的作用，是战后体制下日本适应性对外战略推进和进取性国家利益拓展的特色实践。

当前，百年未有之大变局加速演进，海外港口开发的地缘竞争属性、安全竞争属性凸显，甚至走向零和竞争。美西方频繁炒作中国在亚洲各国建设港口行动是"珍珠链战略"。2020年，日本《每日新闻》披露，美国向日本提供全球关键港口清单，敦促日本在美方清单指向之处

前　言

加紧布局，对冲中国的"海外扩张"。① 2021年拜登上台后，美国更加重视拉拢盟友、伙伴，海外港口开发作为大国国际基础设施建设（下称基建）竞争重要组成的势头只增不减。值得注意的是，海外港口开发竞争中更出现了绿色港口之争、数字港口之争的新苗头。

2021年9月，美日澳印"四边机制"首次线下首脑会议提出构建"印太"绿色港口、航运网络，称四国将形成以洛杉矶、横滨、悉尼、孟买为主要支点的绿色港口网络，2030年前实现2—3个低排放或零排放的美日澳印航运走廊。②"印太"绿色港口、航运网络被2022年2月拜登政府首份"印太战略"报告列为做深做实美日澳印"四边机制"的具体举措。美国《纽约时报》《华尔街日报》多次抹黑中国数字航运强国建设，称中国与海上丝绸之路沿线国家共建港口物流数据平台威胁美国国家安全，呼吁美国政府出台应对措施。③

百年未有大变局下，日本作为美国的盟国，对美"印太战略"发挥着"地区总代理"和"力量倍增器"作用，增加了中国周边安全环境的复杂性。④ 日本在美日同盟和美日澳印"四边机制"中的负面动向愈发突

---

① 「安保条約60年 第2部/1（その1）米、対中『港湾リスト』インド太平洋30カ所　日本に開発協力迫る」、『毎日新聞』2020年3月23日，https://mainichi.jp/articles/20200323/ddm/001/010/133000c。（上网时间：2020年3月28日）

② 「ファクトシート：日米豪印首脳会合」、第3頁，https://www.mofa.go.jp/mofaj/files/100238180.pdf。（上网时间：2021年12月14日）

③ Michael Roberts, A U. S. "Ships Act" Would Break China's Control of the Seas, October 3, 2022, https://www.nytimes.com/2022/10/03/opinion/china-us-shipping-security.html; Niharika Mandhana：《中国大举投资全球港口催生安全担忧》，《华尔街日报》，2022年11月14日，https://cn.wsj.com/articles/%E4%B8%AD%E5%9B%BD%E5%A4%A7%E4%B8%BE%E6%8A%95%E8%B5%84%E5%85%A8%E7%90%83%E6%B8%AF%E5%8F%A3%E5%82%AC%E7%94%9F%E5%AE%89%E5%85%A8%E6%8B%85%E5%BF%A7-11668393906。（上网时间：2022年11月16日）

④ 赵明昊："面对欧亚变局，周边外交更重要"，人大重阳网，2022年4月21日，http://www.rdcy.org/index/index/news_cont/id/693483.html。（上网时间：2021年4月21日）

出，日本正与中国渐行渐远，甚至全面倒向美国。① 美国倚重日本发挥牵制中国的作用，日本海外港口开发与美国以海遏华、以港遏华走向合流。

"构建'印太'绿色港口、航运网络"率先出现在 2021 年 4 月美日首脑会谈共同声明中，继而写入 2021 年 9 月美日澳印"四边机制"合作清单。2022 年 2 月日本发布的最新版《海外港口开发指针》提出，日本要运用美日、美日澳印的国际关系网络，就海外港口开发信息互通有无并展开具体合作；将在碳中和的大背景下，引领推动国际绿色航运网络形成。②

日本海外港口开发正在国内、国际的双重作用之下，达到前所未有的国家战略高度、受到前所未有的国家战略重视。从国内动员看，海外港口开发纳入日本"印太战略"、国家海洋战略、"基础设施系统出口战略"，是三大战略的交汇所在。2020—2022 年，日本国家海洋战略最高咨询机构——综合海洋政策本部参与会议几度向首相递交"意见书"，包括强调海外港口开发战略重要性的内容，而这样的"意见书"往往会转化为日本国策。

综上所述，港口与人类活动伴生，一直具有地缘、安全、政治、经济等多重战略属性。海外港口支点控制经营与大国博弈态势呈正相关关系。当前，海外港口支点的战略属性、安全属性再度上升，成为大国博弈的关键领域之一。日本是海外港口开发大国、强国，其经验教训深刻，也折射着日本对外战略考量和国际关系的演变。日本海外港口开发战略是富有理论和实践价值的研究议题。

涉及日本海外港口开发战略的既有研究成果浩如烟海，但国际关系视域下的港口战略研究和日本海外港口开发战略研究却尚未得到应有的重视。国内外还没有系统性研究日本海外港口开发战略的论文或专著。中外学者对港口问题做出过诸多探讨，日本学者对日本国内港口开发的

---

① 时殷弘："拜登美国的头号盟国：日本对华新态势"，《日本学刊》2021 年第 6 期；朱峰："地缘战略与大国关系：中日关系基本走势的再分析"，《日本学刊》2022 年第 1 期。

② 『海外展開戦略（港湾）』（2022）、https：//www.mlit.go.jp/report/press/content/001462444.pdf。（上网时间：2022 年 3 月 10 日）

研究积淀深厚，中外学者对日本对外经济战略和海洋战略的研究扎实细致。但遗憾的是，既有研究缺乏国际关系、地缘政治视域下的港口属性研究，缺乏对日本港口和海外港口开发战略的系统研究，缺乏对一国海洋战略与对外经济战略的交叉研究。中外学界对"港口"这一日本对外战略与海洋战略交汇点的研究极为匮乏。

本书尝试以战略为主线对日本海外港口开发开展研究，尽可能兼顾对港口战略属性的探讨，以及对作为日本国家战略组成的海外港口开发战略的探讨，在既有研究和资料基础上搭建国际关系视域下日本海外港口开发研究框架，回顾其历史，结合案例研究总结其战略路径和模式特点，探究其战略目标及驱动因素，就其战略成效进行评估展望。

大量日文资料、特别是第一手材料成为本研究得以开展的坚实基础。日本《国家安全保障战略》、"印太战略"、"基础设施系统出口战略"、《海洋基本计划》等日本国家战略规划文本，日本外务省、经济产业省、国土交通省、总务省、内阁府等官方发布的数据资料，日本国际协力机构等（下称JICA）具有官方背景的机构与协会的数据库，日本港航研究机构、企业公布的资料，日本官员、企业法人代表发表的文章等，针对性强、准确、系统且及时。

鉴于此，本书中的港口指广义的港口，而非狭义概念。

关于"港口"。《法语历史词典》称："港"一词最早来自拉丁语portus（1505年），主要意思是"通道，港口和门"。汉语中，"港"分为狭义的"港"和广义的"港"。狭义的"港"指商品中转站，广义的"港"与港口、港湾区分不明晰，含有码头、中转站、港湾、临港产业园区、港口城市等多重含义。日语中，"港"指港口，"港湾"有港口、港湾、临港产业园区、港口城市等多重含义。[①] 本书中"港"是汉语

---

① 据日本学者北见俊郎考证，古代日本有"户""凑""浦""港"等多种说法，"港湾"之措辞首次出现在明治维新后（明治六年）发布的公告中，为港赋予了现代化港口、港城、海湾航运条件整备等经济性、社会性意涵。北见俊郎、『港湾総論』、成山堂书店1980年版、第25页。

中广义的"港"和日语中的"港湾"，并顺应汉语习惯，统一使用"港口""港"，不使用日语中常见的"港湾"之措辞。港分为商港、渔港、军港、邮轮港等，本书研究的对象是海港商港（货物吞吐港）。商港按照货物类别主要分为干散货港、油港和集运港。本书将干散货港和油港统称为资源能源港。

关于"港口开发"。日本官方将"川上""川中""川下"视为海外港口开发的三个阶段，"川上""川中""川下"分别对应汉语中的港口规划调查、建设运维、运营管理。因此，本书研究的港口开发项目包括规划调查项目、建设运维项目和运营管理项目，而不仅限于港口建设项目。重视参与海外港口规划调查，是日本港口开发有别于其他国家的主要特点之一。

关于"海外港口开发"。海外港口指位于一国领土以外的港口。政府及其代表或企业等主体以海外港口为对象进行的港口规划调查、建设运维、运营管理等所有业务项目统称为"海外港口开发"。"海外港口开发"包括但不限于具体选址、规划布局、方案设计、风险评估、投资融资、码头岸线基础设施建设、临港产业园区建设、道路交通、电力网络、港城一体化发展等。日本官方提出的"海外展开战略（港湾）"统一翻译为"海外港口开发战略"。

本书共分为七部分。

第一章"国际关系视域下的港口与海外港口"。搭建国际关系视域下港口与海外港口研究框架，指出港口是全球化和国际关系互动的节点。宏观层面，论证港口与国际经济、国际政治、国际权力博弈的关系；微观层面，引入货权、港权、航权、买权动态平衡，解析港口开发运行机理；超越经济学、物流学、工程学的探讨，系统解释海外港口开发与大国国家战略的互动。在此基础上，对海外港口支点经营模式做出西方殖民式、美国霸权式、日本渗透式的分类，阐述为何海外港口开发是当前主流的海外支点经营模式，指出日本海外港口开发是渗透式海外支点经营模式的典型实践。

第二章"日本强港战略的缘起和发展"。以历史为线索，梳理日本

前　言

如何抓住国际格局演变与全球港航业大发展等历史机遇，分四个发展阶段实现了港口强国的战略崛起。论述日本强港战略内外统筹国内港口建设与海外港口开发，由国家主导、战略推进。日本港口开发模式趋于成熟，且具有外溢效应。

第三章"日本海外港口开发战略路径"。梳理国家主导、战略推进下日本海外港口开发所取得的成效。从模式选择、顶层设计、参与维度、时空布局这四方面探析日本海外港口开发战略路径。运用大量日文一手资料，还原日本海外港口开发的整体样貌。

第四章"日本海外港口开发战略特点与案例研究"。阐述日本海外港口开发战略特点：第一，新官民一体；第二，利益与风险平衡；第三，"港口强国"身份建构。对日本"印太战略"标志性项目——缅甸迪拉瓦港城项目进行案例分析，印证日本海外港口开发战略特点。

第五章"日本海外港口开发战略目标与驱动因素"。全面系统分析日本海外港口开发的通道安全、资源能源安全、国际产业分工布局、海外市场拓展、地缘经济利益、地缘政治竞争等战略目标，论证海外港口开发是日本经济战略、海洋战略、地缘战略的交汇所在。以国家"海洋观"这一新视角探究背后的原因，论证从向海而生、向海图强走向制造陆海对立，"海洋国家"身份建构之变是驱动因素，从而搭建港口——对外经济战略与海洋战略（"贸易立国""海洋立国"）——国家发展与安全的理论分析框架。

第六章"日本海外港口开发战略评估"。以日本适应性进取对外战略推进范式、渗透式海外港口控制经营模式为主线，评估日本海外港口开发战略成效，分析其局限所在，就战略演进趋势做出展望。将日本海外港口开发模式归纳总结为"国家主导、官民一体，战略推进、内外统筹，全程参与、全链捆绑，身份建构、差异竞争"。

最后一部分"余论"。就中国特色海外港口开发方案提出三个层次的思考。

本书属于"拓荒性"研究，并尝试运用跨学科研究视角和方法，因笔者学识水平有限，疏漏偏颇之处难以避免，期待读者的批评指正。希望能够以此为更多更深入的研究抛砖引玉，亦期待对中国对外战略实践起到一定参考作用。

目 录

第一章　国际关系视域下的港口与海外港口 …………………（1）
　第一节　港口的诞生、发展 …………………………………（1）
　第二节　港口的权力关系 ……………………………………（8）
　第三节　海外港口支点经营的嬗变 …………………………（18）
　第四节　西方地缘学说对港口的阐释 ………………………（24）
　本章小结 ………………………………………………………（30）

第二章　日本强港战略的缘起和发展 …………………………（32）
　第一节　1868 年到 1945 年：国家主导港口开发确立 ………（33）
　第二节　1945 年到 1971 年：资源能源港崛起 ………………（40）
　第三节　1971 年到 1991 年：集运港崛起 ……………………（50）
　第四节　1991 年至今：港口开发模式形成 …………………（58）
　本章小结 ………………………………………………………（66）

第三章　日本海外港口开发战略路径 …………………………（68）
　第一节　模式选择：从殖民式海外支点经营到海外
　　　　　港口开发 ……………………………………………（69）
　第二节　顶层设计：战略定位的演进 ………………………（89）
　第三节　参与维度：国家主导全流程参与 …………………（96）
　第四节　时空布局：从通道化、全球化到"印太"化 ………（111）
　本章小结 ………………………………………………………（120）

· 1 ·

第四章　日本海外港口开发战略特点与案例研究 ……（122）
  第一节　新官民一体 ……………………………………（123）
  第二节　利益与风险的平衡 ……………………………（143）
  第三节　港口强国身份建构 ……………………………（151）
  第四节　案例研究：缅甸迪拉瓦港城项目 ……………（157）
  本章小结 …………………………………………………（170）

第五章　日本海外港口开发战略目标及驱动因素 ………（172）
  第一节　"海洋国家"日本的经济安全战略 …………（172）
  第二节　"海洋国家"日本的地缘经济战略 …………（181）
  第三节　"海洋国家"身份战略性运用："政治大国"
         追求 ……………………………………………（191）
  第四节　"海洋国家"身份的异化：地缘战略 ………（198）
  第五节　"海洋国家"身份的再异化：科技革命与
         地缘竞争 ………………………………………（211）
  本章小结 …………………………………………………（218）

第六章　日本海外港口开发战略评估 ………………………（220）
  第一节　战略成效评估 …………………………………（220）
  第二节　战略趋势展望 …………………………………（227）
  第三节　渗透式海外港口开发模式评析 ………………（230）

余　论 …………………………………………………………（238）

第一章

国际关系视域下的港口与海外港口

> 谁控制了海洋，谁就拥有了贸易；谁控制了世界贸易，谁就拥有了世界的财富，进而控制了世界。
>
> ——古罗马思想家　西塞罗

自古以来，国强则对外进取，大国对海洋权力的追求孜孜不倦。如果将海洋比作世界高速公路，那么港口便是这一高速公路的入口和加油站。港口攸关一国的发展与安全，港口和海外港口串起国际权力关系网络，控制、经营海外支点是大国化的标志之一。在国际关系视域下观察港口，不仅有港口盛衰牵动国际权力重心转移的宏观视角，也应兼顾跨越国界的港权与货权、航权、买权动态平衡的微观视角。基于宏微结合的分析可以看出，近现代以来，大国对海外港口支点的经营已酝酿出殖民式海外支点经营、霸权式海外支点经营、海外港口开发等多种模式。

第一节　港口的诞生、发展

港口因人类航海活动而产生，又加速了人类社会的广域交流和跨越式发展。港口孕育了城市，港口城市至今仍是物流、人流、信息流、资金流最为密集的产生地和集散地。伴随着工业革命，港口功能愈发多元、运行愈发复杂。如今，港口已历经四次迭代，港口规划、建设、运营管理从国家主导向官民协同演进。

一、港口是人类经济社会发展的必然产物

海洋贸易伴随人类文明而生，是悠久的客观存在。海洋贸易首先始于区域，区域海上交流是人类进步的阶梯。至少在两千多年前，中国与朝鲜半岛、日本之间的海上通道便得以开辟，中国影响力通过海洋在东北亚扩散。而在亚欧大陆另一端，围绕地中海、北海的交流相继开启，成就了古希腊、古罗马的崛起，孕育了亚历山大、威尼斯等诸多具有时代烙印的港口城市，形成汉萨同盟、维京文化等制度性遗产。正如麦金德指出，"在地中海海运的基础上，建立起称作海洋阶段的文明，如希腊和罗马的文明。萨拉森人和维京人是靠近岸航行来掌握统治权的"。①

走向深海远洋的国际贸易一轮轮扩大世界地理边界，推动国际格局形成与人类发展阶段的跨越。中国在公元前2世纪的汉朝时期，就已开辟印度洋海上航线。公元1世纪，中国、罗马、印度三大势力在印度洋会合，打通了东西方海上交通和贸易要道，琉璃制品从那个时代的中国古墓中出土。而经济全球化雏形至少在中国唐朝时出现，围绕亚欧大陆的陆海贸易通道均已打通。② "尽管海洋有各种常见和不常见的危险，但对于旅行和运输而言，海上交通一直都比陆上交通便捷、经济。"③在陆域遭遇人为阻隔时，海上交通相对于陆上交通的优势更为明显。当亚欧大陆的心脏地带陷入政局动荡甚至战火，陆上丝绸之路遭遇阻断，东西方更加积极地走向海洋、利用海洋，形成常态化的海上航线，这是

---

① [英]哈·麦金德著，林尔蔚、陈江译：《历史的地理枢纽》，商务印书馆2010年版，第64页。

② 姚大力、李山、武黎嵩、钱文忠、仇鹿鸣、于赓哲、吴钩、方志远、马勇：《五万年中国简史》，文汇出版社2020年版。

③ [美]马汉著，李少彦、董绍峰、徐朵等译：《海权对历史的影响：1660—1783年：附亚洲问题》，海洋出版社2013年版，第19页。

刺桐港（现为泉州）崛起为世界级大港的重要背景。2021年，"泉州：宋元中国的世界海洋商贸中心"被纳入联合国教科文组织世界文化遗产名录。大航海时代后，工业革命滚滚袭来，人类更加依赖海洋的通道价值。马克思在《资本论》中指出，"他们的工业比任何其他工业更依赖世界市场，从而也更依赖于航海业"。[1] 他在《哲学的贫困》中指出，"形成工场手工业的最必要的条件之一，就是由于美洲的发现和美洲贵金属的输入而促成的资本积累"。[2]

港航伴生。港口是海上高速公路的入口和加油站。当海上运输普遍化、海上航线稳定化，随之而来的便是具有较好条件的靠岸地点集约化、固定化，从而形成服务于航运的基础设施，这便是埠头。埠头这一中转点所需要的装卸、运输、交易等职能吸引相关从业人员与从业活动，进而升级为港口。人员聚集产生经济生活需求，以及连带商业活动，这便是港口产业集群的原始形态。于是，港口不再是简单依附于航运的节点，而是与航运一样成为贸易运行的关键一环，货物、港口、航运的上中下游产业链条形成，再与航线那一头的港口、消费者相连。

港口节点具有稳定性。相较于航运的"动态"，港口"静态"；相较于航运的"灵活"，港口"持重"。对港口的掌控是更加看得见、摸得着的权力。"世界海权理论之父"马汉指出，"荷兰发达的商业贸易不仅仅是因为它拥有海上运输，还因为它拥有无数条安全稳定的航线，使其可以便捷经济地通往德国境内"。[3] 法国港口问题学者弗朗索瓦·吉普鲁更加明晰地点出港口之于航运网络的价值，"观察海洋通道价值有诸多窗口，为了理解海洋空间的构成，我们不得不考虑用枢纽或节点来表示它们"。[4]

---

[1]《马克思恩格斯全集（第23卷）》，人民出版社1956年版，第525页。
[2]《马克思恩格斯全集（第4卷）》，人民出版社1956年版，第166页。
[3] [美] 马汉：《海权对历史的影响》，解放军出版社2006年版，第19页。
[4] [法] 弗朗索瓦·吉普鲁著，龚华燕、龙雪飞译：《亚洲的地中海：13—21世纪中国、日本、东南亚商埠与贸易圈》，新世纪出版社2014年版，第24页。

二、港口形态的发展

港口向大型化、综合化发展。从最初的埠头到今天的现代化深水港，海运规模化、高速化、大型化、干线化塑造着港口形态的演变。1807年，全球首艘蒸汽船诞生。蒸汽船代替风帆船提高了航行安全与速度，也触发了船舶的大型化。之前横渡大西洋航线的帆船最大为1000吨级，而蒸汽船吨位可达3618吨。经历了全球能源资源贸易大发展后，从20世纪70年代开始，全球集装箱运输走向普及，为了节省运输成本、提高物流效率，船舶大型化竞赛被再次引爆。1968年用于太平洋航线的日本邮船"箱根丸"号只有752标准箱，而目前全球最大的集运船的载箱量已超过2万标准箱。船舶大型化使码头吃水深度必须提高，港口必须修建更多、更大的码头以应对更多船舶靠港和装卸作业，大港规模效应显现。

全球海运最初是人流、物流的主要载体。随着空运发展，除邮轮旅游外，海运所承担的人流运输作用下降，物流（货运）成为其最主要功能。海运货运可分为集运、干散货运输、液体散货运输3个大类，也可以按货物性质细分为集装箱船运输、油轮运输、液化天然气（下称LNG）船运输、散货船运输（大宗粮谷、矿砂、煤炭、磷酸盐、木材、钢铁、化肥、水泥、砂糖、工业盐等）、重大件货物运输船运输、车辆运输船运输等。能源资源占据全球海运量的半壁江山。

表1-1 全球主要货品海运量统计（2010/2014年）

	石油（%）	铁矿石（%）	煤（%）	谷物（%）	其他（%）	总量（百万吨）
2010年	37	8	10	4	41	5434
2014年	27	13	11	4	45	10529

资料来源：根据日本学者森隆行编著的《外航海运概论》相关资料自制。[1]

---

[1] 本书中引用的所有数据均来自公开数据，并非田野调查得出，不代表笔者立场。

货物运输品类的多元化，推动着世界主要大港顺潮而动，拓展综合业务。虽然各港口主流业务各有侧重，但世界一流大港，如新加坡港、上海港、宁波港，是干散货、液体散货、集装箱均能吞吐的综合性大港。港口的意涵早已并非一个码头，而是庞大的业务生态体系。

随着港口大型化、综合化，港、城间拉开了物理距离，但港、城间的经济联系趋于复杂紧密。古代的埠头就是港，港就是城，城就是港。"城因港而生，由港而兴。"西方的威尼斯水城、东方的明州港莫不如此。工业化以来，由于临海工业区的大幅扩张，以及港口深水化发展引起的港口与城市日渐明显的分离趋势，大部分港口活动迁至城区以外的区域。现代港口与城市中心的物理距离越来越远。但商港衍生出复杂的业务体系和丰富的产业，港口内业务体系包括堆场、海铁与海陆联运物流、信息平台、保税仓等；港口城市的临港产业往往与港口吞吐性质密切相关，包括石油化工、机械制造等第二产业，以及物流、金融、大数据等第三产业；港口的腹地延伸也越来越广，有专家认为可向内陆辐射200—300千米。港口不仅是舶来品的吞吐场所，而且成为全球经济节点。

补给与货物吞吐是港口的两大基本功能。港口的补给属性未变，但补给品迭代发展。从最初获得淡水和食物，到蒸汽船发明后补给能源，补给能力和补给水平成为港口竞争力的关键。新一轮能源革命蓄势待发，在全球绿色化和气候变化治理议程带动下，港航业能源清洁化标准提高、进展加速。国际海事组织颁布"限硫令"、提出海运业减碳"2050愿景"，各海运大国纷纷布局绿色能源补给港建设。如：中国宁波港开启LNG加注港建设进程；日本提出横滨LNG港建设计划，并与新加坡政府达成有关在新加坡港口建设LNG补给设施的合作意向等。

三、港口功能的演进

1992年，联合国贸易和发展会议在《港口的发展和改善港口的现代化管理与组织原则》中首次将港口按照功能代别、功能战略等划分为三代。1999 年,联合国贸易和发展会议提出"第四代港口"概念,认为自 21 世纪以来,港口已成为国际性增长活动和经济活动的节点,成为全球资源配置的枢纽。[①]

时任中国交通运输部水运科学研究院院长费维军就此解读认为:第一阶段,港口满足基本装卸作业需求,重点是港口设施与能力建设;第二阶段,港口地理上的区位优势得以显现,港口能力建设和效率提升成为基本导向;第三阶段,港口功能提升,致力于发展多式联运、整合资源,促进信息融合,提供精细柔性一体化物流服务;第四阶段,全球供应链日益得到关注,港口成为国际供应链综合节点环节。第四代港口已由传统以装卸为主发展成为集装卸、转运、仓储、拆装箱、加工和信息处理为一体的综合物流服务中心,成为全球商品流、资金流、技术流、信息流的集散地。[②] 如果说此前港口是海运支点,那么如今,以港口为支点、节点的全球经济网络已经形成。"港口是国际物流链的关键因素,是经济社会关键基础设施;物流关系着所有产业的发展,港口物流不发展反噬产业进步。"[③]

表 1-2 现代港口功能的演变

发展阶段	功能定位	生产特点	与用户关系	决定因素
第一代港口	运输中心	提供船舶停靠、海运货物装卸、转运和仓储	松散,不定期订货	劳动力和资本
第二代港口	运输中心、服务中心	在第一代港口基础上增加工业和商业活动	用户关系密切,港城关系不密切,指令性计划	资本和技术

---

① UNCTAD, "UNCTAD Ports News Letter", 1999, pp. 9 – 12.
② 费维军:"促进港口互联互通,共建海上丝绸之路",2015 年海丝港口国际合作论坛(宁波)的主旨演讲,http://www.mpforum.org/index.php/About/jiabin.html? id = 3#inter。(上网时间:2021 年 12 月 3 日)
③ 大前研一监修、『港湾情报化研究会.港湾 IT 革命—港が変わると日本が変わる』、プレジデント社 2000 年版、第 26 页。

第一章　国际关系视域下的港口与海外港口

续表

发展阶段	功能定位	生产特点	与用户关系	决定因素
第三代港口	国际物流中心	高增值综合物流活动	生产、贸易与运输一体化，港口与用户关系密切，港城一体化开始	技术、信息和服务
第四代港口	全球资源配置枢纽	组织自治化、生产自动化、经营集约化、管理现代化、信息产业化	港城综合网链一体化，形成区域经济技术利益共同体	技术、信息、服务、人才和环境

资料来源：根据相关资料自制。

有学者开始探讨第五代港口的概念。如中国学者王斌义提出，第五代港口始于2010年，在新技术革命和新经济可持续发展的需求下产生，将实现绿色、智慧、集群化发展。[1] 诚然，绿色化、智慧化是港口发展大势所趋，不过何时是港口向第五代迭代的分界点尚没有定论。

也有关于信息化时代港口重要性是否会下降的探讨。众所周知，物流业是与金融业、信息业并列的三大生产性服务行业之一。海运长期占据全球物流份额的90%左右[2]，陆运、空运、管道运输不可企及。未来，海运因其便捷性、廉价性与相对安全性，仍将是人类最重要的货物流通方式。世纪之交，联合国贸易和发展会议就2000—2025年全球经贸发展指出："可以放心地预测，全球海运贸易将持续增长，仍将占据

---

[1] 王斌义：《面向"一带一路"的中国港口转型升级研究》，中国经济出版社2019年版，第55页。作者系西安交通大学经济学博士、厦门理工学院教授及中国物流学会常务理事。

[2] World Bank – IAPH Report, "Accelerating Digitalization Across the Maritime Supply Chain（2020）", https：//thedocs.worldbank.org/en/doc/773741610730436879-0190022021/original/Accelerating Digitalization Acrossthe Maritime Supply Chain.pdf. 笔者注：联合国贸易和发展会议、世界银行、国际海事组织等国际组织的统计结果不尽相同，每一年的数据也不完全相同，有80%、85%、90%等不同统计结果。以上数据是按照货物重量统计得出的，如果按照货物价值统计将低于80%，但海运仍然是最重要的物流方式。

全球贸易的绝对主导地位。"①

虽然在信息技术革命和能源革命背景下，国际产业链趋短、生产趋于本地化，全球不可再生资源能源贸易长期看呈下降态势，国际货物贸易与港口吞吐量增长可能受此影响，但乐观派与谨慎派就拐点何时到来分歧明显。无论如何，只要存在国际货物贸易，海运便是最主要的物流方式；有国际经济活动存在和权力争夺之处，便有围绕港口的国际关系博弈。因此，即使物流在资金、信息、人等各生产要素流动中的地位发生变化，但港口在国际物流中地位的重要性不变。况且，港口是国际贸易数据产生和集散最为集中、活跃之处，第五代智能化港口的到来将为港口带来新的发展机遇。"贸易的所需设施是永久性的：交通、保险、贷款和经济信息交换。港口可以担此重任。"②

在气候变化治理背景下，更多利用海运也不失为降低碳排放的理想选择。日本学者指出，"也许有人认为国际物流靠空运、陆上物流靠货车运输，但实际上大多数国家的资源能源以及大宗食物、饲料都依赖国际海运贸易。海运的大宗运输属性使其相比车辆运输等更节省能源，排出的温室气体更少。在全球气候变化问题越发受到重视的当前，其优越性会越来越突出，港口的重要意义将越来越突出"。③

第二节 港口的权力关系

港口反映着制造者、承运者、消费者的关系，串起生产、运输、交易、占有的完整链条。货权、港权、航权、买权在相互博弈中达到动态平衡，港口的重要性在不断的权力确认中得以强化。港口节点是经济重镇，经济重镇往往演进为国际政治、国际权力中心。在全球化

---

① UNCTAD, *UNCTAD Ports News Letter*, 1999.
② [法]弗朗索瓦·吉普鲁著，龚华燕、龙雪飞译：《亚洲的地中海：13—21世纪中国、日本、东南亚商埠与贸易圈》，新世纪出版社2014年版，第107页。
③ 大前研一监修、『港湾情報化研究会. 港湾IT革命―港が変わると日本が変わる』、プレジデント社2000年版、第4頁。

背景下，港口施力和受力方早已跨越国界，在国际产业分工不断细化的背景下，出现中间品以港口为圆心的多次折返现象，使港口权力关系更加复杂。

一、港口主导权的演变

港口主导权是港口开发的权力归属问题。长期以来，港口选址、规划、建设、管理是公权力行为，或由国家主导，或由地方自治体推进。自古以来，东西方大港的产生、发展大多如此。

直至 20 世纪七八十年代，新自由主义与小政府主义之风潮下，机场、港口、邮电等原为国家掌握的"命脉产业"走向民营化。全球开启港口私有化进程，这使港口主导权向民间分散，甚至产生了围绕代表公权力的港口管理局之存废的质疑。

一方面，激烈的市场竞争下，现代港口管理需要灵活性和效率，这是私营部门之长。另一方面，港口耗资大、周期长，做出长期规划和支持可持续发展是公共力量之优。私人参与港口运营并不等同于港口公共组织的冗余。[1] 因此，虽然争论持续几十年，港口私营化一度风头强劲，但当前地主港仍是港口主流运营管理模式，即港口是公共财产，但由私营部门负责运营管理。[2] 与其他受到新自由主义影响的"命脉产业"相比，港口的公共属性更强，国家主导参与也更多。

即使是地主港，横向比较看，各国私营化改革的程度也不尽相同。西方更为彻底，以日本为代表的东方则更重视公权力要保持若干控制力。虽然日本立法允许民力、民资介入港口运营，但还是由中央政府入

[1] UNCTAD, "Technicalnote: the Fourth Generation Port", *UNCTAD Ports News Letter*, 1999.
[2] 地主港模式是指港口的基础设施为政府所有，港务管理局对港区内的土地、码头、航道和其他设施统一开发，并实施船务运输管理。企业以租赁的方式得到运营权，只需要投资码头的机械设备、库场和其他配套设施。

股了京滨、神户等重大战略港的运营。

政府和社会资本合作模式也适用港口开发。这是公共基础设施中的一种项目运作模式，该模式鼓励私营企业、民营资本与政府进行合作，参与公共基础设施的建设。

总之，当前港口开发的规划、建设、运营等各环节都引入了民间力量、民间资本的参与，虽然参与程度不尽相同，港口开发由国家主导仍是主流，民力、民资在其中发挥的作用在上升。因此，在探讨港口权力关系时，不能忽视上下游企业参与的微观视角。

二、货权、港权、航权、买权动态平衡

以港口为节点的贸易串起货物生产者、承运者、消费者的关系，简化为权力关系就是货权、港权、航权、买权的互动。最早的海运贸易由达官显贵控制，也主要服务于上层社会。上层社会包揽了货权、港权、买权。如中国古代海运普遍实行许可制度，不是任何人都可以从事海运贸易；皇族与官宦既掌控着货权、港权，也是昂贵的海上舶来品的主要消费者，即掌控买权。在这一背景下，消费需求对航线和港口的塑造作用突出。如南宋时期，大量皇亲贵族南迁泉州，由此泉州成为奢侈品消费市场和世界级大港。

"旧时王谢堂前燕，飞入寻常百姓家。"民力、民资更多地介入到港口开发中，不仅体现为政府和社会资本合作模式或地主港模式，也体现在上下游企业对港口的影响力的提升。全球化时代，上游货主将货物交与哪个港口中转、港口如何调配吞吐的货物、下游航运企业在哪个港口靠港、消费者需要什么产品，各方互相作用，使上中下游链条在货权、港权、航权、买权的动态博弈中取得平衡。港口被上述三者塑造，也反塑造上述三者。港口成为全球供应链中不可或缺的组成部分，港口与承运者、托运人和第三方服务提供商协同合作，嵌入供应链创造价值，而非依靠提高效率和价格优势，在日益增长的港口竞争中获得竞争

优势。①

从对港口影响力看,当前航权最为强势。"港口投资作为一国获得政治影响的方式,航运系企业投资港口更容易获得成功和更大的影响力,因为船运公司有能力将自己的船舶定向至这些港口,以获得更理想的业绩。"②

船舶大型化促使航权上升,也是大港集中效应的推手。航运企业为提高市场占有率、降低航运成本,不断推动船舶大型化。③ 冷战后世界统一大市场形成,全球贸易大发展带动航运大发展,商业航运船舶数量大幅增加。船舶大型化使单次靠港装卸货物量激增,商业航运繁荣使船舶靠港频次激增,均对港口码头数量和运营效率提出更高要求。码头装卸时间甚至由数天被压缩到数小时。"港口作为资本密集型、技术密集型行业,吞吐量和吃水深度难以跟上船舶大型化的速度,促使集运出现'瀑布'现象。"④ 即航运企业为节省成本,只停靠大型高效枢纽港,再由枢纽港向周边转运。如上海港是世界级大港和太平洋航线干线港,大型集运船舶停靠上海港后卸货,再由上海向其他港口转运。这便是集运"瀑布"现象。可见,是航权的上升使集运港分化为主航道干线港和支线港。

航运公司运力规模越来越大,通过兼并重组和达成联盟继续加强航权影响力,在规划航线和选择停靠哪个港口上占据主导。国际港口运营

---

① Abraham Zhang, Jasmine Siu Lee Lam, George Q. Huang, "Port Strategy in the Era of Supply Chain Management: The Case of HongKong", *Maritime Policy & Management*, June 2014.

② Frans - Paulvander Putten, "European Sea Ports and Chinese Strategic Influence The Relevance of the Maritime Silk Road for the Netherlands", *The Clingen Dael Institute*, December 2019, p. 5, pp. 16 - 17.

③ 装载量为8000标准箱的船比装载量为6000标准箱的船成本将减少12%,比装载量为4000标准箱的船成本可减少25%。高橋宏直、『コンテナ輸送とコンテナ港口』(わかりやすい港口、空港シリーズ)、技報堂出版2004年版、第70页。

④ 石川博基、「国土交通省におけるインフラシステムの海外展開」、『建設マネジメント技術』2020年1月号、第31页。"瀑布"现象指大型集运船舶只停靠干线大港,再由大港向小港转运的现象。由此集运港出现干线港和非干线港的分类。

公司应运出现，往往手握数十个港口码头的运营权，通过资源整合、强强联合提升港口话语权。当前，航运企业参与港口运营，港航企业联盟化是现代港航物流发展的趋势。港航联盟不同于港口联盟，"航运企业参与港口运营管理，体现着供应链中下游分工协作、相互依存关系，有助于更加高效地打通物流、信息流、资金流"。① 如：中国远洋海运收购希腊比雷埃夫斯港股权，通过调配货物靠港使陷入困境的比雷埃夫斯港重获新生。2016年中国远洋海运仅持股经营一年后，此港集运码头的营业额同比上升53%，集运量上升70.6%。②

制造业公司、贸易公司等供应链上游企业③代表货权方介入港口开发也并不鲜见。殖民时代，东印度公司全方位参与海外殖民和以商贸为外衣的掠夺活动；二战后日本的综合商社广泛参与日本国内和海外港口开发、腹地产业园区建设。诚然，货权对港权的介入没有港航互嵌那样普遍，以至于至今没有得到与其战略价值相当的学术关注。新冠疫情冲击全球供应链，特别是2021年出现集装箱港大拥堵。这一背景下，货主已经再一次走向深度介入港航的前台，甚至直接下场参与航运活动。

2022年4月，德国零售巨头利德尔宣布成立自己的集装箱运输公司，旨在应对供应链挑战，减少产品交付的延误并避免高运费。该公司是最新一家寻求更深度掌握航运控制权的零售商。此前，宜家、沃尔玛、好市多、家得宝、星巴克等跨国公司纷纷开始直接租船。百年未有之大变局下，货权、港权、航权的博弈处于持续演变之中。

展望未来，随着信息化、智能化的发展，需求方即买权可能会超越货权、港权、航权，成为新兴主导性权力，就像中国宋朝时期皇亲贵族在泉州港发挥关键作用一样。当前零售商纷纷下场直接参与航运塑造，

---

① 王小军等：《21世纪海上丝绸之路港口需求与开发模式创新研究》，大连海事大学出版社2019年版，第56页。
② 傅梦孜：《"一带一路"建设的持续性》，时事出版社2019年版，第102页。
③ 上游企业包括资源能源企业、外贸企业、运输企业、货物代理企业、农副产品企业等。

也可视为此动向的反映。在大数据、智能化、云计算的不断交融发展中，供给对需求的认识、把握将更加准确。生产和物流都将以贴近市场、服务市场为要务。当各地劳动生产率差异缩小，港口这一物流节点越贴近市场，经济效率越高。

跨境电子商务的发展带动着港口中心转移，折射出买方权力上升。这可能引发逆大港主义，改变既有航权上升所造成的集运"瀑布"格局。届时，航运企业只停靠干线港口的粗犷式经营方式难以维系。由此，集运港超大型化的进程将被打断。港口体系可能走向贴近市场的分散化，全球港口网络将趋向去中心化、均衡的而非吞吐量差别显著的网络化。科技革命可能导致买方或许没有直接参与港口开发，但更有能力塑造港口格局。

三、港口、城市与经济、政治

港口是城市对外开放的门户，城市是港口繁荣与发展的载体。"港口与城市发展总是相辅相成。"① 依港兴城和以城促港是世界著名城市与港口发展的一般规律。港口产业集群的概念最早由比利时安特卫普大学教授海兹恩东克提出，定义是：一系列从事与港口相关服务的相互独立的企业，聚集在同一港口区域，并且采用几乎相同的竞争战略，以获得相对于集群外部的联合的竞争优势。几经发展，港口产业集群外延不断拓展，也包括互补性、互嵌性产业集群等，如临港物流业集群、临港重化工业集群、临港加工制造业集群、临港服务业集群。港口产业集群深化港城一体化，也逐步培育出核心城市和临海工业带，逐步形成新的区域经济增长极和枢纽。

全球经济总量 50% 以上集聚在距海岸线宽度 100 千米以内的沿海地带，60% 的产值集中在入海口区域。② 全球 500 多个著名城市中，港口

---

① 海運系新論集刊行會，『海運と港湾の新しい発展のために』、同文館 1964 年版、第 372 - 387 頁。

② 引自李玉彬在海丝港口合作论坛上的演讲，http://www.mpforum.org/uploads/xcpdf/2018 - 06 - 19/5b2902e8a4083.pdf。（上网时间：2020 年 10 月 1 日）

城市占446个。① 法国地理学家戈特曼提出著名的世界六个大都市带，如美国东北部大都市带、日本太平洋沿岸大都市带等，大多是依托国际性港口产业集群发展起来的。

世界银行专家的测算结果也印证了航道干线上的超大型港口带动城市和工业带的第二产业、第三产业发展。修建一个集装箱码头，92%的利益归所在地区，只有8%属于码头和轮船公司。每一个标准集箱重，港口企业的直接收益约800—1200元，而由此带来的拖轮引航口岸以及修理、堆存、托车、运输、船舶代理、金融结算等综合收益是4800—7200元。②

这就是中国港航问题专家贾大山所指出的，"港口发挥海运与其他运输方式的必需衔接作用，是现代物流链中的重要节点；港口城市作为组织经贸要点的作用日益增强，对有关区域经济和产业发展有重要影响"。③

表1-3 临海临港产业一览

临海临港产业	第二产业	石化产业
		钢铁产业
		机械设备制造
		修造船产业
		能源产业
	第三产业	港口物流
		港口旅游
		港口金融
		港口服务
		港口大数据

资料来源：根据相关资料自制。

---

① 刘峻源："沿海港口城市空间结构演进及优化研究——以天津为例"，天津大学博士论文，2016年。

② 徐质斌："关于港城经济一体化战略的理论思考"，《港口经济》2004年第6期。

③ 贾大山、金明：《海运强国发展模式》，人民交通出版社2018年版，第231页。

第一章　国际关系视域下的港口与海外港口

当前,制造业在东亚快速发展,国际贸易需求增长推动该地区港口崛起,港口崛起又带动城市和区域经济发展。马来西亚总理马哈蒂尔公开指出,"在亚洲,仅仅通过提供一流的港口服务,就建立起了成功和繁荣的经济"。[①] 贾大山总结认为,"从美欧到日本再到东南亚、中国的世界级强港崛起过程,其实是国际经济发展重心、货物贸易结构转移的反映"。[②]

港口进而塑造国际权力格局。海洋是沿岸国家和外来大国集体利益和交叉利益的焦点之所在。[③] 港口是焦点上的着力点。区域性大港的迁移推动区域格局演变,世界级大港的迁移折射出全球经济重心的迁移,进而是国际政治、国际权力格局的演变。一部世界级重要港口的迁移史是国际贸易和产业转移的演进史,也是世界政治、经济重心转移的历史。[④] 通过观察港口,我们可以透视未来国际格局的演变方向。[⑤]

文艺复兴时期,航海技术取得突破,地中海沿海城市成为全球贸易新中心。14世纪中叶,威尼斯港成为世界第一大港。大航海时代开启,葡萄牙、西班牙走向远洋,发现美洲新大陆后进行海外殖民扩张,巴塞罗那港成为世界第一大港和全球造船中心、工商业中心。工业革命率先发生在英国,17—18世纪,世界最大港的接力棒交给伦敦。19世纪末,美国经济超过英国、德国,工业产值列居世界第一,纽约港成为世界最大港。20世纪60年代,欧洲经济复苏,鹿特丹港成为世界最大港口。20世纪70—80年代,随着美国人发明的海运标准箱在

[①] 引自马哈蒂尔作为东道国首脑出席1999年在吉隆坡举行的"世界港口大会"的讲话。

[②] 贾大山:"产业转移与世界级大港变迁",《中国港口》2020年第8期,第1—6页。

[③] 石志宏:"美印中'印度洋海上安全战略'研究",南京大学博士论文,2016年。

[④] 王斌义:《面向"一带一路"的中国港口转型升级研究》,中国经济出版社2019年版。

[⑤] 宮崎正勝、『海図の世界史―「海上の道」が歴史を変えた』、新潮社2012年版。

表1-4 世界级大港的变迁（1980—2018年）

(1) 1980—2018年世界货物吞吐量前十大港

单位：万吨

年份	1980		1990		2000		2005		2010		2015		2018	
排名	港口	吞吐量	港口	吞吐量	港口	吞吐量	港口	吞吐量	港口	吞吐量	港口	吞吐量	港口	吞吐量
1	鹿特丹	27730	鹿特丹	28769	新加坡	32559	上海	44317	上海	65197	宁波舟山	88929	宁波舟山	108439
2	纽约—新泽西	16000	南路易斯安娜	19940	鹿特丹	31997	新加坡	42300	新加坡	57893	上海	71740	上海	73048
3	神户	15100	新加坡	18779	南路易斯安娜	22259	鹿特丹	37000	鹿特丹	43016	新加坡	57490	唐山	63710
4	千叶	15000	神户	17147	上海	20440	宁波	26881	天津	41325	苏州	54319	新加坡	63020
5	新奥尔良	14568	千叶	17024	香港	17464	广州	25036	宁波	41217	天津	54051	广州	59396
6	横滨	12700	上海	13959	休斯敦	16925	天津	24069	广州	41095	广州	50053	青岛	54250
7	名古屋	11344	名古屋	12893	千叶	16904	香港	23000	青岛	35012	唐山	49284	苏州	53230
8	马赛	10300	横滨	12387	名古屋	15337	南路易斯安娜	22000	大连	31400	青岛	48453	德黑兰	51780
9	新加坡	8630	休斯敦	11447	安特卫普	13053	青岛	18679	秦皇岛	26297	鹿特丹	46636	天津	50774
10	上海	8483	安特卫普	10201	蔚山	12749	名古屋	18500	釜山	26001	德黑兰	45294	鹿特丹	46900

备注：纽约—新泽西港1990年完成外贸货物吞吐量4967万吨，集装箱187万标准箱，滚装汽车35万辆。缺少内贸相关数据。

第一章　国际关系视域下的港口与海外港口

(2) 1980—2018 年世界集装箱吞吐量前十大港

年份	1980 港口	1980 吞吐量	1990 港口	1990 吞吐量	2000 港口	2000 吞吐量	2005 港口	2005 吞吐量	2010 港口	2010 吞吐量	2015 港口	2015 吞吐量	2018 港口	2018 吞吐量
1	纽约—新泽西	195	新加坡	522	香港	1810	新加坡	2319	上海	2907	上海	3654	上海	4201
2	鹿特丹	190	香港	510	新加坡	1709	香港	2243	新加坡	2834	新加坡	3092	新加坡	3660
3	香港	147	鹿特丹	367	釜山	754	上海	1808	香港	2253	深圳	2420	宁波舟山	2635
4	高雄	98	高雄	350	高雄	743	深圳	1620	深圳	2251	宁波舟山	2062	深圳	2574
5	新加坡	92	神户	260	鹿特丹	630	釜山	1184	釜山	1416	香港	2011	广州	2162
6	汉堡	78	釜山	235	上海	561	高雄	947	宁波	1314	釜山	1945	釜山	2159
7	奥克兰	78	洛杉矶	212	洛杉矶	488	鹿特丹	930	广州	1255	青岛	1744	香港	1959
8	西雅图	78	汉堡	197	长滩	460	汉堡	805	青岛	1201	广州	1740	青岛	1932
9	神户	73	纽约	187	汉堡	425	迪拜	762	迪拜	1160	迪拜	1559	天津	1601
10	安特卫普	72	基隆	183	安特卫普	410	洛杉矶	748	鹿特丹	1115	天津	1410	迪拜	1495

资料来源：贾大山："产业转移与世界级大港变迁",《中国港口》2022 年第 8 期。

全球普及，①集运成为港口兴衰的风向标。这一时期，美国的奥克兰港和纽约—新泽西港先后成为全球集运吞吐量最大的港口。此时，如果考察世界前十大港口，包括日本和"亚洲四小龙"的港口也在全球大港排行榜上快速上升。到了20世纪末，世界大港开始落户东亚，并持续至今。1990年，新加坡以552万标准箱的吞吐量位列世界第一。2000年，中国香港在内地转口贸易的加持下，以1810万标准箱位列世界第一，世界第一大港被中国接棒，至今仍花落中国。

港口能够带动城市、经济、政治、权力格局的演变，源于港口是孕育生产力和生产关系变革之地。港口是落脚点、启航点，更是文化、制度、技术、信息的集散地与创造者。自古以来，异文化从港口输入，在港口消化，与本地文化融合创造出新的文明；进入21世纪，这一趋势加速，新文化、新文明的聚集更快地催生出新产业与新贸易。②港口不仅孕育新的社会经济文化制度，还因为走在交融创新的前沿而催生出先进的政治制度，如"海上马车夫"荷兰的议会制度。"沿海城市是变革的催化剂，因为它们拥有世界性的文化，拥有将各路商家联系在一起的网络，拥有广阔的内陆空间和不稳定的等级制度，也拥有自我更新的能力。"③

第三节　海外港口支点经营的嬗变

大国对港口的战略价值有着清楚的认识，港口从而成为大国发展与安全的普遍关切。由于港口天然具有国际属性和连港成网的属性，一国

---

①　集装箱的发明者是美国人马尔科姆·麦克莱恩。他在1946年研制发明集装箱运输货物获得成功。1956年4月，他的第一支集装箱船队"理想6号"驶出港口。集运在20世纪70—80年代在全球普及。他曾被《福布斯》列入1950年以来改变世界的10个人。2000年，麦克莱恩被"国际海运名人堂"命名为"世纪伟人"，被同行誉称为"集装箱运输之父"。

②　大前研一监修，『港湾情報化研究会．港湾 IT 革命—港が変わると日本が変わる』、プレジデント社2000年版、第3頁。

③　[法]弗朗索瓦·吉普鲁著，龚华燕、龙雪飞译：《亚洲的地中海：13—21世纪中国、日本、东南亚商埠与贸易圈》，新世纪出版社2014年版，第333页。

第一章　国际关系视域下的港口与海外港口

港航业发展既包括国内港口开发，也包括海外港口支点经营，国内港口与海外港口共同构建起一国的国际权力网络。强国对海外港口支点控制权的争夺古已有之。公元1世纪前后，罗马帝国征服地中海沿岸、红海与波斯湾，以亚历山大港为支点拓展对东方的海上贸易。唐朝时期，阿拉伯人控制东西方海上贸易通道，在东南亚建港中转。明朝时期，中国是马六甲公共安全的提供者。近现代以来，"海运对资本主义的产生、发展具有不可替代的作用"。① 殖民时代至今，海外港口支点经营出现三种模式。

一、殖民式海外港口支点经营

殖民式海外港口支点经营始于西方国家的对外侵略扩张。西方国家经远洋航行在海的另一端的港口登陆，以港口为支点进行以殖民为主要特点的侵权活动，并从港口向内陆推进。港口是列强在海外殖民的起点、支点。

在东亚，16世纪，葡萄牙人率先控制马六甲，随后荷兰势力进入东亚边缘地带。伴随着工业革命，寻找世界市场成为英国等资本主义国家的原始冲动。18—19世纪，蒸汽船的发明使西方列强海上扩张如虎添翼。早期的蒸汽船没有煤炭、水补给就无法远距离航海，在海外寻求补给支点成为与开辟贸易同等重要的诉求。在殖民扩张过程中，国际贸易和武力使用是统一的，都是政治行为。为了抢占贸易市场可以使用武力。东印度公司既是贸易公司也是国家殖民工具，西班牙、葡萄牙直至后期的英国等欧洲列强国家都是以武力打开他国国门、抢滩登陆占据市场的。

随着殖民扩张的不断推进，世界被一分为二：西方殖民主义国家和被殖民的国家。为了掠夺殖民地资源、向海外市场倾销商品，以及建立

---

① 张峰："建设海洋强国汲取马克思海权思想养分"，中国社会科学网，2019年12月3日，http://www.nopss.gov.cn/n1/2019/1204/c373410 - 31490251.html。（上网时间：2022年1月5日）

远洋航线与陆上交通的连接点，西方殖民主义国家在殖民地建立据点。这些据点基本都分布在沿海交通便利的港口，从而形成了殖民式海外支点经营模式，如魁北克、纽约、布宜诺斯艾利斯、加尔各答、新加坡、悉尼等。麦金德对海外港口支点的论述可见一斑。

欧洲海上人自然而然地选择大陆海岸的小岛，诸如蒙巴萨、孟买、新加坡或中国香港，或者小的半岛，诸如好望角和亚丁，作为他们在当地进行贸易或战争的基地。因为这些位置为他们的船只提供庇护，为仓库提供安全。当胆量渐增、力量渐强之后，他们就把商业城市比如加尔各答和上海放在大河通道的入口处，以便他们通向生产旺盛、人口密集的市场之地。欧洲海上人由于其更大的机动性，因而在将近四个世纪之中压制住了亚非陆上人。①

东方国家的开港普遍源于上述外力。西方列强以武力敲开中国、日本的国门，首先攫取港口通商权、使用权，上海、大连、胶州湾、广州、神户、大阪等被迫开港，港口主权被列强蚕食。海港向内陆延伸的铁路及周边地区也成为列强攫取权益的重点区域，例如臭名昭著的日本"南满洲铁道株式会社"在中国东北的活动。

至二战时期，列强将全球沿海地区与远洋重要岛礁瓜分完毕。二战后，大多数被压迫的国家争取到独立，殖民地日渐消失，但美国、英国、法国等传统海洋强国至今仍占领位置紧要的海上支点性岛屿，发挥着当年布局海外港口的部分地缘、安全、政治功能，如关岛、夏威夷、美属萨摩亚、迪戈加西亚岛、法属波利尼西亚、留尼汪岛等。美国、英国、法国等也因此自诩"全球国家"，号称在太平洋、印度洋拥有切身利益。

相较之后出现的渗透式海外港口支点经营模式和海外港口开发模式，从权力与权益的范围、边界看，殖民式海外支点经营模式所获最大。因为西方国家在殖民地实施全面统治，在半殖民地国家，通常也攫

---

① [英]哈福德·麦金德著，王鼎杰译：《民主的理想与现实：重建的政治学之研究》，上海人民出版社2016年版，第50页。

取了"领事裁判权""片面最惠国待遇""租借管理权"等侵蚀对象国主权的权力。殖民式海外港口支点经营是通过破坏对象国主权完整而施之全面港口控制的模式。

二、霸权式海外港口支点经营

霸权式海外港口支点经营模式是美国推动全球霸权的产物。二战后冷战铁幕降下，东西方两大阵营对立，美国积极在海外军事布局。广大发展中国家反对殖民，殖民式海外港口支点经营模式难以维系。美国创造出盟友体系，在同盟伙伴关系框架下通过签约获得在盟国、伙伴国建立军事基地的权力，并在缔约对象国驻军。

与殖民式海外港口支点经营相比，霸权式海外港口支点经营有"退"有"进"。其貌似尊重他国主权，经协商达成驻军协定貌似文明，实则在美国强大综合实力的威慑下"请神容易送神难"，有着很强的黏着度，美国在海外支点的权力不会轻易丢失。美国在全球140余个国家设有军事基地，海外海军基地多达240余个。

这种霸权式模式不强调经济诉求，更多聚焦地缘、安全、政治影响。在安全、政治功能上或许匹敌殖民式的效果，但在经贸上没有与对象国建立直接利益联系。美国曾经不热衷国家主导的海外港口建设与运营介入，这源于美国以军事、美元、科技、国际话语为主要工具，形成了霸权体系，使其无需以海外港口开发来推进国家战略出海。不过当前，在美国煽动大国竞争的背景下，美国国际战略推进手法似做出了战略调整。拜登政府所推出的"重建更美好世界"倡议，包含了港口在内的海外基建项目。

三、海外港口开发：以日本实践为代表

二战后，海外港口开发不断发展，日趋成为主流，特别是新自由主义盛行后，诸多国家在水、电、路、港等公共基础设施领域开启私有化

改革。国家对于港口的掌控以及对海外港口支点的战略关注一度下降。欧洲迎来地主港模式热潮，航运、港口开发以企业为主要主体；美国产业空心化，至20世纪90年代，造船、航运和港口基建等产业退出国际竞争第一梯队。这使海外港口开发的综合战略属性一度弱化，从而涌现出和记黄埔（中国香港）、迪拜世界（阿联酋）等深耕港口运营，而非全流程参与海外港口开发的国际港口运营商。

但日本不同。第一，日本在战后实现经济复苏、崛起，作为东亚发展型国家的典型代表，政府在包括基建在内的国家经济规划、发展中发挥着主导性作用，港口开发具有由国家主导、战略推进的本质特征。第二，囿于战后体制，日本较长时间内缺乏可用于对外战略推进的硬实力资源，从而形成了对外经济外交、海洋外交等具有日本特色的对外战略推进路径。这与美欧等西方资本主义国家迥然不同，造成了发达国家阵营中只有日本是从战后伊始至今，一直由国家主导广泛地、持续地、全流程地推动海外港口开发，已经形成日本特色的渗透式海外港口开发模式。也正因日本海外港口开发的代表性和特殊性，才使日本海外港口开发战略研究更具有学术和理论价值。

近年来，随着世界主要大国有关基建的国际战略性倡议的提出，海外港口开发成为最为主流的港口支点经营模式。2021年七国集团峰会期间，美国总统拜登和六国领导人共同宣布推出"重建更美好世界"倡议，称其将满足全球超过40万亿美元的基建需求。2021年12月，欧盟委员会宣布启动"全球门户"计划，拟于2021—2026年动员3000亿欧元投资，在高标准和可持续的基础上增进全球互联互通。日本早于美欧在2013年提出"基础设施系统出口战略"，表明日本政府将持续推动日本版全球基建开发。

实际上，自2013年中国共建"一带一路"倡议提出以来，互联互通成为"国际高频词"。港口具有天然的国际互联互通属性，美欧日与中国共建"一带一路"倡议的顶层设计中，均包括海外港口开发项目，并将其作为战略倡议的重点。海外港口开发成为主流模式，既源于大国对港口战略价值的认识，也源于"开发"是当前最契合国际客观现状的港口支点经营模式，以及海外港口开发对对象国的影响和塑造综合而深远。

首先，殖民式和霸权式海外支点经营模式难以复制。就像冷战时期的美国并不能像崛起的大英帝国在全世界圈划殖民地一样，在和平与发展成为时代主题的今天，殖民式不再符合民族国家要义和国际法精神，已失去生命力。没有任何国家能够复制美国的综合国力、庞大的对外投入、强权的国际干预。即便在大国竞争日趋激烈的当下，大国竞争既竞争硬实力，也竞争感召力。权力争斗越是复杂，就越难以有一方将"美味"的权力独吞。在剧烈演变的国际格局中，军事的杀伤力过于强大，军力作为国家间斗争武器的作用实际上在下降；在全球缺乏经济增长动能和合作意愿的情况下，国际规则能否发挥作用具有不确定性；而经济力作为武器的重要性上升，已成为竞争和打压对手的最主要方式，[1] 即军力软化、规则力弱化、经济力硬化。与经济力结合最为紧密的海外港口开发模式优势凸显。

其次，海外港口开发虽然权力让渡有限，但好处是综合影响力深远。海外港口开发的价值正向对象国港城塑造、产业腹地塑造、经济结构塑造、国家治理与经济法治规则塑造等纵深延展。在大国竞争趋于激烈的当下，海外港口开发日益受到更大的战略关注，这源于"基础设施不仅对国家经济，也对社会发展和国家安全而言显示了与日俱增的重要性"。[2] 国际公共基建竞争早已超越经济范畴，被视为关乎国际战略地位的竞争。各方深知，港口比铁路、公路或者电力设施更为敏感，更体现安全属性，更拥有国际互联互通属性，以及塑造力。

意图显现在行动上，国内外学者同时观察到，大变局下，政治因素对港口的影响正在上升。如有中国学者提出，"港口政治化"主要源于东道国国内政治的变动、地区国家间复杂关系与战略竞争，以及大国干

---

[1] 北冈伸一、细谷雄一编、『新しい地政学』、東洋経済新報社2020年版、第19页。俄乌冲突并未改变以下客观事实，即大多数国家对于将军事作为解决国际纷争、维护和拓展国家利益的首要手段仍慎重。

[2] 傅梦孜：《"一带一路"建设的持续性》，时事出版社2019年版，第106—122页。

预和地缘政治博弈。①

2021年9月,美日澳印"四边机制"首次线下首脑会谈提出"印太"绿色港口、绿色航运概念,有关构建绿色港航网络"小圈子"的新"规则"呼之欲出。这不得不让人回想起大航海时代开启后,欧洲各国对于海上航行权与海外贸易权的争夺,仿佛时钟又拨回到几百年前。在信息革命背景下,港口数据竞争同样受到美国高度关注。港口已不再仅仅是传统基础设施,而是新一轮科技革命的前沿阵地。2021年12月21日美国《华尔街日报》宣称,在全球港口拥堵、各行业饱受供应短缺困扰的情况下,运输数据成为极具价值的商品;中国通过国家交通运输物流公共信息平台等构建全球港口数据系统,既包括中国沿岸港口,也包括21世纪海上丝绸之路沿岸港口,将对国际数据安全、供应链安全和战略安全构成"威胁"。美国的歇斯底里恰是映射其内心真实想法的镜子;美国以己度人恰恰证明了其认识到海外港口开发这一海外支点经营模式关乎数据、供应链等战略安全与主导权。

第四节 西方地缘学说对港口的阐释

至此,海外港口支点与地缘竞争的关系难以回避。虽然《联合国海洋法公约》生效拓展了国家海洋权益的外延,渔权的分配、领海与专属经济区的声索以及"国际海底区域"与深海新兴资源的确权热度上升,但这并不意味着港航权力争夺烈度下降。回顾人类漫长的文明史、大航海时代以来的历史,以及当前国际关系现状可知,包括海权在内的传统地缘竞争再次回归。因地缘政治学的概念源自西方,西方至今也常常以固有地缘政治思维审视、解读国际政治现实,造成中西间战略话语的错位,故有必要回顾西方地缘战略经典学说中对港口的论述。

最早提出地缘政治学的是瑞典学者契伦,其将地缘政治学定义

---

① 邹志强、孙德刚:"港口政治化:中国参与'21世纪海上丝绸之路'沿线港口建设的政治风险探析",《太平洋学报》2020年第10期,第80—94页。

为，根据各种地理要素和政治格局的地域形式，分析、预测世界或地区范围的战略形势和有关国家的政治行为。这种把地理因素视为影响甚至决定国家政治行为的一个基本因素的观点被国际关系理论所吸收，对国家的政治决策产生相当的影响。[1] 此后，探讨陆地、海洋、地理、地缘的风潮在西方开启、盛行，不乏对港口与海外港口地缘意义的探讨，影响延续至今。

一、格劳秀斯：贸易权是"海洋自由"的初心

最早关注海洋确权的是"国际法之父"格劳秀斯，他不是地缘政治学者，但是在《论海洋自由》这一著作中将港口与海外港口放在一起探讨，勾勒出全球以港口为节点连接起贸易网络的图景。[2] 这本发表于1608年的著作是荷兰东印度公司1603年在海上捕获一艘葡萄牙人商船而引起的两国间纠纷的辩护词的第十二章，遭到约翰·塞尔登[3]等诸多学者的反对和攻击，但其"海洋自由"思想因顺应时代得以被更广泛接受。

格劳秀斯在书中道出"人类追求海洋自由的初心"：贸易权、国际战略支点利用权（当时是殖民地）、航海权。格劳秀斯批判葡萄牙等既得利益者的独占论调，提出贸易自由原则，包括荷兰在内的各方应有权参与东印度贸易；论证航海权不具有排他性；提出各方应和平使用海外港口，反对海外港口——这一欧洲国家与当地贸易的支点——被排他性使用。

二、马汉：港口是战略网络中的作战基地

19世纪末到20世纪初，马汉在其三部曲中构建"海权论"，将控制海洋提高到关乎国家兴衰的战略高度。马汉由此成为最具影响力的海

---

[1] 《中国大百科全书（政治学）》，中国大百科全书出版社1992年版，第57页。
[2] ［荷］雨果·格劳秀斯著，马忠法译：《论海洋自由》，上海人民出版社2020年版。
[3] 其在1618年发表著作《闭海论》。

军战略理论家和海洋史学家。马汉认为,一国的地理位置、自然结构、领土范围、人口民族特点和政府政策是影响国家发展海权的六大基本要素。①

尽管海权提倡者马汉以谈军事为主,但其早已为"海权"赋予安全和经济双重含义。"从政治和社会的观点看,海洋时期本身成为最重要和最惹人注目的是其可以充分利用的海上航线。"② 马汉提出通过海军优势控制重要的海上战略据点即海外港口以控制航线,运用国家综合海洋经济力量确保海权的综合力量运用问题。

人们自然会想到确保港口正常运行的必要性,因为通过港口可以控制海洋,而不是地区或国家。加入北欧汉莎同盟的城市和中国沿海城市的例子,给世人留下了深刻的印象。港口如同一个战略网络中的作战基地。港口影响力的外向辐射体现了港口统合都市群的能力。在永无休止的整合过程中,港口之间的等级关系时有时无,而港口等级关系的形成和消失,与地理版图没有任何联系,有联系的是其在金融科研和创新方面的功能,因为这些功能往往会打破版图界限。通过这些例子可以看到经济实力的积累沿两条线进行,第一是港口领土控制需要建立强大的军队,第二是通道控制这种二元战略。通过二战期间,英国舰队的成功和随之而来的法国舰队和德国舰队的失败,可以看得非常清楚。从经济学的范畴讲,具有决定性意义的不仅仅是信息自由问题,还有自由获得信息的能力、尊重专利权、为制定游戏规则而建立技术标准等问题。

像下围棋一样,主要目的是布成中心点做活,然后围绕这个中心向各个方向扩展并在迷惑对方,使其对自己的意图产生怀疑的同时,尽最大可能地掌握对方的意图,从而扩大自己的势力范围。腓

---

① [美]马汉著,李少彦、董绍峰、徐朵等译:《海权对历史的影响:1660—1783年:附亚洲问题》,海洋出版社2013年版,第21页。

② [美]马汉:《海权对历史的影响》,解放军出版社2006年版,第38页。

尼基人和后来的希腊人就是这样做的,他们依靠海上战略要点支持的互联网络,取得了地中海的霸主地位。①

三、麦金德:港口是陆海节点

麦金德学说的提出早于马汉。其在《地理学的范围和方法》中主要阐述政治地理学的必要性(使用"政治地理学"一词,而不是"地缘政治学")。而在《历史的地理枢纽》中,其基于自然科学和历史知识背景提出,近代以来,欧洲列强走出欧洲,通过海洋前往全世界,并且和陆上世界(亚欧大陆)产生分歧,这与当年罗马与希腊的关系相似。麦金德的著名观点是:"谁统治了东欧,谁就能控制大陆心脏地带;谁控制大陆心脏地带,谁就能控制世界岛;谁控制了世界岛,谁就能控制整个世界。"这里提到的世界岛是指以欧洲为中心的旧欧亚大陆加上非洲地区,心脏地带指的是其内陆地区。麦金德展望世界岛大一统的美好,却未深入探讨构建世界岛的难度。铁路大发展的时代强音鼓舞了麦金德对陆权的信心,麦金德没有看到海洋货物贸易高速公路崛起的生命力。②

麦金德在《民主的理想与现实重建的政治学之研究》第三章"海上人的观点"中也谈到对海权的看法。比起对于陆海重要性的判断,其对于港口支点的看法更精准:近代以来欧洲殖民模式,将港口城市作为贸易、战争的基地,以此为船只提供庇护,为仓库提供安全,并将影响力沿着大河通道向内陆延伸。他在研究古希腊海洋历史后认为:"海权的根本终究在于拥有合适的基地,这一基地要物产丰富并

---

① 转引自[法]弗朗索瓦·吉普鲁著,龚华燕、龙雪飞译:《亚洲的地中海:13—21世纪中国、日本、东南亚商埠与贸易圈》,新世纪出版社2014年版,第314—316页。

② [英]哈·麦金德著,林尔蔚、陈江译:《历史的地理枢纽》,商务印书馆2018年版,第65—67页。麦金德认为,海洋运输虽然成本较低,但通常要包括4次装卸货物的供需,因此,以铁路的科技革命为标志,陆上运输仍将长期占有优势,海洋运输的优势是短暂的。但他也同时承认,"海洋上的机动性,是大陆心脏地带的马和骆驼的机动性的天然敌手"。

且安全。"①

四、斯皮克曼：边缘破碎地带是全球战略重心

《和平地理学边缘地带的战略》一书于1943年出版，收录了斯皮克曼生前的研究成果。斯皮克曼提出极具战略影响力的边缘地带论："谁控制了边缘地带，谁就统治了欧亚大陆；谁统治了欧亚大陆，谁就掌控了整个世界的命运。"② 斯皮克曼以菲尔格里夫③、麦金德、豪斯霍费尔等地缘政治研究成果为基础，超越"陆权论""海权论"。

斯皮克曼认为，国家战略规划的基础是国家地理，应关注邻国、海岸带、港口、离岛，破碎地带是国家战略规划的重要组成，认为陆、海实力构成的重要变化在马汉的《海权对历史的影响》一书中"得到了全面的认识和分析"。其认为所处时代最大的地缘政治变化是"海上力量控制新旧世界的关系"，包括日本在内的英国、法国等海上强国崛起，而非中国、罗马、俄罗斯这样的陆上强国。④ 斯皮克曼反对大陆国家与

---

① ［英］哈弗德·麦金德著，王鼎杰译：《民主的理想与现实重建的政治学之研究》，上海人民出版社2016年版，第37页。
② ［美］尼古拉斯·斯皮克曼著，俞海杰译：《和平地理学：边缘地带的战略》，上海人民出版社2016年版，第58页。
③ 其为英国地理学家、教育家、地缘政治学家，著有《地理与世界霸权》。
④ ［美］尼古拉斯·斯皮克曼著，俞海杰译：《和平地理学：边缘地带的战略》，上海人民出版社2016年版，第36、46、47页。"海洋在旧世界国家间的经济文化和政治关系中扮演着最为重要的角色。东半球和西半球之间最重要的联系是通过海上交通进行的，美国的影响力只有通过海上交通才能传播到欧洲和远东，欧亚大陆国家的势力也只有越过海洋才能有效地影响到美国"，"尽管空中力量正变得越来越重要，但除了运输最特殊的货物之外，海上运输仍旧是运输各种货物的最主要运输方式"，"海权的发展使西欧各国政治力量的影响能够达到最远大陆的沿岸"，"导致这个时代世界政治局面产生的基本因素是海洋航行的发展和通往印度洋和美洲航路的发现"，"海上活动成为一种新型地缘政治结构及海外帝国的基础。以往历史为我们提供了许多陆上强国的例子，这些陆上强国以控制相连的地块为基础，如罗马、中国和俄罗斯帝国"，"而如今海洋已经成为交通的主干线，并产生了实力雄厚和范围巨大的新组织"，"海上力量控制着新旧世界之间的关系"。

海洋国家二元对立，也不赞同麦金德的心脏地带理论。"整个大陆块从未有可能成为一个真正的整体"，"历史上所形成的对立阵营经常是：一些边缘地带国家和英国一起对抗另一些边缘地带国家和俄国，或英国和俄国一起对抗一个主导性的边缘地带国家"。[1]

五、科贝特：控港优于控海

英国海权研究代表人物科贝特在其 1911 年出版的《海上战略的若干原则》一书中同样关注到"只有支点是稳定的"。科贝特提出，海战中最常见的情况是交战双方谁也不拥有制海权，海洋通常处于未被控制的状态。虽然制海权是战略核心关切，但制海权是动态的。控制支点比掌握制海权来得容易，也更具稳定性。[2]

法国港口问题学者弗朗索瓦·吉普鲁在出版的著作中发表了相似看法，认为海外港口支点兼具地缘、安全、政治、经济多重属性，未曾改变：

> 这个世界不是只有陆地，也不是只有海洋，它是连接大小不一的城市群、各怀扩张野心的一群岛屿。陆地世界向群岛世界的转变始于 16 世纪末，英国人夺取马尼拉之后开始的全球化。只要同时具有复杂的体制结构，抓住一切变化机遇的愿望和将这些机遇用于实现自己目的的能力，向海洋扩展的国家，就能享受到所有的好处和优势。避免直接对抗就成了决定性的因素。通过威胁欺骗或姿态展示占据上风的艺术，现在已经走向前台……
>
> 在今天的世界上并非没有，不同的是现在觊觎的东西不像过去那样只是领土，而是统治势力必须要控制和保护的战略要地。拉布

---

[1] [美]尼古拉斯·斯皮克曼著，俞海杰译：《和平地理学：边缘地带的战略》，上海人民出版社 2016 年版，第 57—58 页。

[2] [英]科贝特著，吕贤臣译：《海上战略的若干原则》，上海交通大学出版社 2015 年版，第 59—62 页。

里海军上将非常精辟地指出,在一个紧密相连的世界上征服和夺取新领土已经成为不可能的事情,现在的问题是如何在位于连接港口城市的网络上的、物质和非物质防务体系中获得立足点。①

本章小结

美国社会学家安塞尔姆·施特劳斯称,理论是一系列相关概念组成的一个模型,可以用来解释和预测现象。密歇根大学教授辛格认为,理论是可重复的、对特定一类事物有强大解释能力的因果关系。

本章从港口诞生是客观必然谈起,谈到海外港口开发的地缘战略属性结束。通过回顾港口发展历程和经典理论、相关学说,搭建国际关系视域下港口与海外港口开发的理论分析框架。

第一,从宏观层面看,港口与国际经济、政治、权力格局演变互动。生产力变革往往率先发生在港口,继而推动生产关系和权力格局演变。港口是全球化的起点、海上通道的支点、国际产业网络和国际市场的节点。出于对海上通道控制、海外市场开拓、国际产业链布局、地缘政治影响的追求,海外港口支点控制与经营成为大国孜孜不倦追求的目标。百年未有之大变局下,大国间围绕海外港口支点的竞逐更趋激烈。

第二,从微观层面看,港权与货权、航权、买权在博弈中取得动态平衡。上游企业(货方)、航运承运者、消费者(市场)一直在塑造港口,港口也在反向塑造三者。港口与海外港口共同构成国际网络。在这一网络中,货权、港权、航权、买权并不属于同一个国家,因此形成了复杂的国际关系。当前航权集约化使航权塑造港口的能力达到高峰。政治与疫情带来全球供应链深度调整,货权直接介入港航运行深化。随着未来生产更贴近市场,买权作用可能重新上升。

第三,近代以来,海外港口支点经营的主流模式从殖民式海外港口

---

① [法]弗朗索瓦·吉普鲁著,龚华燕、龙雪飞译:《亚洲的地中海:13—21世纪中国、日本、东南亚商埠与贸易圈》,新世纪出版社2014年版,第331、336页。

支点经营、霸权式海外港口支点经营，演变为海外港口开发。海外港口开发成为主流模式，不仅源于殖民式、霸权式海外港口支点经营不适应当前国际环境，更源自海外港口开发对国际经济、政治、安全、地缘格局的影响更为系统、深远。日本是发达国家阵营中唯一一个从二战后便开始推进海外港口开发的国家，亦是传统海外港口开发大国、强国。

第二章

日本强港战略的缘起和发展

  探讨一国的港口开发有三个视角。一是国家间或者地区间地缘政治博弈的视角，这对国家港口政策、港口发展产生深刻影响。二是国家战略需求的视角，港口开发必然服务于国家战略，并随国家战略调整而演变。三是港口开发主体的视角，港口开发是否由国家主导决定了港口开发的性质。

——日本港口战略规划咨询委员会首席专家 黑田胜彦[①]

  日本四面环海，港口三千，[②] 是名副其实的港口大国。"港口之于日本，并不仅仅是交通基础设施。港口之于日本和日本人的重要性，他国难以想象。"[③] 明治维新后日本被迫开港，二战后日本抓住历史机遇，在国家主导、战略推进下成为港口强国。日本抓住了国际格局演变与港航业大发展等机遇实现强港崛起，并将海外港口开发与之协同推进。日

---

  ① 黑田勝彦編著、奥田剛章、木俣順共著、『日本の港口政策—歴史と背景』、成山堂書店 2014 年版、卷頭語。

  ② 『海洋状況及海洋の状況及び海洋に関して講じた施策』（2000）、第 123 页。笔者注：日本有 993 个港口，此外还有 2823 个渔港。2009 年开始，日本每年发布上述《海洋状况与海洋政策落实情况年度报告》，对《海洋基本计划》中规划的战略目标、战略重点提出战略步骤和战略措施。日本从《海洋基本法》确立立法保障，到《海洋基本计划》规划战略目标，再到《海洋状况与海洋政策落实情况年度报告》逐年细化、监督落实，使日本海洋战略不仅"看得见"、更"摸得着"。

  ③ 今野修平、「戦後港口開発の意義と歴史的評価」、『新版日本港口史』、社团法人日本港口协会编、城山堂書店 2007 年版、第 844 页。作者系大阪产业大学教授。

本港口开发最本质特征是国家主导，日本已形成了日式港口开发模式。

第一节 1868年到1945年：国家主导港口开发确立

"日本从明治时期形成国家主导港口开发模式，这在世界上并不多见。"① "黑船来航"② 迫使日本结束闭关锁国，明治维新后日本战略性推动现代化港口开发。明治维新至二战战败，日本确立并巩固了港口开发由国家主导。这是特殊历史条件下形成的。国家主导模式是一把双刃剑，可以促成日本港航业快速发展，也有低效和资源浪费的一面，总体上优大于劣。

一、背景：被迫开港与主动转向

来自西方的强压促使日本国家现代化觉醒，朝野就"港口自主"是国家关切形成共识。在这一西强东弱的大变革时代，日本转而以侵略扩张图强，以外部掠夺支持国内现代化建设，港口开发成为现代化关键一环。

（一）被迫开国开港

1844年荷兰军舰抵日，要求日本开国；1846年美国东印度舰队抵日，要求日本开港。幕府坚持闭关锁国，屡次拒绝西方要求。"黑船来航"之后，日本终于被迫于1854年签订《日美亲善条约》（又称《神奈川条约》），同意美国船只在下田、函馆两港停泊和补给物资。

美国之所以迫切希望日本开港，旨在为太平洋捕鲸活动以及中美跨

---

① 稻吉晃、『海港の政治史―明治から戦後へ』、名古屋大学出版会2014年版、第2页。
② 1853年7月，美国东印度舰队司令官海军准将马修·佩里率领两艘黑色军舰和两艘黑色轮船抵达日本的"心脏"——江户，并以武力相要挟，史称"黑船来航"。

太平洋贸易建立补给点，而日本是"长达6000英里航程的理想选址所在"。[①] 囿于当时的技术条件，船舶远洋航行需中途补充燃料（煤）、食物、淡水，特别是新鲜、足量的生鲜补给，因为当时船上无法冷藏或真空保存食物。

"黑船来航"后，日本国门洞开。1858年美日签订《美日友好通商条约》，[②] 1859年日本横滨、长崎第一批开港，随后神户、大阪、新泻、兵库陆续开港，江户、大阪开市。英国、沙俄、法国、荷兰等列强接踵而来，纷纷与日本签订此类条约，史称"安政五国条约"。

（二）国家主导港口开发是客观必然

"西风强劲"，西方列强与日本签订系列不平等条约后，不仅抵达日本港口开展外贸，更介入日本内航航线，冲击日本国家安全和权贵阶层利益。19世纪80年代，福泽谕吉、田口卯吉等著名思想家倡导"港口论"，提出港口是国家现代化的重要组成，更是国家现代化的基础，呼吁日本政府重视港口开发。日本朝野就优先发展港口、铁路、河运等基础设施与钢铁产业形成共识。

日本虽然主观上认识到港口主权攸关国家主权和发展利益，但缺乏现代化港口发展的客观条件。明治维新后的日本虽然致力于推进国家现代化，但经济体量、贸易体量仍小，以自给自足的经济结构为主，港航业发展缺乏自发的经济基础。西方对日本港航业的侵蚀也严重制约了日本民族资本主义的原始积累。此外，日本现代化技术人才不足，并不具备成熟的现代化港口建造机械装备和海洋土木工程技术基础。

争取港口主导迫在眉睫，民间缺乏可资运用的力量，使国家主导港口开发成为历史的必然。这就是日本著名港口问题专家北见俊郎所指出的，明治时期日本资本主义不发达，日本港湾建设投资、运营有着超强

---

① 小谷哲男、「アメリカのインド太平洋戦略：さらなる日米協力の余地」、https：//www.jiia.or.jp/pdf/research/R01_Indopacific/04－kotani.pdf.（上网时间：2022年2月10日）

② 1857年美日签订《下田条约》，后来成为《日美友好通商条约》的一部分。

的国家属性,这是日本港口建设与欧美不同的基因。① 换言之,日本与西方争夺港口开发权并非基于生产力发展推动生产关系变革的逻辑,而是始于国家对港口属于国家事权的战略认知。而之后的两次世界大战,特别是二战中的"战时体制"则进一步强化了港口开发由国家主导的日本性格。

(三) 全球基建潮的推波助澜

日本下决心推动港口开发有其国际背景。从19世纪后半叶开始,世界如火如荼地迎来现代化基建潮。1869年苏伊士运河完工,1880年巴拿马运河始建,1890年西伯利亚铁路开工,全球互联互通水平大幅提升。此后在两次世界大战的刺激下,欧亚大陆与非洲大陆基建需求激增。除了大萧条时期各国出台保护主义政策,战争总是与经济全球化同行,地理距离不断被人为缩短。对于四面环海的日本,要寻求加紧成为世界公民、融入全球互联互通,港口必然是门户。

(四) 抢来的资金支持

虽然日本首次国家港口规划始于1873年,但实际上因缺乏资金而进展有限。直至甲午战争后日本拿到来自中国的巨额战争赔款,将不义之财用于海军军备以及港口开发等。1897年,日本下拨首批资金,用于大阪、神户港城发展,随后开启第二轮国家港口规划。②

二、战略规划:对国家主导模式的探索

从明治维新到二战战败,日本港口开发一直由国家主导、战略推进。国家主导始于对港口开发规划的顶层设计,逐步向国家资本介入、立法和管理体制创新等延伸。日本较早便认识到港航发展相互促进,从而重视发挥航运业对港口开发的正向推动作用。

---

① 海運系新論集刊行会、『海運と港湾の新しい発展のために』、同文館1964年版、第481－500頁。
② 稲吉晃、『海港の政治史—明治から戦後へ』、名古屋大学出版会2014年版、第6頁。

（一）港口开发规划与立法

明治维新提出"富国强兵""文明开化""殖产兴业"三大政策，日本期望以此实现国家现代化、维护国家主权完整和政权安全。现代化港口开发是"殖产兴业"的内容之一。

1873年，日本颁布《河港道路修筑规则》，将港口划分为三等。一等港包括横滨港、神户港、长崎港、新泻港、函馆港等门户开放的港口，建设工程投资由中央政府层面承担60%；二等港是其他由国家管理的港口，投资由中央政府层面承担40%；三等港指其他服务于地方发展的港口，投资全部由地方承担。虽然该规则因资金、利益分配不均等原因未能落实，但成为此后日本港口开发和港口分级管理的政策雏形。

19世纪初，日本在日俄战争中海运货物贸易额大幅增长，全球船舶大型化亦凸显港口基建的不足，因此日本再次开启国家港口开发规划。日本港口调查会受托调查日本全国771处港口，并于1907年提出"重要港口的选定与设施的方针"，即"大港集中主义"。日本港口仍划分为三等，不同的是国家加大投资比例和控制。一等港由国家全额出资，全方位管理；二等港由国家出资50%，地方经营管理；大多数港口归于三等港。[①] 日本港口协会对此评价称，"大港集中主义"标志着日本朝野就港口开发是国家事权达成统一认识，也标志着日本确立国家主导、战略推进的官本位港口开发模式。[②] "集中"政策影响深远，这一关键词至今仍是日本由国家主导港口开发的政策之魂。

法治是衡量国家现代化水平的标准之一。明治维新后的日本立法意识较强，1927年便酝酿就港口立法，但与1913年颁布的《河川法》和1919年颁布的《道路法》相比，《港口法》一直难产。这与不平等条约签订后，日本港口事权和管理体制复杂化有关，而非反对国家主导。在

---

① 一等港包括横滨港、神户港、关门海峡、敦贺港；二等港包括大阪港、东京港、长崎港、青森港、秋田海岸、新泻港、境港、鹿儿岛、伊势湾、仙台湾。
② 社团法人日本港湾协会编，『新版日本港湾史』、成山堂书店2007年版、第1页。

几轮《港口法》草案中，日本始终强调进一步扩大对港口的中央事权，如提出一等港、二等港均由内阁大臣负责，三等港才由地方政府负责。

（二）管理体制

从开国开港开始，日本的港务便在名义上权归中央。但中央亦有多个部门，实际运行中"九龙治水"严重。如大藏省管辖外贸港[①]与关税；内务省管辖内贸港、修筑、水上警察、港内船舶取缔；通信省管辖航道标识、引航、船舶检查；铁道省管辖临港铁路；农商务省管辖动植物进出口检疫、仓库、港运；军部管辖国防、军事运输等。

19世纪末，航运和贸易企业多次向中央政府反映出入港、出入境手续复杂，海陆联系不便，呼吁国家实行海港行政一元管理体系。二战时，日本内阁根据《国家总动员法》发布《港口运输业统制令》（包括国家征用船只相关规定），首次实现港航一元化管理。到了1943年东条内阁时期，日本成立新的运输通信省统一承担港务管理职能。这一体制延续至1945年。当然，这一体制与其说是完善国家港口管理体制，不如说是战时体制。

（三）出台港航业保护政策

自古港航不分家，民族航运业发展能够带动靠港业务的增加，实现港口的良性运转和可持续发展。日本较早意识到以航促港的作用，陆续出台保护措施促进民族航运业发展。1870年，日本发布太政官布告，对收购外国船的民间企业给予国家奖励。[②] 1872年，日本政府全额出资成立"日本国蒸汽船会社"，标志着国家扶持民族航运企业出海。随后，大批日资航运企业成立，高峰时达70余家。1885年，政府推动多家企业合并为"日本邮船会社"（日本三大航运企业之一——日本邮船的前身）。到太平洋战争前夕，日本航运业再现中小企业林立状态，最

[①] 外贸港口归大藏城管辖与不平等条约有关。虽然日本多次与美国等西方列强进行交涉，提出收回领事裁判权和税收自主权，但并没有成功。其最初归民部省管辖，后民部省并入大藏省。

[②] 黑田胜彦编著、奥田刚章、木俣顺共著，『日本の港口政策—歴史と背景』、成山堂书店2014年版、第23页。

多时达7000余家。

1941年，日本政府为提高国家海运总效率，在《国家总动员法》[①]中规定，每个港口只允许一家航运企业来经营。1942年发动太平洋战争后，日本还曾发布《战时海运管理令》。《战时海运管理令》第四章规定，日本成立船舶运营会，加入协会的船舶有优先靠港权和补给权，相当于变相要求所有日籍船舶入会。上述体制主观上为不义之战服务，客观上整合了日本的优质港航资源。

三、内外协同推进：港口支点服务殖民扩张

到二战时，日本已形成现代化港航发展体系，崛起为世界一流港口强国、海运强国。日本跻身帝国主义国家之列，大肆侵占海外殖民地。国内港口与其占领的海外港口勾勒出其掠夺资源能源和推行侵略扩张的节点网络。

（一）国内现代化港口群布局完成

始建于1889年的横滨港，被公认为是日本港口现代化的标志。此后，若松港、名古屋港、新潟港、神户港陆续开建，形成了首批现代化港口群。1914年一战爆发刺激全球海运货物量激增，日本加紧新建清水港、土崎港、今治港、室兰港等工业港。日本港口与临海工业带、海铁联运交通网协同发展，神户港、横滨港、大阪港三大港的对外货物贸易量一度占日本全国总量的80%以上。

从日本港口分布看，以往与中国、朝鲜半岛的交往是日本海上贸易的主要方向；幕府时期奉行闭关锁国，内贸成为海运重要来源，唯一开放的港口是博多港，也不在太平洋沿岸。明治维新后，日本走上殖民扩张和军国主义道路，梦想构建"大东亚共荣圈"。日本发展和安全的重

---

① 日本《国家总动员法》是由日本首相近卫文麿提出并于1938年3月24日在日本国会通过的一部配合国民精神总动员的法律，目的是将日本国民经济纳入战时状态。

心正式转向太平洋沿岸。①

(二) 国家主导模式的优与劣

与欧洲在自由竞争状态下于 18 世纪自然形成海港繁荣局面不同,日本港口开发、布局均在中央政府推动下进行。国家主导模式是一把双刃剑,国家主导推动日本港航业高速发展,使日本迅速跻身世界港口强国。至二战前,日本构建起国际、国内港口网络,以 638 万吨的总吨位位列世界第三大海运国,有力支撑了资源能源、商品进出口以及军力投送。日本港航业也成为海军发展基础。日本从东方农业国崛起为世界主要海军强国之一。二战期间,日本加速造船,船舶吨位增量达 397 万吨(总吨位)。港航业大发展支撑其战争野心,港口成为日本发动战争的启航之处,二战中消耗掉的日本船舶吨位达 883 万吨。② 由此可反向印证日本当时的港航实力。

国家主导也存在天然缺陷。第一,中央"一言堂"使项目论证不足甚至烂尾,造成效率低、资源浪费。日本首批现代化港口是 1878 年邀请荷兰工程师设计和指导建设的三国港、野蒜港、三角西港,甚至早于横滨港。然而,因没有铁路接驳、港口设施不能停靠大型船舶等不合理设计,这三个港口在自然灾害后遭废弃。第二,为了"避免助长地方对抗中央的实力",中央一度故意忽视重要港口的开发,如东京港和大阪港。直到 1923 年关东大地震令东京陆上交通瘫痪,东京港顿时成为交通运输枢纽,国家层面才不得不承认首都东京建设现代化港口很有必要。③ 因此,日本港口强国建设在坚持国家主导的同时,也一直在进行着各种各样的努力,如引入民间力量来对冲国家主导的负面影响。

(三) 内外港航控制支撑资源能源攫取与军备运输

日俄战争胜利、侵略中国、南下大肆掠夺资源能源……二战战败前

---

① 稻吉晃、『海港の政治史—明治から戦後へ』、名古屋大学出版会 2014 年版、第 99 頁。
② 黒田勝彦编著、奥田剛章、木俣順共著、『日本の港口政策—歴史と背景』、成山堂書店 2014 年版、第 36 頁。
③ 「東京港の歴史丨東京湾のご紹介.东京都港口局公式ホームページ」、https://www.kouwan.metro.tokyo.lg.jp/。(上网时间:2021 年 1 月 20 日)

的历史是日本疯狂以侵略扩张支撑帝国主义发展的历史。英国率先取得工业革命成功,德国、法国、美国亦纷纷依靠钢铁业的发展步入先进工业国的行列。明治维新虽然提出"富国强兵"和"殖产兴业",但日本并没有铁矿石、煤炭、石油等工业发展所必需的战略性资源。因此日本攫取的不义之财服务于包括港口开发在内的日本经济建设,港口等基建的升级又服务于其侵略野心的不断膨胀。

至20世纪30年代,日本港口货物从明治时期伊始以出口生丝、茶叶,进口棉毛纺织品的商品贸易为主向服务战备转变。九一八事变后,为攫取中国东北丰富的矿产和粮食资源,日本在中国东北占领和控制港口,并在国内修建煤炭、铁矿石等资源港与之接驳。为配合战争,日本还陆续升级了用于军需物资生产和投送的若松港、户畑港。至太平洋战争爆发后,日军北、南双线推进占领了东亚几乎所有战略港口支点,甚至扩张至印度洋、大洋洲,但多行不义必自毙,日本的疯狂侵略扩张转瞬即灰飞烟灭。

第二节 1945年到1971年:资源能源港崛起

"港口是日本外向型经济的战略支点,也是国民经济重要组成,是经济增长点。"① 经济驱动与政策红利推动着战后日本的港口重建。日本顶住来自美国的外部压力,抓住东亚政治角色重塑机遇,维系港口开发由国家主导的模式。在战后经济复苏期和高速增长期,② 日本港口与重化工业协同发展,临海工业带崛起,资源能源港强国建设完成。港口作为优质外交资源,在日本打开战后外交局面中发挥了重要作用。

---

① 海運系新論集刊行會、『海運と港湾の新しい発展のために』、同文館1964年版、第481-500頁。

② 笔者注:学界一般将日本战后经济发展分为四个阶段:第一阶段是从1955年到1970年,称为高速经济成长期;第二阶段是从1971年到1985年,称为安定经济成长期;第三阶段是从1986年到1989年,称为泡沫经济形成期;第四阶段是从1990年以后,称为泡沫经济破灭期。总体看,1955年到1989年,日本经济实现持续增长,1990年后经济增长乏力,至今仍增长停滞。

第二章　日本强港战略的缘起和发展

一、背景：美国支持与经济复苏

这一阶段是日本经济复苏和高速成长期。日本抓住东亚格局重塑和朝鲜战争"机遇"，以重化工业带动经济复苏。受经济高速增长带动，日本对外资源能源贸易需求骤增，在战后经济发展中首次遭遇港口吞吐能力不足的瓶颈。

（一）战后过渡期百废待兴

二战战败后，盟军（美军）占领日本，日本各大港口和船舶均被美军接收。美军进驻横须贺、舞鹤、吴、佐世保四大军港和京滨、神户两大贸易港；100吨以上的日本船舶全部由驻日盟军总司令部管控，由美太平洋司令部指挥，无令不得驶出。

当时日本主要港口的港航设施几乎全部遭战争破坏，只有防波堤、码头基建受损相对较小。日本船队总数量仅剩15%，骤减至152万吨（总吨位），全国可用于货运的仅余51万吨（总吨位）。[①] 日本内运一度依靠铁路，外运则被迫依靠外国船只。

（二）朝鲜战争爆发成为港航"复兴机遇"

1948年10月，美国总统杜鲁门批准《关于美国对日政策的建议》（1947年开始由乔治·凯南领导的政策规划室完成），是美国完成战后对日政策战略性转变的标志。朝鲜战争爆发，则坚定美国转变对日政策的决心，彻底打断美国对日本全面改造的进程。美国在远东的首要任务从改造日本向东西阵营对抗转变，日本由此成为远东反共前哨。1951年，在美国主导下签订了《旧金山和约》，日本在名义上结束了6年的战后美占期。同年，美日签订《美日安全保障条约》，确立了美日关系基础。美国给予日本经济、政治、安全等各方位的大力扶持，日本经济迅速复兴，并成为地区重要角色，开始在国际治理中发挥作用。1952

[①] 货运船只总吨位116万吨（含57万吨因故障不能使用），8万吨专门用于战后善后运输。

年，日本国民生产总值恢复到战前（1935 年）水平，1953 年加入国际货币基金组织，1955 年加入关税与贸易总协定。

美国占领日本初期，曾对日本经济建设缺乏关心，几乎没有港口开发投资。美国原本对日本的改造目标中包括削弱中央集权，要求日本进行地方分权的行政改革，自然也包括对国家主导港口开发模式的改造。美国曾提出，日本战前港口管理模式不符合日本非军国化、民主化改造的方针，建议在港口问题上更多赋权地方政府。然而，这些与冷战相比自然是"细枝末节"。为了让日本在国际政治中"发挥更大作用"，美国放弃对日本全面改造，包括对港口行政管理体制改革的坚持，向"日本港口仍由国家主导"妥协。与此同时，来自美国的大量朝鲜战争军需订单也拉动着日本经济的复苏。

（三）日本确立大政府主义公共投资

随着 1952 年朝鲜战争进入实质上的停战状态，军需大幅收窄，日本经济基本面陷入通货紧缩。吉田内阁因奉行自由主义经济政策，受到日本经济团体联合会等经济界和在野党批评，于 1954 年辞职。随后上台的民主党鸠山内阁于 1955 年出台日本第一个"经济自立五年计划"，随后又推出"新长期经济计划"，日本大政府主义确立，即国家强有力地支持支柱性产业发展，介入保险、养老、金融、劳动制度和社会保障，开展国家间经济竞争。池田内阁上台后提出"国民收入倍增计划"（1961—1970 年），确立日本年均经济增长率 7% 以上的目标；1962 年，日本政府首次制订"全国综合开发计划"。大政府主义推动日本经济增长驶入快车道，1964 年，日本加入经济合作与发展组织，正式步入发达国家行列。

大政府主义是当时世界各主要经济体的通行做法。战后西欧国家同样大多以大政府主义拉动经济复苏。据经济合作与发展组织统计，各发达经济体 GDP 的 30%—60% 是由公共支出拉动的。不过，随着后来新自由主义盛行，不少西方发达国家纷纷减少政府对经济的干预，转交由市场调节。20 世纪 80 年代，日本也陆续开启民营化改革、政策改革和行政改革，但相较欧美，大政府主义或者说发展型国家模式在日本更加根基深厚。具体到港口开发，比起欧美国家的港口民营化改革，日本步子迈得小得多、进程慢得多，并伴随着反复。

（四）港口能力不足成经济发展瓶颈

二战后，世界经济实现复苏和增长，反映在国际贸易额和海运量上，1967年达到战前的4倍左右。在能源革命与化工业快速发展的带动下，原油贸易增长最快，从1937年占全球海运总量的21.4%增长到1967年的占比55.6%。1967年的全球原油海运量是1937年的10倍。

表2-1 世界海运量统计（1929—1967年）　　单位：百万吨

年份	总量	原油	干散货	五大湖区域
1929	470（100%）	65（13.8%）	390（83.1%）	16（3.4%）
1937	490（100%）	105（21.4%）	375（76.5%）	16（2.9%）
1950	550（100%）	225（40.9%）	300（54.5%）	26（4.7%）
1955	830（100%）	350（42.2%）	450（54.2%）	26（3.1%）
1960	1110（100%）	540（49.1%）	540（48.6%）	27（2.5%）
1965	1670（100%）	870（52.1%）	770（46.1%）	37（2.3%）
1966	1800（100%）	960（53.3%）	800（44.4%）	37（2.1%）
1967	1890（100%）	1050（55.6%）	810（42.9%）	34（1.8%）

资料来源：根据日本邮船株式会社的《海运相关情况统计》相关数据自制。

日本经济实力与日俱增，已形成资源能源原材料与市场两头在外的出口加工型经济模式。港口难以满足进、出两类贸易需求，成为国家经济发展瓶颈。从港口的痛点看，一是港口难以满足货物吞吐量上涨的需求。日本需要源源不断地进口铁矿石、煤炭、原油等资源能源，特别是从世界原油供应中心——中东进口大量石油。以1966年原油市场为例，日本原油进口量已达到全球需求的12%。[①] 二是港口难以满足大型船舶靠港需求。降低海运成本的诉求得到技术进步的加持，油轮、运煤船、

[①] 1966年，经济合作与发展组织成员国石油进口量占全球81%，其中美国和加拿大共占比18%，西欧占比50%，日本占比12%。

运钢船等主流海运船舶快速大型化。1955年1万载重吨的干散货船仍是主流，到了1965年已是10万载重吨。① 日本缺少能够停泊大型货轮的深水良港，东京湾、大阪湾等主要港口所在海域自然水位较浅，几乎所有港口都满足不了大型船舶吃水深度10米以上的要求。

二、战略规划：国家主导模式的理顺

日本顶住美国压力坚持由国家主导港口开发，建立起国家港口规划与立法体系。日本创造性地引入资源能源进口企业，即买权参与港口开发。

（一）坚持国家主导港口开发

日本接受了美国关于仿照欧美建立港务局的建议，但并没有接受关于中央放权的建议，而是在与美国协调中反复强调日本港口开发由国家主导的合理性。日本运输省就此辩称，港口管理权交予地方政府与"港口政策是国家战略"定位不符，地方政府没有财政和技术能力支持港口开发。② 1948年，京滨港、神户港移交给日本管理（除部分继续用于军事），作为交换，日本同意仿效纽约港、旧金山港两港的运营模式，成立关东海运局、神户海运监理部，但港务团队包括运输大臣、工商大臣以及地方自治体推荐代表。③

美日最终商定，日本港务由战后成立的运输省港务局负责，地方海运局、大藏省（关税）、厚生省（检疫）、农商务省（动植物检查）等参与管理。由于中央和地方就港权拉锯，导致"港口由国家统一管理、

---

① 社团法人日本港湾协会编、『新版日本港湾史』、成山堂书店2007年版、第40页。

② 黑田胜彦编著、奥田刚章、木俣顺共著、『日本の港口政策—歴史と背景』、成山堂书店2014年版、第66-68页。

③ 稻吉晃、『海港の政治史—明治から戦後へ』、名古屋大学出版会2014年版、第75页。神奈川县知事、千叶县知事、横滨市长、川崎市长各推荐1名，东京都长官推荐2名。

第二章　日本强港战略的缘起和发展

运营"很长时间内没能写入立法。①

（二）出台系列开发规划与立法

这一时期是日本港口规划和立法的密集期，通过理顺战后港口开发政策与法治准备，港口开发稳步推进。

规划方面。最初日本在驻日盟军总司令部"指导下"制订第一期"港湾复兴五年计划"，提出确保铁矿石、煤炭进口，增加粮食等民生物资吞吐能力的目标。朝鲜战争爆发后，日本于1951年紧急制订"港湾整备三年计划"以改善货物吞吐能力之不足。1953年后，各大港陆陆续续由美方交回日本，日本"港湾整备计划"（1953—1958年）提出，着力改造战前老旧港口设施。1960年，伴随着国家"收入倍增计划"公布，日本第一次发布"港口整备五年计划"（1961—1965年），这是首份港口开发综合性、指导性文件，标志着强港战略成为日本国策。②

立法方面。1950年，战前便动议的《港口法》终于颁布，规定日本运输大臣有权规划重要港口的开发、建设、改造；有权判断港口开发计划是否契合日本全国港口开发规划；有权认定港湾开发是否恰当。1953年，日本颁布《港口整备促进法》，将港口设备建设纳入政府补贴，以提高港口管理方升级设备的积极性，如起重机等货物装卸设备、工程施工设备等。1956—1961年，日本先后通过《海岸法》《仓库业法》《港口整备紧急措施法》《港口准备特别会计法》等多部法律。

灵活修法。1951年，日本颁布《港口运送事业法》，提出"港口运送事业者许可制度"，"通过提高准入门槛来推动港航企业兼并重组，以整合资源提高竞争力"。③ 1955年，日本船运规模恢复到1770艘、

---

① 黑田勝彦編著、奥田剛章、木俣順共著、『日本の港口政策—歷史と背景』、成山堂書店2014年版、第71頁。
② 黑田勝彦編著、奥田剛章、木俣順共著、『日本の港口政策—歷史と背景』、成山堂書店2014年版、第82頁。
③ 社团法人日本港湾协会编、『新版日本港湾史』、成山堂书店2007年版、第28頁。

374万吨（总吨位），达到战前一半水平，位列世界第七。[1] 1959年，日本修订该法，取消"港口运送事业者许可制度"，放开企业竞争。至20世纪60年代，日本航运企业在市场作用下再次迎来兼并重组潮，并最终形成六大企业。[2] 到1971年，日本造船量世界第一，船舶保有量世界第五，再次成为世界一流海运强国。

（三）引入买权参与港口开发

以上的港航统筹发展是各国普遍共识、普遍做法，而日本是较早以公权力将买权引入港口开发的国家。随着资源能源进口需求日益增加，港口成为以重化工业为主的日本经济运行的瓶颈，日本不仅以政策倾斜提高港航造血功能，还调动资源能源进口企业参与港口开发。1952年，日本颁布《企业合理化促进法》，允许炼油、矿产、电力等资源能源企业提出升级港口基建的申请。一经获准，国家、港口运营方、资源能源企业按照25%、25%、50%的费用负担比来投资航路疏浚、港口基建升级。这就是日本钢铁港制度和石油港制度的由来。

为做好法治衔接、调动买方资源能源企业参与港口开发的积极性，1957年，《港口法》修订案明确税费调节制度。此外，日本颁布《特别港口设施整备特别措施法》（1959年），规定炼油等重化工业企业根据过货量缴纳港口使用费，资金专款专用，用于港口基建改造。

三、内外协同推进：港口群初成与港口外交起步

这一时期，日本"三湾四带"港口群及临海产业集群形成，支撑了日本经济复苏与高速增长。日本国内，资源能源港强国建设基本完成，过度依赖重化工业的港城发展模式的负面影响初现。国际上，日本在美国支持下迅速回归国际社会，港口成为其经济外交和海洋外交的

---

[1] 社团法人日本港湾协会编，『新版日本港湾史』，成山堂书店2007年版，第27页。

[2] 日本邮船、三井商船、川崎汽船以经营定期航线为主；山下新日本、昭和、日本线三集团以不定期航线、专用船及邮轮运输为主。

"先行军"。

（一）资源能源港口群与产业带形成

"近现代以来，日本沿海地区城市崛起、人口密集，形成了东京都市圈、大阪都市圈、名古屋都市圈等重要经济圈，沿海地区成为日本国家发展的最重要支撑。"[①] 日本发展重化工业，需要进口资源能源和控制运输成本，沿海地带成为最佳选址。如表所示，1955—1965 年（日本昭和三十年代），日本 GDP 年均增幅超过 10%；港口吞吐量年均增幅达 12.5%，总吞吐量增长 2.2 倍；重工业占工业总产值比例达到 65%。到 20 世纪 50 年代末，支撑日本经济发展的"三湾四带"港口群，以及以钢铁、炼油、石油化工为主的临海产业集群形成，即以东京湾的横滨港、川崎港，伊势湾的名古屋港、四日市港，大阪湾的尼岐港等支撑的日本京滨、阪神、中京、北九州四大带状重工业带。可以说，资源能源港强国建设和临海产业带发展模式是日本战后经济复苏和高速成长之路的集中体现。

表 2-2 日本经济与港口发展（1955—1965 年）

年份	GDP	出口额	港口吞吐量	制铁	制氨
1955	17.2 万亿日元	1 万亿日元	2.5 亿吨	5210 吨	75 万吨
1965	41.6 万亿日元	3.7 万亿日元	8.1 亿吨	2750 吨	316 万吨
1965/1955	2.42	3.70	3.24	5.28	4.21

资料来源：根据《新版日本港湾史》相关数据自制。

重化工业的港城发展模式也带来若干负面影响：在东京、大阪等港口城市，人口过密、交通拥堵、学校和医院等公共基础设施滞后、空气污染严重。在 1971 年"尼克松冲击"下，日本物价飙涨、经济与环保矛盾激化。1972 年第一次石油危机爆发后，靠重化工业拉动的日本经

---

① 「三大都市圏等関連資料」、http://www.soumu.go.jp/main_content/000354244.pdf。（上网时间：2018 年 12 月 28 日）

济高速增长戛然而止。这更激起日本政学界和社会各界对港城矛盾、经济与环保矛盾的广泛反思。日本认识到，港口发展规划、临港功能区规划、临港交通规划等必须置于城市发展综合规划中协同考虑。这成为了兼顾生产生活的日本港城一体化综合开发的雏形。港口开发规划流程初步确立，须经港口审议会咨询评估后再由运输大臣许可。这成为了日本全流程港口开发模式的雏形。

资源集中也激化了央地矛盾。国家主导下资源向沿海地带、港口城市集中，导致"地方被掏空"。地方呼吁劳动力回归，希望国家对振兴地方发展给予政策、资金支持。对此，日本"全国综合开发计划"提出，全国港口开发向兼顾央地、兼顾太平洋沿岸与日本海沿岸的方向调整，提出建设新潟港、鹿岛港、盐釜港、伏木富山港等新的支点港口。然而，大港虹吸效应依旧势头强劲，如何平衡发展始终是国家资源分配的难题，只有被纳入国家经济安全框架的港口找到了新的定位。

（二）港口被纳入国家经济安全框架

20世纪70年代，两次石油危机冲击日本高度依赖石油进口和石油产业的经济结构。为降低经济发展成本、保障经济安全，日本推动能源多样化，寻求以煤炭、天然气等替代部分石油，降低原油进口依赖。1980年开始，钢铁港制度和石油港制度向能源港制度转型升级，享受政策优惠的范围扩大到包括煤炭、天然气。

日本推动重工业与能源储备港布局分散化，在日本海沿岸与非产业聚集区建设储备基地。如：在能代港（秋田县）、常陆那珂港（茨城县）、相马港（福岛县）、下津港等建设燃煤电厂，在苫小牧港（北海道）、青方港（长崎县）、北九州港等建设石油储备基地。[①]

（三）以国内为基础向国际推进

日本强港战略成效初现，使之有能力服务日本外向型经济高速增长，以及以经济外交为主要手段的对外战略推进。作为海洋国家，港口

[①] 黑田勝彦编著、奥田剛章、木俣顺共著、『日本の港口政策—歴史と背景』、成山堂書店2014年版、第89页。

成为其优质外交资源。港口外交是日本经济外交和海洋外交交汇点,可谓是日本战后外交的开端。

1952 年,包括官方外交、民间外交在内,战后的日本尚没有举办过大型国际会议。日本港口协会会长松本学提议,为纪念日本港口协会成立 30 周年举办国际港口会议。这一提议立即得到日本运输省官方支持,并争取到美国的支持。会议当年在日本成功召开,日本高松宫宣仁亲王亲自参加,美国代表、亚洲七国代表、欧洲九国代表参会。在日本积极运作下,1955 年,第二次国际港口会议在美国洛杉矶召开,会议宣告:国际港口协会(IAPH)正式成立并落户东京。由此,IAPH 成为唯一落户亚洲的港航领域国际组织,至今仍发挥着重要的港航技术、标准、规则话语引领作用,被联合国授予特别咨商地位。

几乎与此同步,日本在美国支持下加入"科伦坡计划"。1957 年,在"科伦坡计划"框架下对印度铁矿石港口展开规划调查,正式开启其海外港口开发。随后,日本向中国台湾和泰国派驻港航技术专家,向多国派驻港航专业外交官,与对象国或地区达成技术援助、借款贷款、参建等合作协议,"规划调查—建设运维—运营管理"全流程推进海外港口开发,空间布局也从东亚、南亚、中东等地区逐步向全球拓展。

这一时期,日本海外港口开发仍以规划调查项目为主,将国内港口开发中积累的技术经验推广至海外,主要包括资源能源港选址和工程技术等,如参与印度维沙卡帕特南港、印尼马辰港等项目规划设计。

20 世纪 70 年代中期开始,一批发展中国家陆续开启工业化进程,希望学习日本以资源能源港为支点打造临海工业带的经验。日本参与到墨西哥图斯潘港等项目中。日本还主动介入国际港航关键问题。1974—1980 年,日本参与了全球海运枢纽——苏伊士运河的港湾扩大改造工程的设计与施工。

开启海外港口开发后,日本派出海外港口开发规划调查团的数量呈不断上涨的趋势。1955—1965 年(日本昭和三十年代),日本派出调查团目的地以东南亚为主,每年派出 2—3 个。1965—1975 年,日本派出的海外港口开发规划调查团每年超过 10 个,调查的范围也向南亚、中

· 49 ·

南美洲、非洲等地扩展。

第三节 1971年到1991年：集运港崛起

海运的集装箱标准化掀起港航革命，集运业、集运港随即成为国际港航竞争力的核心和盛衰风向标。在战后第一次经济结构调整过程中，日本抓住集运风口乘势而上，其港口建设服务于国内经济转型和制造业海外转移。这一时期，日本虽然告别了高速增长，但经济转型较为成功，稳中有进，推动经济实力达到顶峰，集运港强国建设与之同步完成。日本的国际影响力不断扩大，日本的集运港开发经验受到发展中经济体欢迎。

一、背景：全球集运大发展与日本经济转型

集装箱运输标准化与国际产业分工深化相互促进，拉动全球国际贸易额大幅增长。日本经济结构经历新旧动能转换，从"重厚长大"向"轻薄短小"升级，并开启国际产业转移。日本港口建设重心随之从资源能源港转向集运港。

（一）产业内国际分工深化激发集运需求

二战后，全球贸易量持续上涨，刺激国际港航业发展需求。日本和欧洲率先迎来经济复苏，美国、日本、欧洲之间货物贸易激增。以日本为例，1961—1965年的5年间，其对外出口额实现翻番，达到84.5亿美元。[①] 20世纪70—80年代，和平与发展成为时代主题，在东亚、拉美等地区诸多发展中国家经济高速发展的带动下，全球贸易再上新台阶。随着1978年中国改革开放融入国际市场，国际市场体量得以再次大幅扩容。到冷战结束，国际统一大市场形成。世界贸易组织（WTO）

---

① 小野憲司、「国際コンテナターミナルの競争力強化に向けた戦略と行政の役割に関する研究」、神戸大学博士学位論文、2006年。

及其前身关税与贸易总协定发起多轮谈判,致力于降低国家间关税壁垒,亦有力促进了全球贸易增长。全球 90% 以上货物贸易依赖海运,贸易增长刺激港航业发展需求。

商品贸易全球化,特别是产业内国际分工深化,孕育和扩大了集运需求;集运标准化的普及又带动国际中间品、制成品贸易更为活跃。二者形成正向循环。为应对"英国病",英国率先开启"小政府主义"改革,新自由主义之风逐渐在更多发达国家盛行。此背景下,跨国公司发展势头强劲。跨国公司为追求利润和效率,将国际比较优势所能产生的红利挖掘到极致,产业内分工走向国际化,中间品贸易在国际贸易中的比重不断上升。

以往的干散货船或液体散货船难以满足中间品贸易需求,集装箱运输船因其便捷、高效、适合中转而得以广泛运用。世界上大部分制成品贸易和中间品贸易在美国、欧洲、日本之间的太平洋和大西洋的主航道上流动。世界由此开始形成北美、欧洲、东亚三大经济圈。如果包括资源能源海运贸易的话,则主要在北美、欧洲、东亚、南美这四大地区间进行。全球海上主航道由此形成,国际港口网络格局初现雏形。

(二)集运大发展凸显日本集运能力缺口

集装箱的发明早于 20 世纪 60 年代,但标准统一始于越战时期美国向越南运送军需物资。集装箱规格国际标准的统一大幅提高了工业品运载和装卸效率,使原本依赖人力装卸的货物得以凭借机器完成。这有效降低了集运成本,解决了中间品运输瓶颈。1970 年左右,集运已跨越太平洋、大西洋、印度洋,在美国、日本、欧洲之间普及。

日本并没有预判到集装箱运输标准化将席卷世界。在 1961 年第一次"港口整备五年计划"与 1965 年第二次"港口整备五年计划"中,仍然侧重能源港开发,没有为集运港开发留足预算和政策空间。1967 年 9 月,日本到美国西海岸的集运定期航线开通;1972 年,日本到美洲、欧洲、澳洲等主要贸易伙伴之间的定期集运航线开通。可是当时日本只有横滨港和神户港具备基本集运条件,且港口设备老旧,在水深和装卸设备上不达标。日本面临着集运基础设施条件不足与集运需求快速增长之间的矛盾。1970年前后,日本推出"不增税的财政再建"路线,对于公共事业的投资增长几乎为零。升级集运基础设施,包括集运埠头、起重机等装卸设备,以及专门设施的系统工程,但日本没有大规模新建或升级集运港的资金预算。日本当时也尚未出台针对集运港、集运业发展的法制保障,集运业无法像资源能源贸易那样享受政策红利和便利。集运港由此成为经济发展的新瓶颈。

(三) 日本经济走向巅峰带动港口崛起

三木内阁时期(1974—1976年),日本公共基建预算仍在紧缩,曾经在战后拉动日本经济快速增长的钢铁、石油化工、造船等几大支柱性产业承受着能源价格上升和日元升值的双重压力,第一次石油危机加速日本战后首轮新旧动能转换,以重工产能外溢和落后产能淘汰为主,日本企业开启第一轮海外产能转移。历经两次石油危机的"阵痛",日本经济结构基本实现从"重厚长大"向"轻薄短小"的转型升级。"轻薄短小"指以半导体为核心技术,涵盖电子产品、汽车产业、机器人、生物技术等。日本抓住经济发展新赛道,通过经济结构转型升级,维护了经济增长动能。此前,日本工业品贸易以对美国为主,到20世纪70年代末,日本与东南亚贸易显著提升,日本国际贸易形成了东西并进的新格局。

随着日本向产业链上游攀升,美日之间经贸利益冲突、摩擦不断。1985年,在美国重压之下,美日签订"广场协议",日元开始急速升值。日本企业在国内生产成本陡增,从而引发了第二次海外产能转移潮。这次海外产业转移以家电、汽车零部件、电子产品等在日本失去比较优势的中间品和部分制成品为主。寻求降低生产成本、回避美国关税门槛与出口额度管控是日企走出日本的主要驱动因素。日本开始在海外再造"第二个日本",在东亚构建起以日本为头雁的"雁阵模式"和以日本为核心的中间品贸易体系。在这一背景下,日本GDP滞涨,对美出口收窄,但集运需求不降反升。日本集运吞吐以1968年为元年,1968—1990年,集装箱进口量和出口量保持着旗鼓相当的高速增长态势,东亚区域内贸易功不可没。此外,从20世纪80年代开始,随着国民收入水平的提升,日本为降低国际贸易摩擦压力,鼓励民众消费以扩大内需。到 1994 年,日本集运进口量超过集运出口量,彰显着日本消费大国身份的确立。

二、战略规划:官主民辅与全链利益捆绑

在集运港的发展过程中,日本既未放弃国家主导模式,又注重引入更多维的民间力量参与。货权、航权与港权链条得以打通,支撑起日本集运港崛起。

(一) 官主民辅政策出台

因官方政策与预算准备不足,日本在集运港开发中参照日本高速公路公团模式成立外贸埠头公团,由公团对港口设施进行一元化建设、管理。1967 年,京滨外贸埠头公团、阪神外贸埠头公团成立。两大外贸埠头公团的成功引起各地效仿,名古屋、伊势湾等地欲成立相似机构,但是日本运输省对此明确反对,给出的理由是,港口开发交由民营资本负责可能影响国家对港口的顺畅管理,可能带来外国船企等外资收购控制日本集运港的风险。可见,日本运输省仍坚持港口是国家事权、由国家主导的立场。在集运瓶颈得以缓解后的 1982 年,完成快速筹资、急速建设集运港使命的外贸埠头公团退出历史舞台。虽然其解散遭到航运企业等民间力量反对,但是在日本运输省坚持下仍被执行。其业务被并入东京港、横滨港、大阪港、神户港埠头公社。

集运港开发的筹资方式较资源能源港进一步市场化,从拨款、合资过渡到以贷款为主。但日本政府仍不愿将港口开发主导权交予民间,由国家直接投资介入了几大集运港的建设;与此前不同的是,在港口运营管理中更注重引入民力,以此成为日本港口开发建设与运营管理分离的开端。

(二) 从货权到航权的权力控制转移

全球集运大发展的最显性影响是航权上升。航运企业联盟可以通过定制航线和选择停靠港口来影响港口国际竞争力和海运航线运价。因此这一时期,日本政府将扶持的主要对象从资源能源企业转向航运企业。

1970年，名古屋集装箱埠头株式公社在政府支持下成立，由名古屋港和当时的六大日资航运企业分别出资50%，成立后共同负责名古屋集运港的开发建设和运营管理。

为提高航运企业投资集运港的意愿，日本曾出台特别管理规定，投资港口的航运企业享有集运码头的专门使用权或优先使用权。在集运瓶颈得到一定缓解后，为提高码头利用效率，又取消了"专港专用"规定。

（三）环保与港城一体化发展

20世纪70年代后，民众对环保问题愈发关切。迫于严峻的环境破坏现实与激荡的民意，日本港口开发目标纳入"人港和谐发展"。

体制建设方面。1976年，港湾局成立环境整备科，专门负责港口环保等港城融合发展规划。

规划立法方面。1985年，日本出台"面向21世纪的港口"规划，提出推动港口从物流枢纽和生产节点向兼顾生活机能转变，将港口打造为物流、产业、信息、人际交流的窗口。与该规划几乎同期发布的第七次"港口整备五年计划"以及一系列法律法规[①]也指出：要兼顾外贸、内贸共同发展和休闲客轮业发展；增加港口商业基础设施；建设海洋与港口研究开发等公共事业，推动港口历史文化、航海历史文化建设；将港口开发成适合人类居住的环境优美的综合性空间，满足休闲娱乐需求，修建人工沙滩等。

三、内外协同推进：全球集运网络塑造

这一阶段，日本港口布局和发展格局形成。从硬实力看，日本已达到港口硬实力的巅峰状态。日本对国家主导、官民一体推进港口开发的

---

① 为此日本进行的一系列法治准备包括：1981年通过《广域临海环境整备中心法》，1986年通过《民间事业者能力活用特别设施整备促进临时措施法》（第108页），1987年通过《民间都市开发推进特别措施法》与《综合保养地域准备法》等。

认识更加成熟：官主民辅，既要引入民力，也要对冲民力重短期、轻长期的局限。与经济实力达到顶峰相伴，日本海外港口开发进入布局最广泛、热情最高涨的阶段。其港口"走出去"的主要内容与国内港口开发同频，以集运港开发和港城一体化建设为主。

（一）港城一体化发展模式形成

从资源能源港到集运港，从临海工业带到港城产业园区、港城一体化建设，日本充分利用地理条件，优先开发太平洋沿岸地带，实现日本的"后发经济体赶超奇迹"。日本将产能集中在沿海地带，特别是几大港口腹地，有利于利用低廉的海运运费降低原材料、中间品、制成品的物流成本，使日本制造在国际市场上占据竞争优势。日本形成了几大享誉全球的港口产业集群和港口工业带，无论是集运货物、粮食等干散货还是以石油为代表的液体散货，东京湾、大阪湾、伊势湾均是日本最重要的港口群所在。大型集运港也聚集于此，东京港、横滨港、名古屋港、大阪港、神户港发展成为吃水深度15米以上的港口。此外，日本还有54个地方港口可以用于国际集运。三大湾和北部九州是国际集运中心；北海道、日本海中部、东东北、北关东、中国南、九州、冲绳各地方分别建设地方性的集运港，这呈现出日本现代化港口布局的基本形态。

这一阶段，日本与北美、东亚多国间的定期集运航线开通，与东南亚各国、中国、韩国之间的集运贸易愈发频繁，日本开始打造国内与海外并重的港口网络，以港口网络引领塑造区域产业网络。日本成为东亚区域内中间品贸易的核心，由东亚产业链创造出的制成品再销往欧美市场。

与此同时，日本港口开发动能触顶。日本经济泡沫在20世纪末吹到最大，日本在国内国际的经济实力到达顶峰。理论上，港口等基础设施规划应适度超前。现实中，经济泡沫的破灭以及影响具有一定滞后性，这使港口开发的惯性得以继续保持。因此，日本港口硬实力在20世纪末到21世纪初达到顶峰。1975年到2001年，日本集运货物吞吐量从2430万吨增长到1.923亿吨，20余年间增长了近7倍。特别是20世纪90年代，全球船舶大型化发展迅猛，日本为此不断修建深水码头，突破深水天然良港匮乏的客观制约。1999年，全球集运船舶停靠日本码头达26038次，居于世界首位。[1]

（二）民力的作用与局限

日本在新自由主义的风潮中也开启了民营化改革，但步幅远远赶不上美欧，港口开发引入民力更是在国家主导体制下的战术调整而非战略调整。即使是引入企业运营管理，国家也保留着股权。

一方面，民营化大大提高港口开发效率，资金周转快且成本控制优，使日本在较短时间内有效缓解了集运港吞吐瓶颈。京滨、阪神两大外贸埠头公团存在期间共开发运营集运码头33个，1967—1975年的8年间，总投资达1800亿日元。如果是以公共事业拨款的方式投资，完成1800亿日元的投资需要耗时30年以上。1976年，上述两大公团集运货物吞吐达2321万吨，占日本全国集运吞吐的70%。[2] 名古屋集装箱埠头株式公社在成立之初，曾被认为要在20年后才能实现年度盈利，在25年后才能实现整体盈利。但实际上，1976年名古屋集装箱埠头株式公社就实现首次年度盈利，1985年后基本保持年度盈利，1989年后一直保持整体盈利。[3]

另一方面，重短期利润而不愿长线投入成为日本官、学界质疑民间投资港口开发的最主要顾虑。名古屋集装箱埠头株式公社的成立与运营既是民营资本参与港口开发的范例，也成为民力局限性的缩影。名古屋集装箱埠头株式公社之所以能够快速实现盈利和保持盈利，究其原因，源自其并未针对深水港升级改造进行持续性大规模投资，从而有效控制了成本。不可回避的是，大多数港口的筹资方式改为贷款后，港口管理方还款压力加大，成本控制成为压倒升级改造的优先考虑。放眼更长期

---

[1] 张季风：《日本国土综合开发论》，中国社会科学出版社2013年版，第218页。
[2] 中西睦他，『コンテナリゼーション—理論と戦略知識』、技研1971年版、第118－119頁。
[3] 社団法人日本港湾協会编：『新版日本港湾史』、城山堂書店2007年版、第76頁。

的时间维度，民力主导的集运港建设虽有进展但进展缓慢，出于成本和中短期收益的考虑，民企很难做出超大规模投资的决策。为满足更大型集运船舶的靠港装卸需求，日本政府在名古屋集装箱埠头株式公社运营的码头旁边投资建设了14米深的飞岛码头北侧埠头。

（三）输出集运港开发经验

这一时期，日本经济从高速增长转向"安定成长"，GDP年增长率下降，但对外援助力度进一步加大。1980年，日本运输省港湾局成立国际协力室，专门负责海外港口开发。国际协力室的成立优化了海外港口开发的协调领导体制，确保其服务国家战略目标及可持续发展。

日本海外港口开发中，集运港项目与港城规划项目占比越来越高，日本结合对象国重视港口战略政策规划的诉求，广泛承接发展中国家港口发展战略、投资重点布局、港口运营效率提升等综合性规划，将自身三大湾港口产业集群与港城一体化发展模式输出，海外港口开发伴随着日本制造业海外转移，指向日本国际港口网络体系暨国际经济体系构建。比较成功的案例包括，日本参与泰国林查班港开发持续至今。1985—1996年，日本参与规划兴建位于泰国首都曼谷附近的林查班港，并对其沿海地带进行经济开发，后期日本也持续参与该港的升级改造。如今，林查班港早已成为泰国第一大港、东南亚最重要的集运枢纽之一；林查班港的腹地产业发达，是日本制造业（汽车）转移的重要承接地。

日本广泛回应各地区发展中国家港口开发需求，海外港口开发走向全球化，积极推销其集运港开发经验。日本全程深度参与了全球集运咽喉巴拿马运河的规划与改造、参与巴西等南美洲国家的港口开发项目。1980—1999年，日本参与斯里兰卡科伦坡港规划建设与运营管理，开启将科伦坡港打造为国际支点的尝试。日本在南亚积累了较好的口碑，其与斯里兰卡合作持续至今。

第四节 1991年至今：港口开发模式形成

冷战结束，日本在经历了"重厚长大"产业与资源能源港，"轻薄短小"产业与集运港大繁荣大发展后，其国内外形势发生深刻变化。世界统一大市场形成，日本经济陷入长期低迷而新兴经济体蓬勃发展，港口战略地位对比此消彼长。日本在"大港集中"和差异化竞争之间求索，努力维系其港口强国地位，港口的安全属性、战略属性凸显。虽然日本"国际战略港"战略效果不彰，但海外港口开发保持高位运行。历经持久的高水平发展和沉淀，日本港口开发模式形成。

一、背景：经济失速与东亚群体性崛起

经济失速使日本港口需求增长收窄，东亚新兴市场国家经济发展迅猛带动港口群体性崛起，日本港口作为东亚核心节点的地位遭到动摇。

（一）经济不振致港口不振

东亚国家经济高增长与港口迅猛发展相辅相成。20世纪七八十年代，"亚洲四小龙"崛起。中国改革开放后融入世界经贸体系，拉动东亚地区蝉联世界经济增速最快的地区。进入20世纪90年代，日本经济泡沫破裂，经济陷入低迷。2010年中国GDP首次超过日本，至今仍是区域乃至世界经济增长引擎。或许未来印度、越南、缅甸将再续亚洲"经济增长神话"。

东亚经济体的共同特点是出口导向，港口在海量的货物流增长带动下发展迅猛。这是日本曾经走过的路。但20世纪90年代之后特别是21世纪以来，日本产业国际转移和内需乏力的副作用逐步显现，GDP增长失速、货运需求疲软、港口需求收窄甚至下跌。曾经长期占据集运吞吐全球第二位的日本，如今已跌出全球排行20名以外；而中国从1990年全球排行19名、占全球吞吐量1%，跃居为全球最大集运国，占全

球集运吞吐量比例超过25%。① 目前，日本各大港中仅横滨港的吞吐量尚能位居全球前10位；更多港口则失去航运干线支点地位，神户港在地震后一蹶不振。

（二）新兴国家港航业群体性崛起冲击日本港航地位

东亚新兴经济体为支撑国家经贸发展，纷纷支持民族港航业发展，全球港航竞争日趋激烈，日本力有不逮。韩国出台优惠政策扶持釜山建设国际集运枢纽港，釜山港抓住阪神大地震后溢出的国际集运需求，成功上位。新加坡港以物流、金融、服务业并举，激活其地缘海缘红利，迅速成为全球最重要的航运枢纽。中国港口伴随着经济增长迎来大发展，上海港、宁波舟山港等大港群体性崛起，中国港口占据全球排行前10位中的7席。

越来越多的新兴经济体认识到打破发达国家垄断、"国货国运"海运自主的重要意义。新兴国家航运企业成长冲击着美欧日既有"同盟航运企业"体系垄断和既有航运定价保护。20世纪末，航运企业掀起跨国公司兼并重组潮。1996年，美国尚有多家大型集运企业，到2006年几乎全部被欧洲同行收购。欧洲、日本航运企业在激烈竞争中得以存活。近年来，为提高市场竞争力，日本整合三大航运企业集运资源成立海洋网联船务，欲扭转颓势，扳回一城。不过，世界海运市场不再被发达国家把持。随之，发达国家对集运干线港口的塑造能力相对下降。

日本国土交通省国综研在报告中指出，原本以日本港口为物流枢纽的国际货物已转移到中国、韩国、东南亚港口。2000—2010年，日本进出口货物在东亚其他港口中转比例增加了两倍多，从5.4%达到18%。②

（三）对国际格局演变的不安全感投射到港口开发战略中

"雷曼危机"后日元急剧升值，日本企业开始形成第三次海外转移

---

① 津守貴之、『日本のコンテナ港湾政策―市場変化と制度改革、主体間関係―』、成山堂書店2017年版、第37頁。
② 日本国土交通省国综研网站，http://www.nilim.go.jp/lab/bcg/siryou/rpn。（上网时间：2022年1月10日）

潮。这次转移潮不同于以往的重化工业和制造业转移，而是以服务业为主。这一方面折射出日本已步入后工业时代，另一方面也体现出日本政治动荡、政策不稳、发展停滞，企业对国内发展信心不足。日本对自身在国际政治、经济格局中地位的下降产生不适感，反映在国家战略上是绑紧美日同盟，更加强调安全导向、对华忌惮和恶意揣测；具体到国家港口开发战略调整上，也展现出上述安全导向，包括强调国内港口和海外港口经营关乎国家战略安全、经济安全等。

二、战略规划："选择与集中"与"差异化竞争"

国家经济发展缺乏增量，使既有矛盾更为凸显。如何维系强港战略地位，从经济发展的手段演进为战略目标。日本决定向"大港集中"，即集中全国港航资源和贸易资源发展头部港口，同时紧跟绿色化、数字化大势提出"差异化竞争"策略。

（一）"大港集中"主义再确立

20世纪90年代，日本港口国际竞争力下降初现端倪。1995年阪神大地震后，日本曾宣布支持重建神户港，重夺东亚核心节点的荣光，但实际上，在央地矛盾消耗下，政策、资金等国家资源的分配更趋分散。因地方反对，1996年第九次"港口整备五年计划"和1998年第五次"全国综合开发计划"折中提出了"中枢国际港"和"中核国际港"两个概念。中枢国际港包括三大湾和关门海峡地区的诸多港口；中核国际港即地方港口。面对外部的激烈竞争，日本战略资源分配的分散化雪上加霜。

"选择与集中"战略确立。2001年，日本国土交通省交通政策审议会港口分科会召开会议，探讨在经济社会急剧变化的背景下，如何提高港口国际竞争力、产业创造力和循环型社会支撑力。该会议提出建设超级中枢港，集中各行各业之力而非仅凭港口建设或海运部门能力，以国家各类资源聚焦的方式打造超级港口，标志着"大港集中"再次占据上风。2009年，日本国土交通省发展战略会议成立，专门探讨"海洋国家日本的复权"，会议确立的"选择与集中"港口开发战略，至今仍被奉为日本港口开发指导思想。

向集运港"集中"。2010年,阪神港、京滨港被确定为国际集装箱战略港。2014年,日本公布新的集运港开发国家支持政策:一是"集货",调动大量货物集中到国际集装箱战略港吞吐;二是"创货",在国际集装箱战略港腹地发展产业,创造更多集运需求;三是提高港口竞争力,包括"强化深水集装箱码头功能"和政府投资港口运营公司等。①

(二)"差异化竞争"策略出台

建设"一流强港建设"还是"差异化竞争"?日本不得不顾及地方港口发展,也不得不面对外贸增长疲软和缺乏转口贸易需求的现实,遂在战略规划中提出"软实力优势"和"港口开发转型"。第九次"港口整备五年计划"提出,日本港口开发战略重点从经济主义向环保、社会文化发展转变。面对国际竞争,日本不打价格战,而是以安全、可信赖的高质量服务取胜,包括优化港口供需精算、提高码头装卸服务效率等。

日本国土交通省还提出绿色化发展道路,认为"天然气加注港、船舶节能减排、港口蓝碳回收是日本引领国际港口开发标准的新机遇"。② 2016年国际海事组织发布"限硫令"③后,日本判断使用LNG能源的船舶将增加,于是着力布局国内港口LNG加注基地。为吸引更多"未来能源"船舶靠港日本,政府制订了"日本干线计划";2018年,出台液化天然气加注基础设施维护补贴制度。

除了主动适应能源革命,信息技术革命也是日本的发力点。2017年第8届国际集装箱战略港口政策推进委员会提出,将结合人工智能、物联网和自动化技术,建设具有世界最高生产力水平和良好工作环境的集装箱码头。④

---

① 「海洋状況及海洋の状況及び海洋に関して講じた施策」(2016)、第37頁。
② 「海洋状況及海洋の状況及び海洋に関して講じた施策」(2014)、第30頁。
③ 2016年国际海事组织发布"限硫令",决定从2020年起收紧一般海域的船舶燃料含硫量规定。
④ 「海洋状況及海洋の状況及び海洋に関して講じた施策」(2019)、第41頁。

（三）对民力参与的踌躇

世纪之交，日本终于以立法形式认可地主港（公设民营）模式，这是其融入世界港口发展潮流、提高港口国际竞争力的努力。不过从时间上看，日本不仅晚于欧洲，也晚于中国，再次反映了其对于民力介入港口开发的迟疑。根据1999年出台的日本《民间资金活用促进公共设施整备法》，国家拥有的公共集运码头可长期租给民间企业使用，即变相认可地主港模式。东京港、川崎港、横滨港、大阪港和神户港纷纷开启地主港模式，但国家仍然注资于阪神国际港口有限公司①和横滨川崎国际港务有限公司。

三、内外协同推进：模式形成与海外推广

日本港口未能重回区域核心节点地位，关于"选择与集中"战略的优劣之争延续至今。但日本港口开发模式已然形成，践行于海外港口开发之中。除模式外，日本对安全的焦虑以及对区域格局演变的不适应亦反映在海外港口开发之中。

（一）"战略港"战略效果不彰

在国家主导、战略推进下，连接西日本港口与阪神港的国际干线，以及东日本港与京滨港的国际支线吞吐量均上涨50%。2015年，阪神港年度处理的集装箱约14万标准箱；2015—2017年，神户港集运吞吐量连年增长，恢复到阪神大地震以来最高水平。② 但这也仅仅是对区域港口发展速度的奋力追赶，而非引领。

在税制优惠措施和国家补助金制度加持下，日本港口开发格局变得畸形。东京港一港的集运吞吐量占比达日本全国进口总量的96%，东京港进出口吞吐比例达7：3，极为失衡。③ 2015年，日本国家级项

---

① 2014年10月，阪神港港口运营公司合并为"阪神国际港口有限公司"。
② 「海洋状況及び海洋の状況及び海洋に関して講じた施策」（2016）、第37頁。
③ 西村豪太、「船・港・海の経済学」、『週刊東洋經濟』，2020年2月22日、第58-59頁。作者系《东洋经济周刊》主编。

目——横滨港南本牧码头（深水集运码头，水深 18 米）开始运营。其装卸效率全球第一，被日本视为"运营精细化以降低成本、提高竞争力的日本典范"，① 但横滨港一家独大，无论是吞吐量还是吞吐效率，日本只有横滨港能排进全球港口竞争力榜单。

对于"大港集中"主义的争论之声不绝于耳。赞成派认为，一国的港口占据国际航运的核心节点地位，具有战略安全意义，必须坚持战略推进。国土交通省官员石川博基呼吁，"国际集装箱战略港湾"关乎日本发展和安全大局：其一，如果日本集运港丧失国际支点地位，日本将不在航运干线上。这将导致制造业物流成本增加，从而诱发企业进一步将产能迁移出日本。其二，他国以价格战、补贴战垄断支点港口后再提价，恐使日本利益受损。其三，将导致港口行业与港口产业集群造成营收、税收、就业等经济损失。②

津守贵之、篠原正人等日本知名港航问题专家则坦言，东亚国家港口群体性崛起、日本港口衰落是客观经济规律的反映，日本政策干预恐无力回天。津守贵之指出：日本港口竞争力下降的表层原因在于建设、运营等综合成本高，推高了港口使用成本；深层原因在于，日本产业国际转移带动东亚国家港口崛起。③ 篠原正人提出，将资源集中投入"战略港"并非理智决定，这样做只会加剧关东与关西、各地方之间的内耗，加剧日本港口国际竞争力下滑，莫不如各展其美，鼓励

---

① 提高集装箱港口国际竞争力的具体举措包括，延长服务时间、降低费用、保证港口设施有效工作、简化进出口手续、完善信息化电子化建设等。南本门埠头 1 小时可装卸 50 个集装箱，效率超过自动化码头的效率。
② 石川博基、「国土交通省におけるインフラシステムの海外展開」、『建設マネジメント技術』、2020 年 1 月号、第 8－13 頁。
③ 津守貴之、『日本のコンテナ港湾政策－市場変化と制度改革、主体間関係－』、成山堂書店 2017 年版；津守貴之、「国際コンテナ戦略港湾政策の問題点」、『港湾経済研究日本港湾経済学会年報』、2011 年、第 17－30 頁；津守貴之、「スーパー中枢港湾プロジェクトの『総括』と今後の課題（特集わが国の港湾整備と国際競争力強化の課題）」、『運輸と経済』、2010 年第 3 期、第 50－58 頁；山縣宣彦、加藤一誠編著、『「みなと」のインフラ学－PORT2030の実現に向けた処方箋－』、成山堂書店 2008 年版。

专业港口发展。①

（二）日式港口开发模式形成

20世纪90年代泡沫经济破灭以来，日本经济增长失速，创新能力和行业引领能力下降，但日本综合实力增量不大、存量仍存。即使日本尚未寻得经济增长突破口，但仍具有极强的综合经济实力和软实力，具体到港口上，就包括多年持续的港口开发实践所积累的综合实力。从关注资源能源等大宗货物与集装箱吞吐的经济效益，到关注人港和谐、港城一体化发展，再到将提振港口与国运兴衰挂钩；从关注硬实力到关注软实力，从兼顾地方到"选择与集中"；日本港口开发主动沉淀、总结经验，模式日渐成熟，国内港口开发与海外港口开发得以协同推进。

第一，国家主导、官民一体推进。国家占据港口开发主导地位，从引入航权、买权参与港口开发，到民间主体参与运营管理合法化，国家始终掌握动态平衡。正如日本港航问题专家所指出的，虽然以集运吞吐量衡量，日本集运港竞争力下降，但日本官民一体的港口开发模式仍有较强竞争力。②

第二，注重港口开发综合规划。体制机制方面，日本国土交通省发展战略会议、港口审议会、国际集装箱战略港评审委员会、国际大宗商品战略港口评审委员会等系列规划评审制度形成。发展模式方面，港城一体化形成可复制模式。名古屋港依托丰田市腹地汽车产业，打造具有竞争力的汽车专业码头及配套物流，日本汽车专业码头和集运国际竞争力居一流。正如中国学者所指出的："日本港口产业集群、湾区协同发展模式具参考价值。"③

---

① 篠原正人、「国際戦略港湾政策における『国際競争』『民の活力』概念について：北部欧州港湾政策との対比において」、『港湾経済研究日本港湾経済学会年報』、2011年、第1-16頁。

② 川崎芳一、寺田一薫、手塚広一郎、『コンテナ港湾の運営と競争』、成山堂書店2015年版。

③ "日本、新加坡港城融合发展的做法与启示"，《金融时报》，2020年9月7日，https://www.financialnews.com.cn/ll/xs/202009/t20200907_200227.html。（上网时间：2022年1月10日）

第二章　日本强港战略的缘起和发展

第三，与时俱进、差异化竞争。在应对频发的海洋灾害和严峻环境问题的进程中，日本构建出特色港口开发标准，形成环境人文友好型港建品牌，包括软滩加固、防海啸、抗震技术标准，废弃物填海、污染绿色标准等。此外，"日本港口与欧美本质上的不同在于，日本港口并非仅是物流节点，而是临海工业带的核心所在，是生产场所，也是都市、是生活空间"①。上述功能定位被写入日本《港湾法》。② 东京港修建海洋公园、临海自然景观、野生动物栖息地、公众走道、滩涂等亲水空间。横滨港专门成立"横滨港面向21世纪株式会社"，将明治维新时期建成的老码头、老仓库改建成城市公园。③

（三）海外港口开发战略化安全化

与国内港口开发纳入国家战略安全考量同步，海外港口开发被赋予重振日本国力、确保地缘安全、服务大国博弈等新意涵。海外港口开发战略定位前所未有地得到提升，被写入日本"印太构想"、国家海洋战略、"基础设施系统出口战略"这三大国家战略规划文件之中。在战略化安全化导向下，日本国力下降，海外港口开发战略推进却得到进一步强化。

新兴市场经济体在港口开发诉求上与日本代差越来越小，日本努力整合资源，建构港口强国身份定位。一方面，将国内港口开发中积累的规划、建设、运维升级、信息化、民营化、安保、防灾、环保、可持续发展等经验出口，强调日本运营、管理软实力，以及日本标准、模式竞争力。对印尼、菲律宾、伊朗、泰国、越南、巴拿马等国家和地区输出更为综合的国家港航发展战略和港湾运营效率提升等规划。

---

① 川崎芳一、寺田一薫、手塚広一郎、『コンテナ港湾の運営と競争』、成山堂書店2015年版、第38頁。

② 日本『港湾法』第三条の二，https://elaws.e-gov.go.jp/document?lawid=325AC0000000218。（上网时间：2022年1月10日）

③ 该公园是"明治日本的工业革命遗产"的一部分，虽然该公园未涉嫌强征朝鲜劳工，但其所属的申遗项目因涉嫌强征朝鲜劳工而遭到韩国的强烈反对。申遗项目中的福冈县和长崎县等有7处涉嫌强征劳工行为，违反了"保护具有人类普遍价值的遗产"这一世界遗产公约精神。

另一方面，日本致力于走内外技术、资源、模式融合之路，① 包括打造联通内外的港口数据平台、推动日本港口绿色标准国际化等。2016年，日本、新加坡首脑会谈达成 LNG 补给基地合作意向。② 日本持续在缅甸、越南、柬埔寨等港口升级和运营项目中推广由其提供技术支持的港口电子数据交换系统，塑造对象国港口建设运营、港城经济特区运营管理的模式和标准与日本国内对接。③

本章小结

本章梳理明治维新以来，国家主导下日本现代化港口开发的缘起、发展、演变，归纳总结出四个发展阶段：战前孕育期、战后资源能源港崛起期、集运港崛起期、港口开发模式成熟期。笔者通过研究得出以下结论。

第一，日本港口开发由国家主导、战略推进，战术具有灵活性。国家主导之特色是历史形成的，并在历史进程中不断得以发展。对外，日本抓住美国对日政策转变、全球集运大发展、区域经济格局塑造等机遇，推动国家经济复苏与产业升级，促成港口强国崛起。对内，国家主导作为其本质特征延续至今，体现在规划、政策、立法、出资、选址、建设、运营等各个维度。在引入民力上，日本手段比较灵活，注重调动航权、买权、货权等港航产业链的中下游力量，吸引资金、智力的广泛参与；同时注重掌握主导，以调控国家主导效率低与民力追逐短利的各自局限。

第二，日本港口开发模式趋于成熟。一是全流程开发。日本港口开

---

① 社团法人日本港湾协会编、『新版日本港湾史』、城山堂书店 2007 年版、第 157 页。

② 「海洋状況及海洋の状況及び海洋に関して講じた施策」（2017）、第 17 页。

③ 中崎刚、「港湾分野におけるインフラシステム輸出戦略について」、https：//www.umeshunkyo.or.jp/ronbun/h25_port_abstracts/4.pdf。（上网时间：2022年1月10日）

发由"规划调查—建设运维—运营管理"构成,"规划调查"得到异常重视、保持较高水平。二是港城一体化发展。日本高度重视港口开发,以此支撑经济发展,港城是国家经济运行核心节点,临海工业带、港城一体化发展经验凝结为具有一定可复制价值的模式范本。有日本学者甚至认为,"说日本'港城一体化开发'模式改写世界港口史和世界经济发展史也不为过"。[①] 三是全链利益捆绑。日本引入买权、航权、货权协同推进港口开发,与时俱进构建港口强国身份。港口强国身份建构从"资源能源港强国""集运港强国"向当前的"绿色、数字港口强国"演进。

第三,日本国内港口开发与海外港口开发协同推进。日本港口强国建设基本成功。港口长期是国际海运干线支点,港口开发曾代表全球最高水平。日本海外港口开发以国内港口开发为坚实基础,两者战略目标、战略路径、战略模式统筹协同联动。二战后,日本国内港口开发所积累的产能、模式、方式持续践行于海外港口开发之中。当前,国家主体的战略性、安全性诉求亦同步反映在内外港口开发之中。

---

① 今野修平、「戦後港湾開発の意義と歴史的評価」、社団法人日本港湾協会編、『新版日本港湾史』、城山堂書店2007年版、第852頁。作者系日本大阪产业大学教授。

第三章

日本海外港口开发战略路径

  战略一般是指对实现特定目的的过程与手段进行规定的综合性判断和计划。国家战略从目的上可以分为军事战略、外交战略、经济战略、内政战略等,我把综合性国家战略称为国家战略。

——日本前首相 中曾根康弘①

  "战略"主要指战争、战斗或竞争与博弈的谋略,具有强烈的目的性,一个个体或国家或行动单元提出一项战略需要主体方系统性的自觉推行。

——中国学者 傅梦孜②

  战略是综合性的判断和计划,战略的外延包括但不限于军事、政治、经济。国家战略是国家综合谋略,港口可纳入战略范畴考量。国家战略具有强烈的目的性,战略落实需要主体方系统性的自觉推进。日本海外港口开发与国内港口开发一脉相承,均由国家主导、战略推进。通过分析其模式选择、顶层设计、参与维度、时空布局,可厘清其如何在国家主导下系统性地推进,即厘清日本海外港口开发的战略路径。

---

  ① 中曽根康弘、『二十一世紀日本の国家戦略』、PHP 研究所 2000 年版、第 14 頁。
  ② 傅梦孜:《"一带一路"建设的持续性》,时事出版社 2019 年版,第 124 页。

第三章 日本海外港口开发战略路径

第一节 模式选择：从殖民式海外支点经营到海外港口开发

与战前殖民式海外支点经营相比，日本战后所推进的海外港口开发与对外援助相伴，更加低调和灵活。日本殖民式海外支点经营与海外港口开发看似毫无关联，实则羁绊千丝万缕：从模式上看，诉诸武力的失败促使日本顺应世界潮流转向和平进取；从布局上看，其战前与战后的战略重心如出一辙；从延续性上看，二战战败挫败了日本殖民进程，但其在殖民扩张和参与国际港航治理中所搜集的情报、所思考的地缘结构、所积累的海外经验、所储备的人才队伍仍在战后日本国际战略"再出发"中发挥着重要作用。因此，有必要简要回顾日本海外港口开发的"前世"，以鉴"今生"。

一、殖民式海外支点控制必然失败

掠夺资源，不能成为日本对外侵略扩张的借口，但日本将其作为海外殖民关键诉求。在日军南下开辟太平洋战场后，海外支点之于日本具有经济安全与军事安全双重战略价值。日本相继在东北亚、东南亚甚至印度洋沿岸、南太地区建立港口支点，在东北亚侵略时间最长，南下、西进后则迅速节节败退。这一时期，日本作为"海洋强国"积极参与国际海洋治理，与构建"大东亚共荣圈"并行不悖。

（一）北进：东北亚经济圈

傅高义指出，战前日本的海外投资重心，既不在福建，也不在上海，而是在"满洲"。日本主导伪满洲国建立，操纵溥仪，疯狂掠夺中国东北资源，强迫劳工将资源送上东北亚海上航线运回日本。位于渤海湾的中国大连港和朝鲜殖民地日本海沿岸的港口，成为与日本国内下关港、小樽港等资源能源港联通的支点。

早在甲午战争时期，日本便觊觎旅顺、大连两港。一来为攫取中国辽东地区丰富的矿产资源，二来看重此处与日本联通的便利海运条件。日俄战争中日本获胜，日本终于"一雪三国干涉还辽之耻"，从沙皇俄国手中抢下辽东。1905年，日俄签订《朴茨茅斯和约》，日本获得从长春到沈阳间长达885千米的南满铁路以及两侧附属地的治外法权。南满洲铁道株式会社（下称"满铁"）和以管理南满铁路附属地为名的关东军成为日本扶持、控制伪满洲国的工具。

虽然日本将"关东州"（辽东）与伪满洲国分而治之，但对中国东北甚至朝鲜半岛进行海外港口支点统筹布局规划，构建起殖民式海外支点网络。

"满铁"最初奉行以"大连为海运枢纽"的政策，对吉林东南部铁路和日本海沿岸港口建设相对消极。在日本外务省和陆军对俄战争准备的催动下，才着手配合。1911年，长春至吉林的铁路通车。20世纪20年代，吉林向东至敦化、会宁的铁路实质性推进。中国东北没有面向日本海的出海港口。日本为打通本土与中国东北的海上航线，在朝鲜殖民地选址设港。在建清津港、雄基港还是罗津港的方案之争中，罗津港一度占上风。因为从自然条件看，清津港吞吐量发展潜力小；清津港与雄基港容易受到风浪影响，修筑防波堤等工程成本高。相比之下，罗津港港内面积大、水深适宜，能够停泊大型舰队。总之，与大连港相比（大连港附近有旅顺军港），军事诉求是日本海沿岸港口选址的优先考虑，经济掠夺次之。

日本关东军司令部在九一八事变后确立"二大港主义"，即从大连到日本的航线与日本海航线同时发展。1931年12月，"满铁"受托完成《满蒙经济政策纲要》，规划"三港三大干线"，三港分别是大连港、雄基港、葫芦岛港。大连港是"满蒙中心"，安宁港、营口港是大连港的辅助港；葫芦岛港是联通中国北方地区航线的支点，秦皇岛港是葫芦岛港的辅助港；雄基港是对日航线支点，清津港、罗津港是雄基港的辅助港。最终选择雄基港源于"满铁"的经济谋算。"满铁"设想以图们江航运连接中国东北与朝鲜半岛，以河海联运将中国东北东南部地区丰富的木材、矿产等资源通过日本海运往日本。

这一规划遭到关东军司令部和朝鲜伪政府的反对。关东军司令部从对苏联作战角度考虑，坚持选址罗津港。虽然"满铁"给出清津港与罗津港并用，雄基港与清津港并用的妥协方案，但由于日本陆军、海军的强硬坚持，最终，日本海沿岸港口支点选定罗津港。① 此外，日本还在朝鲜半岛的南端兴建了釜山港、仁川港、镇南浦港等。在霸占中国台湾后，日本故技重施，兴建了基隆港等一批港口，开辟了从中国台湾至日本之间服务于军事力量投送和资源掠夺的海上航线。

回顾这一段历史可以发现，战前日本便开启了内外协同的"港航战略规划"，将港口置于服务其国家安全与发展的框架下考虑，从军事、政治、经济等各角度综合分析利弊。当然，殖民侵略的不义之举必然走向失败。

（二）南下：跨越"印太"的野心

毛泽东在揭批日本野心时指出："我们确切地知道，就是扬子江下游和南方各港口，都已经包括在日本帝国主义的大陆政策之内。并且日本还想占领菲律宾、暹罗、越南、马来半岛和荷属东印度，把外国和中国切开，独占西南太平洋。这又是日本的海洋政策。"②

早在一战爆发后，日本便开始觊觎太平洋支点布局。趁着欧美列强无暇顾及，日本迅速占领德国在亚太地区的殖民地，将势力范围推进到加罗林群岛、马里亚纳群岛和马绍尔群岛一线，将太平洋活动区拓展了3000海里。一战后，美国、日本在巴黎和会、华盛顿会议等一系列国际安排中暂时妥协。但日本对西太平洋支点的控制相当于直接在美国和殖民地菲律宾之间的海上通道上打入楔子，为美日矛盾埋下伏笔。1930年，在伦敦海军军备会议上达成《限制和削减海军军备条约》（即《伦敦海军条约》），该条约对日本海军发展所做出的限制引起日本不满。日本最终撕毁条约，其野心昭然若揭。

---

① 稻吉晃、『海港の政治史—明治から戦後へ』、名古屋大学出版会2014年版，第263页；芳井研一、『環日本海地域社会の変容「満蒙」・「間島」と「裏日本」』、青木書店2000年版。

② 引自1936年7月16日毛泽东同美国记者斯诺先生的谈话。《论持久战》，载《毛泽东选集（第二卷）》，人民出版社1991年版，第444页。

1936—1937年，日本广田内阁确立"南北并进"对外扩张战略方针。"南进政策"由日本海军主导，目标是在确保对中国大陆霸权地位的同时，向太平洋地区扩张，主要假想敌是美国、英国等既得利益国家。1939年2月，日本侵占中国海南岛海口港，与殖民中国台湾所控制的基隆港、安平港、台南运河、高雄港等组成支点网络，穷兵南下妄图构建"大东亚共荣圈"。1940年9月，法国维希政府（1940—1944年）对日屈服，允许日军进驻越南红河流域并控制海防港和金兰湾。1941年12月7日，日本海军袭击珍珠港，太平洋战争正式爆发。天皇于1942年批准的"大东亚战争第二阶段作战帝国海军作战计划"中，日本"印太"野心一览无余：攻陷锡兰岛、斐济诸岛、萨摩亚群岛，攻陷中途岛，破坏阿留申群岛的作战基地，攻陷夏威夷。

1941年12月开始，日本发起攻势，先后占领泰国、中国香港、马来西亚、新加坡、菲律宾、荷属东印度、缅甸等地。日本在中南半岛东、西双向沿海同时布局，扼控巴士海峡，攻占马尼拉、巴坦群岛、吕宋岛、苏门答腊岛、苏拉威西岛、加里曼丹岛（婆罗洲）、帝汶岛、马鲁古群岛和爪哇岛。东南亚的战略要地几乎全部被日本占领。随后，日本又侵占大洋洲新几内亚岛和所罗门群岛大部分地区，并且空袭澳大利亚，大洋洲卷入太平洋战争主战场。还有一支日本海军向东北方向推进，攻入北美洲西北角的阿留申群岛。

此时的"大日本帝国"构建起密集的海外港口与岛礁支点网络，夺取了西太平洋制海权，俨然成为不可一世的海上强国。但随着盟军反攻，日本从攻转守，节节败退。以1942年中途岛海战为转折点，日本海上有生力量被不断消灭；从瓜达尔卡纳尔岛之战后，日本被迫从自己构筑的岛屿链上撤离。日本随即提出在班达海到东西加罗林群岛及马里亚纳群岛一线构筑"绝对国防圈"，因为美国一旦占领塞班岛，将可以直接对日本本土进行空中打击。但所谓的"绝对国防圈"很快破防，面对美国大规模对日本本土的空袭，日本只得面对战败的终局。

港口和海岛在太平洋战争中具有重要的军事战略价值，从战术上看，日本选择的港口支点、登陆点"正确"，使其迅速地扩大占领面。不过由于非义必败、力有不逮，日本也迅速被打击、退回本土，并不能维持对港口、海岛等战略支点的控制，遑论经营。对港口、海岛的争夺是太平洋战争的"棋眼"。日本占据"棋眼"，首先出于军事目的，其次出于经济目的，虽然日本在短暂的占领时期试图推进当地港口规划、扎根海外支点"根据地"，但是历史没有给日本留出更多继续贪婪的时间。

如果日本持续控制从东太平洋的夏威夷到东南太平洋的萨摩亚岛，以及从东北亚到东南亚的诸多海上支点，恐怕将切断英国和印度之间、美国和澳大利亚之间的交通要道，并确保日本和德国、意大利之间的联络。更重要的是，日本将确立资源圈和势力范围，构建起自给自足的长期经济保障和战略屏障。

很难说失败的侵略扩张史没有给日本留下若干烙印。战后，日本以东亚为重点开展海外港口支点经营，在南亚、大洋洲着力推进，熟悉的国名、港口名不断出现在日本海外港口开发进程图景中。

（三）参与国际治理

明治维新后的日本是一支重要的国际政治力量，是"海洋大国""海洋强国"，持续活跃在国际港航治理舞台。早在 1908 年，日本便开始参与国际航运协会（下称 PIANC）工作，[①] 并派代表参加了至 1935 年的历次会议。战前参与国际港航治理的经验是日本战后迅速重返国际港航治理体系，甚至是引领国际港航治理的基础。

二、海外港口开发战略缘起

对外援助与贸易、投资三者齐头并进，共同促进了日本经济的发展，这种模式被称为"三位一体"，已被日本官方认可并被学术界广泛

[①] PIANC 成立于 1885 年，是致力于推进工业化国家和正在实施工业化国家的航道、港口规划、设计、建设、改造、维护和运营的国际组织。PIANC 主办的会议旨在促进各国间关于港航规则与技术的交流。PIANC 至今仍在发挥作用，共有 60 多个国家会员，500 多个公司会员和 2000 多个个人会员。中国交通部代表中国政府于 1981 年成为 PIANC 的正式国家会员。

讨论。① 武力扩张型海洋战略的失败促使日本转向现代化海洋外交。② 在经贸高速发展的牵动下，日本国内港口崛起、开发模式形成，港口开发转化为具有日本特色的对外战略资源。在对外援助战略与港口资源战略性运用的协同作用下，海外港口开发成为日本对外援助的开端，包括港口开发在内的交通基建援助成为对外援助的主要内容。虽然并非所有海外港口开发项目都属于对外援助项目，但绝大多数项目属于。从被广泛熟知的日本对外援助谈起，有助于理解日本海外港口开发模式。

（一）海外港口开发是日本对外援助的开端

对外援助是战后发达国家与发展中国家双边经济关系的组成，可大致分为技术援助、无偿资金援助和政府贷款援助三类。日本对外援助是其推进对外战略的主要抓手，在优化其国家形象、拓展国际影响力等方面发挥了巨大作用。

日本官方视加入"科伦坡计划"的 1954 年 10 月 6 日为日本"对外援助的起点"。③ 日本加入"科伦坡计划"，基本与日本对东南亚国家战后赔偿同步，是其打开战后外交局面的开端。战后伊始，欧洲发起"科伦坡计划"倡议，美国为对冲欧洲国家在印度洋沿岸扩大影响力，向日本伸出橄榄枝，邀请日本加入该计划。当时的日本尚不具备大举开展对外援助的国家综合实力，至少与美欧的国际身份、国力不可同日而语。但日本于 1954 年召开内阁会议，决定加入"科伦坡计划"。同年，日本作为正式加盟国参加了"科伦坡计划"第 6 次会议。美国的积极推动成为日本加入"科伦坡计划"的允容性和必要性条件，日本抓住此次机遇，开始构建对外援助施援国的身份。

---

① Mitsyaaraki, "Japan's Official Development Assistance: The Japan Oda Model that Began Life in the Ant Asia", *Asia - Pacific Review*, Vol. 14, No. 2, 2007, pp. 17 - 29; Sakiko, Hiroaki, "Normative Framingo of Development Cooperation: Japanese Bilateral Alar Aid Between the DAC and Southern Donors".

② 王旭："日本参与全球海洋治理的理念、政策与实践"，《边界与海洋研究》2020 年第 1 期，第 6 页。

③ 日本外务省网站，https://www.mofa.go.jp/mofaj/press/pr/wakaru/topics/vol116/index.html。（上网时间：2022 年 1 月 10 日）

有中国学者认为，1958 年着手与印度签署日元贷款协议是日本正式成为施援国的标志，因为此前日本是接受美元援助的受援国。[①] 其实在 1957 年，日本便向印度派出首批海外港口开发调查团。技术援助与资金援助同属对外援助，日本对印技术援助的实施早于贷款协议的签署，因此，从时间顺序上看，日本海外港口开发应被定义为日本由受援国转变为施援国的关键标志。

日本政府向印度派出的"国际港口建设调查团"对印度的 15 个港口进行了为期 3 个月的调查，具体由日本海外制铁原料委员会负责。该调查团给出维沙卡帕特南港最适合开发为印度国际铁矿石贸易港的规划咨询结论。该调查团人数达 51 人，包括日本国土交通省[②]港湾局公职人员 6 人和诸多专家。维沙卡帕特南港目前仍是印度最大的铁矿石出口港。

（二）包括港口在内的交通基础设施领域是日本对外援助最重要的领域

日本是亚洲第一个加入经济合作与发展组织的国家，也是亚洲第一个加入经济合作与发展组织发展援助委员会（下称发展援助委员会）的国家。尽管日本属于发达国家阵营，是发展援助委员会主要成员国之一，但其在遵循发展援助委员会规范的同时并非完全遵循欧美援助理念，日本援助偏好明显区别于其他主要成员国。日本强调受援国的自主性，以及施援国与受援国通过经济合作实现共同发展，日本援助理念更接近新兴国家对外援助理念。[③] 具体讲，除日本外的其他发展援助委员

[①] 张磊、崔岩："日本 ODA-ADB 框架下的开发援助及其启示——以南亚地区为例"，《日本问题研究》2018 年第 1 期，第 22 页。

[②] 当时为运输省。2001 年小泉纯一郎执政后推进官厅体制改革，将北海道开发厅、国土厅、运输省和建设省合并改组为国土交通省。改组后的国土交通省管辖 80% 的日本公共事业。

[③] Sakiko Fukuda-Parrand Hir Shiga, "Hormative Framing of Development Cooperation: Japanese Bilateral Aid Between the DAC and Southern Donors", JICA Research Institute Working Paper No. 130, JICA Research Institute, 2016, https://www.jica.go.jp/jica-ri/publication/workingpaper/jrft39000000063lo-att/JICA-RI_WP_No.130.pdf.（上网时间：2021 年 12 月 12 日）

会主要国家均将社会基础设施（教育、卫生保健、上下水道等）民生领域作为对外援助重点，社会基础设施领域投入占比最高，而日本则一直在包括交通在内的经济基础设施领域上投入最大。

如下表所示，每5年选取一次数据样本分析日本对外援助各领域投入构成可以发现，"经济基础设施"超过"社会基础设施""农林水产""工业等其他行业""紧急援助""专项援助"，占比最高，且日本这一偏好贯穿始终，从开启对外援助以来延续至今。与日本最重视经济基础设施援助相比，美国经济基础设施援助最高占比仅为13.8%，近10年徘徊在5%左右，且有下降趋势。其他发达国家援助偏好基本与美国一致，虽然在经济基础设施领域上的投入比例超过美国，但远不及日本。日本在经济基础设施援助上的投入占比远高于发展援助委员会主要成员国平均水平，达到平均水平的2—3倍。

表3-1 发展援助委员会主要国家对外援助双边项目按领域比重分析（1995年）

国别 领域	日本 (%)	美国 (%)	英国 (%)	法国 (%)	德国 (%)	意大利 (%)	加拿大 (%)	澳大利亚 (%)	瑞典 (%)	发展援助委员会平均值
社会基础设施（教育、卫生保健、上下水道等）	24.1	32.2	29.4	42	37.9	14.3	24.2	46.4	35.3	30.5
经济基础设施（交通运输、通信、电力等）	45.1	9	16.4	8.6	20.4	15.4	14.1	19.6	10.9	23.7
农林水产（农林渔，不包括粮食援助）	9.3	6	10.9	6.1	6.8	3.2	1.6	3.3	10.2	7.4

续表

国别\领域	日本(%)	美国(%)	英国(%)	法国(%)	德国(%)	意大利(%)	加拿大(%)	澳大利亚(%)	瑞典(%)	发展援助委员会平均值
工业等其他行业（矿业、环保等）	5.9	9.3	7.1	9.7	5.4	2.6	10.8	11.6	7.3	8.2
紧急援助（人道主义援助，含粮食援助）	0.2	9.2	14.2	0.2	6	9.1	10.2	0.2	22.8	5.2
专项援助（债务救济、行政经费等）	15.4	34.3	22	33.4	23.5	55.4	39.1	18.9	13.5	25
合计	100	100	100	100	100	100	100	100	100	100

资料来源：根据《日本开发协力白皮书·参考资料集》① 相关内容自制。

注：因保留到小数点后一位（四舍五入），故部分合计约等于100。

表3-2　发展援助委员会主要国家对外援助双边项目按领域比重分析（2000年）

国别\领域	日本(%)	美国(%)	英国(%)	法国(%)	德国(%)	意大利(%)	加拿大(%)	澳大利亚(%)	瑞典(%)	发展援助委员会平均值
社会基础设施（教育、卫生保健、上下水道等）	23.6	39.1	26.8	39.1	44.5	20.5	31.7	53.5	30.7	31.7

① 日本外务省网站，https：//www.mofa.go.jp/mofaj/gaiko/oda/shiryo/hakusyo/nenji99/n8_10.html。（上网时间：2021年12月12日）

续表

领域＼国别	日本(%)	美国(%)	英国(%)	法国(%)	德国(%)	意大利(%)	加拿大(%)	澳大利亚(%)	瑞典(%)	发展援助委员会平均值
经济基础设施（交通运输、通信、电力等）	32	13.8	6.5	4.5	13.9	2.8	4.5	8.8	8.2	16.5
农林水产（农林渔，不包括粮食援助）	6.1	4.0	6.3	5.2	4.6	4.3	4.5	6.5	2	5.1
工业等其他行业（矿业、环保等）	8.1	—	13.9	12.6	15.3	17.9	12.6	8.5	4.8	10.1
紧急援助（人道主义援助，含粮食援助）	0.6	11	12.5	4.6	6.0	10.6	14.3	11.1	20.2	7.7
专项援助（债务救济、行政经费等）	29.6	—	34.0	34.0	15.7	43.9	32.4	11.6	34.1	28.9
合计	100	100	100	100	100	100	100	100	100	100

资料来源：根据《日本开发协力白皮书·参考资料集》① 相关内容自制。

注：因保留到小数点后一位（四舍五入），故部分合计约等于100。

---

① 日本外务省网站，https://www.mofa.go.jp/mofaj/gaiko/oda/shiryo/hakusyo.html。（上网时间：2021年12月12日）

表3-3 发展援助委员会主要国家对外援助双边项目按领域比重分析（2006年）

领域＼国别	日本(%)	美国(%)	英国(%)	法国(%)	德国(%)	意大利(%)	加拿大(%)	澳大利亚(%)	瑞典(%)	发展援助委员会平均值
社会基础设施（教育、卫生保健、上下水道等）	22	44.1	30.5	29.5	34.5	12.1	44.6	53.2	35.2	34.9
经济基础设施（交通运输、通信、电力等）	25.4	13.4	2.4	6.5	14.6	10.5	2.8	3.4	5.3	11.4
农林水产（农林渔，不包括粮食援助）	4.4	2.6	1.6	1.7	3.8	1.2	5.5	4.1	3.8	2.9
工业等其他行业（矿业、环保等）	7.8	9.3	3	9.7	7.2	5.3	8.7	8	9.9	7.7
紧急援助（人道主义援助，含粮食援助）	2.4	11.4	9.8	0.6	3.7	3.0	11.7	10.7	11.1	6.9
专项援助（债务救济、行政经费等）	38	19.2	52.7	52.0	36.2	67.9	26.7	20.6	34.7	36.2
合计	100	100	100	100	100	100	100	100	100	100

资料来源：根据《日本开发协力白皮书·参考资料集》[1] 相关内容自制。

注：因保留到小数点后一位（四舍五入），故部分合计约等于100。

---

[1] 日本外务省网站，https://www.mofa.go.jp/mofaj/gaiko/oda/shiryo/hakusyo/08_hakusho_pdf/pdfs/08_hakusho_04.pdf。（上网时间：2021年12月12日）

表3-4　发展援助委员会主要国家对外援助双边项目按领域比重分析（2011年）

领域＼国别	日本（%）	美国（%）	英国（%）	法国（%）	德国（%）	意大利（%）	加拿大（%）	发展援助委员会平均值
社会基础设施（教育、卫生保健、上下水道等）	24.0	52.6	50.1	28.1	39.8	13.7	44.3	40.3
经济基础设施（交通运输、通信、电力等）	40.6	6.3	9.0	11.4	24.3	1.4	8.2	15.0
农林水产（农林渔，不包括粮食援助）	4.1	5.2	2.6	3.3	4.2	1.9	6.5	4.9
工业等其他行业（矿业、环保等）	16.7	8.3	13.9	20.6	19.1	2.3	10.7	13.3
紧急援助（人道主义援助，含粮食援助）	7.1	16.3	9.7	1.5	3.9	5.2	12.8	9.7
专项援助（债务救济、行政经费等）	7.4	11.4	14.7	35.1	8.6	75.4	17.5	16.8
合计	100	100	100	100	100	100	100	100

资料来源：根据《日本开发协力白皮书·参考资料集》① 相关内容自制。

注：因保留到小数点后一位（四舍五入），故部分合计约等于100。

---

① 日本外务省网站，https://www.mofa.go.jp/mofaj/gaiko/oda/shiryo/hakusyo.html。（上网时间：2021年12月12日）

表3-5 发展援助委员会主要国家对外援助双边项目按领域比重分析（2016年）

领域＼国别	日本(%)	美国(%)	英国(%)	法国(%)	德国(%)	意大利(%)	加拿大(%)	发展援助委员会平均值
社会基础设施（教育、卫生保健、上下水道等）	17.1	51.1	46.0	38.3	24.3	14.6	37.5	33.9
经济基础设施（交通运输、通信、电力等）	51.1	4.6	8.2	20.2	20.1	1.3	5.5	17.7
农林水产（农林渔，不包括粮食援助）	3.3	4.0	2.4	7.0	3.1	1.5	5.3	3.7
工业等其他行业（矿业、环保等）	16.0	6.0	20.3	11.9	11.9	1.2	9.3	10.9
紧急援助（人道主义援助，含粮食援助）	4.8	25.4	14.1	2.3	11.9	8.2	29.1	13.4
专项援助（债务救济、行政经费等）	7.8	8.9	9.0	20.3	29.5	73.1	13.2	20.5
合计	100	100	100	100	100	100	100	100

资料来源：根据《日本开发协力白皮书·参考资料集》① 相关内容自制。

注：因保留到小数点后一位（四舍五入），故部分合计约等于100。

---

① 日本外务省网站，https：//www.mofa.go.jp/mofaj/gaiko/oda/shiryo/hakusyo.html。（上网时间：2021年12月12日）

表 3-6 发展援助委员会主要国家对外援助双边项目按领域比重分析（2019 年）

领域 \ 国别	日本(%)	美国(%)	英国(%)	法国(%)	德国(%)	意大利(%)	加拿大(%)	发展援助委员会平均值
社会基础设施（教育、卫生保健、上下水道等）	13.7	41.5	39.7	38.2	35.8	33.0	45.7	36.5
经济基础设施（交通运输、通信、电力等）	52.1	4.9	5.2	22.8	18.8	9.1	3.1	16.9
农林水产（农林渔，不包括粮食援助）	4.4	3.1	4.0	3.9	5.8	4.2	6.1	4.5
工业等其他行业（矿业、环保等）	19.2	3.4	14.8	15.6	12.4	12.1	10.0	11.6
紧急援助（人道主义援助，含粮食援助）	3.6	31.3	24.7	1.6	9.1	7.3	17.3	14.9
专项援助（债务救济、行政住费等）	6.9	15.8	11.6	17.8	18.1	34.4	17.8	15.6
合计	100	100	100	100	100	100	100	100

资料来源：根据《日本开发协力白皮书·参考资料集》[1] 相关内容自制。

注：因保留到小数点后一位（四舍五入），故部分合计约等于 100。

如下表所示，随机选取 2008 年、2015 年、2019 年数据做样本分析各领域的细分构成可以发现，交通类别在经济基础设施援助中的占比达到一半以上，包括港口在内的交通基础设施是日本经济基础设施援助的

---

[1] 日本外务省网站，https://www.mofa.go.jp/mofaj/gaiko/oda/shiryo/hakusyo.html。（上网时间：2021 年 12 月 12 日）

最重要类别。2008年，受亚洲金融危机影响，日本对外债务救济援助占比大幅提高，占比超过15%，其他领域因应下降，"经济基础设施与服务"项占比为37.38%，但仍然在一级项目分类中占比最高，其子项"运输与仓储"更是几乎未被削减，占比26.46%与往年基本持平。2015年，"经济基础设施与服务"项占比52.86%，其子项"运输与仓储"占比32.81%。2019年，"经济基础设施与服务"项占比52.1%，其子项"运输与仓储"占比29.82%。

表3-7　日本对外援助双边项目分领域统计（2008年）

领域＼形式	无偿资金援助（百万美元）	技术援助（百万美元）	赠与总计（百万美元）	政府贷款等（百万美元）	双边对外援助 金额（百万美元）	占比（%）
Ⅰ.社会基础设施与服务	630.82	930.19	1561.01	1626.94	3187.95	17.33
Ⅱ.经济基础设施与服务	320.42	156.68	477.10	6397.81	6874.91	37.38
1.运输与仓储	264.28	58.24	322.52	4544.83	4867.35	26.46
2.通信	10.82	27.27	38.09	0	38.09	0.21
3.能源	44.73	29.46	74.19	1481.62	1555.81	8.46
4.银行与金融服务	0	10.43	10.43	61.21	71.64	0.39
5.商业与服务	0.58	31.28	31.86	310.14	342.01	1.86
Ⅲ.产业支持	138.68	375.88	514.56	1712.29	2226.85	12.11
Ⅳ.多部门援助	100.84	86.57	187.42	603.11	790.53	4.30
Ⅴ.一般财政协助/一般计划协助	249.17	0	249.17	251.98	501.15	2.72
Ⅵ.债务救济	2801.18	0	2801.18	0	2801.18	15.23
Ⅶ.人道主义援助	276.63	0	276.63	67.25	343.87	1.87
Ⅷ.行政经费等	153.16	1514.46	1667.62	0	1667.62	9.07
合计	4670.89	3063.78	7734.67	10659.37	18394.04	100.00

资料来源：根据《日本开发协力白皮书·参考资料集》[1] 相关内容自制。

---

[1] 日本外务省网站，https://www.mofa.go.jp/mofaj/gaiko/oda/shiryo/hakusyo/09_hakusho_pdf/pdfs/09_all.pdf。（上网时间：2021年12月12日）

表 3-8　日本对外援助双边项目分领域统计（2015 年）

领域 \ 形式	无偿资金援助（百万美元）	技术援助（百万美元）	赠与总计（百万美元）	政府贷款等（百万美元）	双边对外援助 金额（百万美元）	占比（%）
Ⅰ. 社会基础设施与服务	921.25	654.88	1576.13	1948.57	3524.70	18.05
1. 教育	149.03	295.23	444.26	86.41	530.67	2.72
2. 卫生保健	209.76	80.13	289.89	422.51	712.40	3.65
3. 人口政策和生殖健康	24.93	20.26	45.19	0	45.19	0.23
4. 水与卫生（上下水道等）	208.62	98.99	307.61	1439.65	1747.26	8.95
5. 政府与市民社会	309.22	80.62	389.84	0	389.84	2.00
6. 社会基础设施与服务	19.70	79.65	99.34	0	99.34	0.51
Ⅱ. 经济基础设施与服务	520.12	220.63	740.76	9580.92	10321.67	52.86
1. 运输与仓储	398.94	103.34	502.28	5903.66	6405.94	32.81
2. 通信	13.13	16.48	29.61	86.78	116.38	0.60
3. 能源	105.84	68.51	174.36	3590.49	3764.84	19.28
4. 银行与金融服务	2.13	21.73	23.86	0.00	23.86	0.12
Ⅲ. 产业支持	104.28	289.15	393.43	1042.29	1435.73	7.35
1. 农林水产	92.18	179.54	271.73	427.14	698.87	3.58
2. 工业、矿业、建筑业	4.64	66.25	70.89	615.15	686.04	3.51
3. 贸易观光	7.46	43.36	50.82	0.00	50.82	0.26
Ⅳ. 多部门援助	297.48	529.43	826.91	907.40	1734.31	8.88
1. 环保、生物多样性	20.92	39.27	60.20	219.63	279.83	1.43
2. 城市开发等	276.56	490.15	766.72	687.77	1454.48	7.45
Ⅴ. 一般财政协助/一般计划协助	0.00	0.00	0.00	503.87	503.87	2.58
Ⅵ. 债务救济	0.00	0.00	0.00	38.90	38.90	0.20
Ⅶ. 人道主义援助	824.33	59.84	884.16	214.87	1099.04	5.63
Ⅷ. 行政经费等	6.72	627.46	634.19	0.00	634.19	3.25
合计	2908.57	2381.39	5289.97	14236.82	19526.79	100.00

资料来源：根据《日本开发协力白皮书·参考资料集》①相关内容自制。

---

① 日本外务省网站，https://www.mofa.go.jp/mofaj/gaiko/oda/press/shiryo/page22_000322.html.（上网时间：2021 年 12 月 12 日）

表3-9 日本对外援助双边项目分领域统计（2019年）

领域 \ 形式	无偿资金援助（百万美元）	技术援助（百万美元）	赠与总计（百万美元）	政府贷款等（百万美元）	双边对外援助 金额（百万美元）	占比（%）
Ⅰ. 社会基础设施与服务	1036.44	675.48	1711.91	313.34	2025.25	13.78
1. 教育	218.73	349.35	568.08	0	568.08	3.86
2. 卫生保健	263.67	79.50	343.18	0	343.18	2.33
3. 人口政策和生殖健康	51.98	15.77	67.75	0	67.75	0.46
4. 水与卫生（上下水道等）	218.25	87.21	305.45	284.10	589.55	4.01
5. 政府与市民社会	220.89	56.41	277.31	29.24	306.54	2.09
6. 社会基础设施与服务	62.91	87.24	150.16	0	150.16	1.02
Ⅱ. 经济基础设施与服务	392.30	341.88	734.18	6924.00	7658.18	52.10
1. 运输与仓储	306.35	244.92	551.27	3831.92	4383.19	29.82
2. 通信	15.40	14.52	29.91	0	29.91	0.20
3. 能源	64.57	58.02	122.59	3082.91	3205.50	21.81
4. 银行与金融服务	3.62	14.00	17.62	9.17	26.79	0.18
5. 贸易支持	2.37	10.42	12.79	0	12.79	0.09
Ⅲ. 产业支持	148.24	319.09	467.33	1558.59	2025.92	13.78
1. 农林水产	132.30	173.68	305.98	338.14	644.12	4.38
2. 工业、矿业、建筑业	6.49	100.10	106.58	1220.45	1327.03	9.03
3. 贸易观光	9.45	45.31	54.76	0	54.76	0.37
Ⅳ. 多部门援助	472.06	619.43	1091.49	347.61	1439.09	9.79
1. 环保、生物多样性	10.20	28.57	38.77	0	38.77	0.26
2. 城市开发等	461.86	590.85	1052.71	347.61	1400.32	9.53
Ⅴ. 一般财政协助/一般计划协助	95.20	0	95.20	229.26	324.46	2.21
Ⅵ. 债务救济	0	0	0	0	0	0
Ⅶ. 人道主义援助	441.00	3.24	444.24	0	444.24	3.02
Ⅷ. 行政经费等	17.46	765.71	783.18	0	783.18	5.33
合计	2602.71	2724.82	5327.53	9372.79	14700.32	100.00

资料来源：根据《日本开发协力白皮书·参考资料集》[①] 相关内容自制。

---

① 日本外务省网站，https://www.mofa.go.jp/mofaj/gaiko/oda/press/shiryo/page22_001389.html。（上网时间：2021年12月12日）

1989年，日本超过美国成为世界第一大对外援助施援国，保持对外援助第一大国地位直至2001年。作为对外援助大国，日本对外援助投入总额基数大。交通领域作为日本对外援助重要组成，其投入不容小觑，且近几年来有逆势上涨的趋势。2000年后，日本对外援助增速在震荡中收窄；2013—2018年处于下行；之后略有起色。总体看，从2004年开始至今，日本每年对外援助总额保持在200亿美元上下，没有大幅增长。① 但步入21世纪以来，交通领域投入明显逆势上扬，2005—2018年，该领域投入金额翻了两番，从在对外援助总额中占比20%左右上涨到占比近50%。②

表3-10 日本对外援助交通领域双边间项目投入金额及占比统计（2000—2018年）

年份	无偿资金援助 金额（百万美元）	占比（%）	政府贷款等 金额（百万美元）	占比（%）	技术援助 金额（百万美元）	占比（%）	合计 金额（百万美元）	占比（%）
2000	336.01	30.7	4568.40	52.7	—	—	—	—
2001	326.36	29.9	3024.75	45.0	—	—	—	—
2002	269.74	26.9	1237.00	19.4	—	—	—	—
2003	175.38	21.3	1467.19	26.3	—	—	—	—
2004	123.25	15.3	2620.17	40.0	—	—	—	—
2005	264.54	4.0	2514.06	30.4	77.19	2.8	2855.79	16.2
2006	355.33	6.8	1634.08	28.6	73.87	2.8	2063.27	15.1
2007	153.81	4.4	1099.80	16.2	61.82	2.3	1315.44	10.1
2008	264.28	5.7	4544.83	42.6	58.24	1.9	4867.35	26.5
2009	441.75	15.8	3360.47	38.3	83.65	2.6	3885.87	26.3

① 笔者注：数据按照支出总额统计（不减掉对象国每年向日本的还款）。
② 『開発協力白書・参考資料集』，https://www.mofa.go.jp/mofaj/press/pr/wakaru/topics/vol116/index.html；https://www.mofa.go.jp/mofaj/gaiko/oda/shiryo/jisseki.html。（上网时间：2021年12月12日）

续表

年份	无偿资金援助 金额（百万美元）	占比（%）	政府贷款等 金额（百万美元）	占比（%）	技术援助 金额（百万美元）	占比（%）	合计 金额（百万美元）	占比（%）
2010	542.55	14.9	5035.63	46.5	126.39	3.6	5704.57	31.7
2011	418.19	11.0	3112.78	36.4	149.08	3.9	3680.06	22.7
2012	303.49	9.1	5104.26	49.5	179.30	4.9	5587.05	32.3
2013	616.99	10.8	5943.09	45.2	128.79	4.5	6688.87	30.8
2014	318.71	11.3	4339.95	39.9	135.49	5.1	4794.14	29.3
2015	398.94	13.6	5903.66	41.5	103.34	4.3	6405.94	32.8
2016	313.29	10.6	7547.09	49.4	166.67	6.0	8027.05	38.2
2017	292.29	9.7	7179.10	50.3	279.63	9.7	7751.03	38.4
2018	341.82	11.8	9006.63	65.6	240.98	9.1	9589.43	49.7

资料来源：根据《日本开发协力白皮书·参考资料集》[①] 相关内容自制。

（三）海外港口开发重要性未能全面反映在对外援助统计中

按照日本对外援助统计框架，道路（公路）、铁路、水上运输、航空等是交通类子项。如果仅以水上运输衡量，日本海外港口开发投入占比较低。2010—2018 年间，占比最低的年份是 2018 年，水上运输仅在日本对外援助总额中占比 0.5%；即使是占比最高的 2014 年的 13.3%，也并没有像对道路（公路）、铁路的投入那样抢眼。然而，海外港口开发是综合性投入，用于水上运输援助的金额和占比并不能反映出日本对海外港口开发的全部投入。

[①] 日本外务省网站，https://www.mofa.go.jp/mofaj/gaiko/oda/press/shiryo/page22_001288.html。

表3-11　日本对外援助双边项目交通类细目统计（2010—2018年）

年份	道路（公路）金额（百万美元）	占比（%）	铁路 金额（百万美元）	占比（%）	水上运输 金额（百万美元）	占比（%）	航空 金额（百万美元）	占比（%）	其他 金额（百万美元）	占比（%）	合计 金额（百万美元）
2010	1823.23	32.0	3592.55	63.0	57.59	1.0	191.08	3.3	40.13	0.7	5704.57
2011	3117.40	84.7	269.22	7.3	214.05	5.8	43.15	1.2	36.24	1.0	3680.00
2012	1903.16	34.1	2824.16	50.5	147.75	2.6	672.19	12.0	39.80	0.7	5587.05
2013	2248.32	33.6	3499.75	52.3	455.73	6.8	449.83	6.7	35.23	0.5	6688.87
2014	1630.09	34.0	2299.39	48.0	638.23	13.3	183.38	3.8	43.06	0.9	4794.14
2015	1898.24	29.6	3246.99	50.7	655.82	10.2	579.22	9.0	25.67	0.4	6405.94
2016	1506.50	18.8	5297.85	66.0	558.59	7.0	612.64	7.6	51.46	0.6	8027.05
2017	3338.68	43.1	1792.14	23.1	1883.23	24.3	697.19	9.0	39.78	0.5	7751.03
2018	1995.57	20.8	7352.97	76.7	48.12	0.5	84.70	0.9	108.06	1.1	9589.43

资料来源：根据《日本开发协力白皮书·参考资料集》① 相关内容自制。

日本海外港口开发的外延比水上运输宽泛得多。按照日本港口与产业、港口与腹地联动的港城一体化发展模式，海外港口开发既包括埠头、堤坝与航线的建设运维，也包括道路（公路）、铁路联通项目的接入，以及港城一体化建设中硬件、软件的投入，产业布局和资源能源运输亦被纳入考虑。"运输与仓储""城市开发"等均是港城开发应有之义。以2019年与2015年为例，"运输与仓储"与"城市开发"两个子项占对外援助总额的40%左右。此外，"经济基础设施与服务"与"服务"项目下能源子项的占比保持在较高水平，而日本海外港口开发不少项目是资源能源港开发，与海外能源投资处于同一产业供应链上。仍以2019年和2015年为例，"运输与仓储"与"能源"合计占据"经济基础设施"领域投入的99%，占对外援助总额

---

① 日本外务省网站，https://www.mofa.go.jp/mofaj/gaiko/oda/press/shiryo/page22_001288.html。

的半数以上。

受历史局限,日本对外援助尚无围绕海外港口开发的归口统计。当前,海外港口开发已被明确为日本国家战略组成,纳入日本"基础设施系统出口战略"、国家海洋战略、"印太战略",但仍未发现日本官方有相关统计数据,这折射出分析研究相较于战略规划和业务实践的滞后性。

第二节 顶层设计:战略定位的演进

如果海外港口开发仅为日本对外援助的具体领域之一,哪怕是"基础设施系统出口战略"框架下的领域之一,称其为国家战略都显得薄弱。海外港口开发能够作为国家战略被审视、研究,源自其在日本海洋战略与"印太战略"中也占有一席之地。海外港口开发是出现在日本对外援助这一长期战略,以及当前日本最重要的几大国家战略中的唯一议题。这意味着,海外港口开发作为日本对外战略一环,被明确为海外利益与海上利益的交汇点。

一、对外援助战略中的海外港口开发

日本对外援助的重心实质上反映着其对外战略的重心。战后至今,对外援助持续服务于日本对外战略推进,奉行"做多说少"。当然,平成时代以来,"日本实施对外援助的动机、决策机制、执行体制均表现出战略性不断强化的趋势"。[①] 日本对外援助由此终于从低调务实走向实至名归。

当前,对外援助战略已与"基础设施系统出口战略""印太战略"实现"会师"。2013 年,日本提出要以"战略性活用对外援助"推进

[①] 王洪映、杨伯江:"平成时代日本对外援助的战略性演进及其特点",《太平洋学报》2020 年第 5 期。

"基础设施系统出口战略"。2015年，日本内阁会议决定修订《政府开发援助大纲》，改称其为《开发合作大纲》，首次在《开发合作大纲》中写入"国家利益"一词。2018年新版《开发合作大纲》明确提出：开发援助是日本外交的重大支柱，将予以战略性活用；开发援助用于"印太战略"推进。[①] JICA也在其网站宣传中表明，将多措并举支持日本"基础设施系统出口战略"，"JICA将着力在道路、铁路、港口、机场等海外交通基础设施项目竞争中，推广具有技术、制度、运营优势的日本模式，将对外援助多年积累的政府关系、对象国人脉等硬实力和软实力全面用于支持日本企业开展海外基建项目"[②]。

海外港口开发一直与对外援助战略方向同频，即服务于日本对外战略目标。从空间布局看，日本对外援助对亚洲的投入一骑绝尘，海外港口开发也一直将东亚、南亚作为重点方向。从演变趋势看，对中东北非、撒哈拉以南非洲的投入比重在2010年后重新上涨，对中南美洲投入呈持续下降趋势，对大洋洲的关注超过该地区客观体量，对欧洲几乎可以忽略不计。这与海外港口开发从通道化、全球化走向"印太"化的演变趋势完全吻合。

二、"基础设施系统出口战略"中的海外港口开发

"基础设施系统出口战略"代表着日本新时期对外经济战略。2010年后，日本开始酝酿"日本再兴"。2013年6月，日本新政府内阁会议确定"日本再兴战略"。同年召开的日本对外经济合作基础设施战略会议[③]上，发布了日本"基础设施系统出口战略"。其中，"官民一体出口

[①] 日本外务省网站，https://www.mofa.go.jp/mofaj/files/000430631.pdf。

[②] JICA网站，https://www.jica.go.jp/activities/issues/transport/index.html。（上网时间：2021年12月12日）

[③] 日本对外经济合作基础设施战略会议的成立目的：从战略高度高效地推动以日本企业为主体的日本基础设施系统"走出去"，以及确保日本能源资源安全等重要海外利益，讨论日本对外经济合作重要事项。『経協インフラ戦略会議について』(2013)、https://www.kantei.go.jp/jp/singi/keikyou/pdf/konkyo.pdf。

第三章　日本海外港口开发战略路径

表3-12　日本对外援助双边间项目统计（1970—2019年，按区域）

地区\年份	亚洲 金额(百万美元)	亚洲 占比(%)	中东北非 金额(百万美元)	中东北非 占比(%)	撒哈拉以南非洲 金额(百万美元)	撒哈拉以南非洲 占比(%)	中南美洲 金额(百万美元)	中南美洲 占比(%)	大洋洲 金额(百万美元)	大洋洲 占比(%)	欧洲 金额(百万美元)	欧洲 占比(%)	跨多个地区 金额(百万美元)	跨多个地区 占比(%)	两国间统计 金额(百万美元)	两国间统计 占比(%)
1970	419.37	94.4	13.45	3.0	8.19	1.8	2.34	0.5	0.01	0.0	0.01	0.0	1.07	0.2	444.43	100.0
1980	1648.27	72.8	199.64	8.8	243.71	10.8	133.06	5.9	14.72	0.7	1.94	0.1	23.18	1.0	2264.52	100.0
1990	5140.05	61.7	898.16	10.8	887.34	10.6	637.58	7.7	116.38	1.4	159.58	1.9	493.91	5.9	8332.96	100.0
2000	7630.81	60.1	990.11	7.8	1078.57	8.5	1120.46	8.8	167.00	1.3	128.57	1.0	1591.64	12.5	12707.18	100.0
2010	8106.17	53.1	2339.90	15.3	1835.35	12.0	1005.55	6.6	196.87	1.3	232.45	1.5	1562.14	10.2	15278.36	100.0
2015	6333.08	52.7	1420.53	11.8	1885.35	15.7	437.76	3.6	129.11	1.1	111.78	0.9	1693.91	14.1	12011.52	100.0
2016	7037.79	52.3	1944.69	14.5	1490.07	11.1	428.94	3.2	180.77	1.3	402.06	3.0	1966.44	14.6	13450.75	100.0
2017	9009.43	59.7	1735.16	11.5	1703.29	11.3	372.45	2.5	321.24	2.1	92.75	0.6	1850.15	12.3	15084.47	100.0
2018	7509.02	56.5	1682.65	12.7	1333.40	10.0	452.46	3.4	219.20	1.6	80.65	0.6	2020.27	15.2	13297.64	100.0
2019	8972.14	61.1	1511.28	10.3	1553.46	10.6	412.83	2.8	221.04	1.5	77.02	0.5	1934.83	13.2	14682.60	100.0

资料来源：日本外务省网站，https://www.mofa.go.jp/mofaj/gaiko/oda/shiryo/hakusyo.html。

基础设施""日本产业再兴计划"与"战略市场创造计划"是"日本再兴战略"的三大支柱。"官民一体出口基础设施"确定了14个重点领域，包括电力、铁路、信息通信、太空、农业/食品、环境、循环利用、医疗、城市发展/房地产开发、港湾、机场、水、防灾、道路。

2020年，日本首相菅义伟出席"基础设施系统出口战略"推进会。此次会议上，日本"基础设施系统出口战略"修订版公布。具体的举措包括官民一体强化日本竞争力，继续重视"规划调查—建设维护—运营管理"的全流程参与，而非仅仅是拿到建设项目。该修订版还提出，将在以下6个方面做出努力：一是推动数字化；二是以高质量基础设施建设解决对象国社会问题；三是协同推进日本外交目标；四是推进"核心日本"，即日本拥有核心技术、核心价值，在与其他国家的企业合作中掌握主动权；五是推动日本模式出海，强化日本优势和引领地位；六是在资源能源领域继续推进国际合作。[①] 此次修订版的内容充分展现，"基础设施系统出口战略"作为日本国家对外战略组成，承载着深化对象国关系、推广日本制度模式标准、维护日本经济安全等多重战略考量，而非仅关注经济利益。作为14个重点领域之一，海外港口开发亦然。

日本还专门出台针对海外港口开发的指南，明确海外港口开发的目标、布局、路径。例如，2018年版《海外港口开发指针》明确指出，日本海外港口开发"最重要的地区是东南亚，除此之外，要积极推动向经济高速增长的南亚以及资源丰富的非洲等地拓展"。[②] 2022年版《海外港口开发指针（修订版）》再次强调空间布局聚焦"印太"，同时提出多项具体举措，如要求JICA以港口人才培养交流等方式，进一步深

---

① 『インフラシステム輸出戦略（令和二年度改訂版）』、https：//www.kantei.go.jp/jp/singi/keikyou/dai47/siryou3.pdf；建築工業新聞网站、2020年7月13日、https：//www.decn.co.jp/? p＝114974。（上网时间：2022年3月10日）
② 『海外展開戦略（港湾）』（2018）、https：//www.mlit.go.jp/common/001237650.pdf。

化与东南亚、大洋洲国家合作。①

在"基础设施系统出口战略"引领下,海外港口开发明确由国土交通省牵头负责。在《海外港口开发指针》框架下,日本海外港口开发战略规划更为系统化,海外港口开发战略推进更具针对性,也更加活跃。

三、国家海洋战略中的海外港口开发

《海洋基本法》和《海洋基本计划》代表着日本国家海洋战略。2007 年,被誉为日本"海洋宪章"②的《海洋基本法》出台。该法指出,日本"四面环海",以"海洋立国"。③"海洋立国"终于以法律形式被确立为日本国家战略。④该法第三章"综合施策"第 20 条"确保海运"指出,日本为确保高效、稳定的海上运输,将采取必要措施保护日本船舶、海员,以及开发作为国际海运支点的港口。第 21 条"确保海洋安全"指出,对于四面环海、主要资源基本依赖进口的日本经济发展而言,海洋资源开发利用、海上运输安全、海洋秩序维护是不可或缺的,日本将采取必要措施确保日本的和平安全以及海洋安全稳定。

为落实《海洋基本法》,2008 年开始,日本每 5 年出台一期《海洋基本计划》,至 2022 年已出台三期。第一期《海洋基本计划》几乎是对《海洋基本法》的解读。⑤ 第二期、第三期《海洋基本计划》为国

---

① 『海外展開戦略(港湾)』(2022)、https://www.mlit.go.jp/report/press/content/001462444.pdf.(上网时间:2022 年 3 月 10 日)

② 胡德坤、江月:"日本《海洋基本法》框架下的政策进展研究",《武汉大学学报(人文科学版)》2016 年第 6 期,第 15 页。

③ 参见日本《海洋基本法》第 1 条,https://elaws.e-gov.go.jp/document?lawid=419AC1000000033。(上网时间:2020 年 9 月 1 日)

④ 廉德瑰、金永明:《日本海洋战略研究》,时事出版社 2016 年版,第 104 页。

⑤ 王旭:"日本第三期《海洋基本计划》解读",《国际研究参考》2020 年第 3 期。

家海洋战略推进设置了中期目标。2013年出台的第二期《海洋基本计划》中，海外港口开发仍归于经济利益关切，海外港口开发主要目标定位是发展海洋产业，提高日本海洋产业竞争力，坐实、做大日本海洋产业。

2018年出台的第三期《海洋基本计划》中提及海外港口开发，开始杂糅政治、地缘、安全等诸多战略考量。"日本政府致力于支持强化港口开发国际竞争力，因为港口是海运、造船、海工、基础设施建设、信息通信产业的支点。海上贸易与海洋资源开发是促进日本经济发展、推动'自由、民主、人权、法治'价值观践行的路径。"[1] "确保海上运输通道安全，就是确保日本经济安全。日本要参与通道沿线国港口建设维护、运营管理，将与港湾息息相关的城市建设、产业规划、交通基础设施纳入战略视野，以此塑造对日本有利的国际环境。"[2] 在第三期《海洋基本计划》出台的2018年，日本海洋战略已经与日本"印太战略"合流。"'开放、安定的海洋'之日本海洋国家定位，与通过推动'自由、开放的印太战略'，追求世界和平、安定的愿景相符。"[3]

四、"印太战略"中的海外港口开发

"印太战略"是日本最重要的国际战略之一。2016年，日本首相安倍晋三正式提出"自由、开放的印太战略"。[4] 日本版"印太战略"以

---

[1] 第三期《海洋基本计划》，第5页，https://www.cao.go.jp/ocean/policies/plan/plan03/plan03.html。（上网时间：2020年9月1日）

[2] 第三期《海洋基本计划》，第19页，https://www.cao.go.jp/ocean/policies/plan/plan03/plan03.html。（上网时间：2020年9月1日）

[3] 第三期《海洋基本计划》，第9页，https://www.cao.go.jp/ocean/policies/plan/plan03/plan03.html。（上网时间：2020年9月1日）

[4] 该战略提出时被称为"自由、开放的印太战略"，后改为"印太战略"，目前日本政府和主流媒体一般使用"自由、开放的印太"。鉴于其战略性，本书统一称之为"印太战略"。

· 94 ·

所谓"法治、航行自由、贸易自由""经济繁荣""促进和平与稳定"为三大支柱。

港湾等高质量基础设施出口是"印太地区经济繁荣"互联互通的具体举措。日本"印太战略"互联互通构想最大的特点是以"海"为中心，日本在此构想中规划设计了东西经济走廊、南部经济走廊、东非北部走廊、纳卡拉走廊等多条跨海通道。每条跨海通道以港口为支点，再通过连接港口的铁路、公路从陆海节点向陆域延伸。

日本海外港口支点的打造以海外港口开发项目为支撑，具体包括：孟加拉国（马塔巴里港）、柬埔寨（西哈努克港）、印尼（巨港）、肯尼亚（蒙巴萨港）、马达加斯加（图阿马西纳港）、莫桑比克（纳卡拉港）、萨摩亚（阿皮亚港）、斯里兰卡（科伦坡港、亭可马里港）、瓦努阿图（维拉港）。

2019年日本"印太战略"中曾明确，由国家主导、重点推进的海外港口开发项目有4个。一是斯里兰卡的科伦坡南港项目。日本与斯里兰卡围绕科伦坡港的合作有着几十年的历史。二是印尼的巨港项目。该项目是日本在元首外交层面积极推动的项目之一。三是"象征着日缅友好"的迪拉瓦港项目。该项目是日本海外港口开发港城一体化发展的标志性项目。四是柬埔寨的西哈努克港项目。日本参与该项目的历史在20年以上，与柬埔寨就延续该项目合作保有共识。[①]

至2022年6月，日本"印太战略"重点项目取得一定进展。印度、日本和斯里兰卡于2019年5月下旬签署共同开发科伦坡港南部"东集装箱码头"的协议；迪拉瓦港项目一期取得成功，得到缅甸充分肯定；日企成功参与巨港码头运营；西哈努克港由西哈努克港湾公司运营管理，开放公开募资后，日本政府委托JICA进行战略投资，百盛国际港口公司以及上组物流也已入股项目运营管理，柬埔寨正式决定在西哈努克港使用由日本提供技术支持的港口电子数据交换系统。

[①] 『自由で開かれたインド太平洋に向けて』（2019）、https：//www.mofa.go.jp/files/000407642.pdf。（上网时间：2020年9月1日）

第三节　参与维度：国家主导全流程参与

国家主导、战略推进是日本海外港口开发的本质特征，国家主导、战略推进之下，日本全流程参与海外港口开发。"全流程"是指从规划调查阶段开始介入，参与项目的建设运维后，延伸到运营管理和项目升级阶段。日本海外港口开发建设项目往往由规划调查项目转化而来，再演进为由日方参与的运营管理项目。据不完全统计①，20世纪50年代至今的70余年里，日本海外港口开发规划调查咨询项目380余项②、建设运维项目46项③、运营港口项目接近30项④，共计400余项。

一、覆盖广、介入深的规划调查

（一）规划调查的意义所在

日本历来重视项目的规划调查，乐于承接海外港口开发规划调查项目。规划调查项目一般先于建设运维、运营管理环节，但又并非与建设运维完全是一前一后的关系。持续、细致、长期跟进的规划调查往往贯穿于项目建设运维、运营、改造升级的全过程，有力地支撑着日本参与项目的建设运维和运营管理。

---

① 笔者根据日本各省厅官方网站资料、日本港湾协会、JICA、日本国际临海开发研究中心等网站公布的数据综合统计得出。

② 笔者根据1957—1977年日本港湾协会统计数据，以及1976年至今的OCDI项目统计数据综合统计得出。社团法人日本港湾协会编、『新版日本港湾史』、城山堂书店2007年版、第803–817页；OCDI网站，https://ocdi.or.jp/wp-content/uploads/2021/12/f717 b10c2e80f8fcf55dbadd35cc4d4a.pdf。（上网时间：2021年11月22日）

③ 笔者注：统计数据仅包括JICA参与的项目。JICA网站数据库，https://www.jica.go.jp/ja/oda/index.php。（上网时间：2021年11月22日）

④ 『海外展開戦略（港湾）』（2018），https://www.mlit.go.jp/common/001237650.pdf。（上网时间：2021年10月1日）

更重要的是，规划调查咨询项目资金投入虽少，但可以有效深化日本与对象国的理解和互信。如果将建设运维和运营管理比作大树长出的树叶和结出的果实，规划调查咨询就是隐藏的树根，是基础和营养源。

JICA 是海外港口开发规划调查项目的资源挖掘者和代表日本政府缔约的重要主体，正如 JICA 就 2015 年日本《发展合作宪章》做出的解读，日本没有将包括港口在内的运输交通领域援助仅视为一项工程或一个盈利项目。

日本对外援助运输交通领域的项目依据《发展合作宪章》（2015 年 2 月）展开，该宪章提出了"包容性、可持续性和韧性相结合的高质量增长"，为此，日本致力于提高发展中国家的"政策规划能力""人才和组织建设能力""基础设施完善"。具体而言，一是"国际交通"，旨在促进物流和人流国际化，以及跨越国境的区域经济圈构建；二是"都市交通"，旨在促进城市可持续发展和生活更美好；三是"非中心城市的交通网络"，旨在提高不发达地区的联通水平和军民生活水平；四是打造智能交通系统。[①]

（二）规划调查的实施主体

20 世纪 50 年代开始，日本海外制铁原料委员会、日本海外技术协力中心（下称 OTCA）、国际港口交流协力会、JICA、日本国际临海开发研究中心（下称 OCDI）纷纷成立，成为代表日本政府推动海外港口开发的行为主体。最初，港口开发项目主要由成立于 1962 年的日本海外技术协力中心与成立于 1974 年的 JICA 承担。至 20 世纪 70 年代末，两机构作为组织方，向海外派出了数十个调查团，调查团核心团员均由日本国土交通省公职人员担任。随着业务整合，JICA 以外的其他机构或并入 JICA 或渐渐弱化，只有 JICA 至今仍然是缔约海外港口开发项目的主力军。JICA 参与的海外港口规划调查与建设运维项目占比达总数

---

① JICA 网站，https://www.jica.go.jp/activities/issues/transport/index.html。（上网时间：2021 年 11 月 22 日）

量的90%以上。

1976年7月，OCDI成立，该机构持续至今仍是承接日本海外港口开发规划调查业务的主要部门。日本港口协会就OCDI成立的背景及意义指出，"发展中国家港口规划、开发需求增长，日本运输省人力、技术实力难以满足，迫切需要建立能够发挥日本优秀经验和技术优势的新体制"，OCDI"发挥国家、港口管理者和民间企业的合力，形成了官民一体共同推进海外港口开发的体制"，"成为业务核心，推动日本更多参与海外港口开发规划调查以及相关建章立制，从而开启了日本全方位的海外港口开发合作"。①

不仅JICA签订的绝大部分项目交由OCDI承担，日本企业、国际组织、对象国也会委托OCDI开展港口开发相关的规划调查。例如，1976年，日本大都工业委托OCDI开展对印尼港口状况的摸底调查；1977年，日商岩井、三菱重工、三菱商事委托OCDI开展对保加利亚黑海沿岸集装箱港口的规划调查等。此外，国际组织和对象国也曾直接委托OCDI开展规划调查。例如，1988年，联合国亚洲及太平洋经济社会委员会（下称ESCAP）委托OCDI开展区域海事战略调查；2018年，缅甸港务局委托OCDI开展迪拉瓦地区仰光港升级项目规划调查等。②

（三）规划调查项目的分类

日本接受对象国委托规划咨询项目大致可分为宏观规划调查项目和具体规划调查项目两类。宏观规划指对象国港航发展规划、区域港口网络规划等；具体规划指针对某一港口开发的规划，包括港口选址、建设、扩建、信息化、运营方案制定等。属于宏观规划的对象国港航发展规划调查在各类宏观、具体规划调查项目中占比15%左右。针对具体港口的规划调查并非一锤定音，而是可能历经多轮，伴随着项目的建

---

① 社团法人日本港湾协会编、『新版日本港湾史』、城山堂书店2007年版、第155页。

② OCDI主要调查实绩一览，https://ocdi.or.jp/wp-content/uploads/2021/12/f717b10c2e80f8fcf55dbadd35cc4d4a.pdf。（上网时间：2021年11月22日）

设、运营、升级各个环节。日本海外港口开发规划调查项目兼顾宏观和具体，具有以下3个特点。

一是重视承接对象国港航发展规划。日本实施规划调查，"从无到有"地塑造了对象国的国家港航发展规划，这种规划的影响力比开展具体项目更为深远而持久。日本在东南亚、南亚、非洲、拉美等地区广泛提供对象国港航发展定制服务，为对象国选择由日本参与本国的港口开发打下基础。日本开展此类国家港航发展规划以东南亚和南亚地区最多，包括印尼、菲律宾、越南、泰国、巴基斯坦等国。新自由主义盛行后，部分国家的港航发展模式发生变革，国家权力向地方和民间让渡，部分国家的港口建设、运营、管理走向地主港或民营化模式，如泰国、阿根廷、巴西等，这一客观现实造成日本承接的对象国港航发展规划项目数量出现一定程度的减少。

表3-13 日本海外港口开发规划咨询项目分类统计（对象国发展规划）

序号	时间（年）	对象国	项目名称	项目主体
1	1971	东盟	东南亚运输事情调查	国际开发中心
2	1972	墨西哥	港湾建设计划调查	OTCA
3	1976	印尼	海运业发展咨询	JICA
4	1993	印尼	全国船运网整备计划调查（一期）	JICA
5	1997—1998	印尼	全国船运网整备计划调查（一期）	JICA
6	1997—1999	印尼	港湾整备长期政策调查	JICA
7	2001—2004	印尼	主要河港开发计划调查	JICA
8	2005—2006	印尼	主要贸易港加强安全措施调查	JICA
9	1982—1983	肯尼亚	综合交通计划调查	JICA
10	1987	西萨摩亚	全国港湾整备综合计划调查	JICA
11	1987—1988	巴基斯坦	全国综合交通计划调查	JICA
12	1994—1995	巴基斯坦	全国综合交通计划调查	JICA
13	1988—1991	EACAP	区域海事战略调查	EACAP
14	1991—1992	EACAP	发展中国家环境影响调查	EACAP

续表

序号	时间（年）	对象国	项目名称	项目主体
15	1992	巴拉圭	综合交通计划调查	JICA
16	1991—1992	菲律宾	全国船运计划调查	JICA
17	1998—2000	菲律宾	全国经济社会改革地方港湾整备事业	菲律宾运输通信省
18	2002—2003	菲律宾	全国港湾网络战略开发整体规划调查	JICA
19	2004	菲律宾	全国港湾开发战略实施计划规划（短期专家咨询）	JICA
20	2005	菲律宾	港湾、海上运输统计数据整理更新指导（短期专家咨询）	JICA
21	1991—1992	波兰	综合交通计划调查	JICA
22	1991—1993	阿尔及利亚	主要港湾准备计划调查	—
23	1991—1994	库克群岛	海岸线保护改良计划调查	JICA
24	1993—1995	伊朗	综合港湾整备计划调查	JICA
25	1993—1994	越南	北部地区交通系统开发调查	JICA
26	1995—1997	越南	全国沿岸海上运输整备开发计划调查	JICA
27	1997—1998	越南	中部重点地区港湾开发计划调查	JICA
28	1999—2000	越南	运输交通开发战略调查	JICA
29	2001—2003	越南	南部港湾开发调查	JICA
30	2001—2003	越南	红河内河航运改善计划调查	JICA
31	2005	越南	港湾管理制度改革项目	JICA
32	1982—1983	泰国	东部工业港发展规划	JICA
33	1983—1984	泰国	海运发展振兴调查	JICA
34	1995—1996	叙利亚	港湾开发计划调查	JICA
35	1995	哥斯达黎加	全国港湾开发调查	日本运输省
36	1999—2000	土耳其	港湾整备长期综合计划规划调查	JICA
37	2000—2002	加纳	港湾开发计划调查	JICA
38	2002	立陶宛	港湾开发计划事前调查	JICA
39	2003—2004	立陶宛	港湾开发计划调查（技术评价审查）	JICA

第三章 日本海外港口开发战略路径

续表

序号	时间（年）	对象国	项目名称	项目主体
40	2004—2005	阿曼	全国港湾开发战略调查	JICA
41	2005—2006	安哥拉	港湾紧急复兴计划调查	JICA
42	2014—2018	巴布亚新几内亚	交通运输港湾政策与行政能力建设项目	JICA
43	2011—2012	布隆迪	国家港口发展总体规划项目	JICA
44	2013—2015	伊拉克	港口发展总体规划编制项目	JICA

资料来源：根据《新版日本港湾史》相关资料自制。

二是推广日本的港城一体化发展模式。港城一体化发展模式是日本国内港口开发的重要经验之一，也是日本着重对外推广的项目亮点之一。日本从20世纪70年代便开始向外推广该模式，受到菲律宾、巴西、墨西哥、泰国等国家的欢迎。这一模式的推广一直到21世纪仍具有一定的吸引力。2002—2004年，日本协助印尼完成了雅加达大首都圈的港城规划，这为日本参与雅加达附近重要枢纽港——巨港的开发奠定了基础。当前，港城一体化开发模式已成为被各国和各行业广泛认可的经济发展模式。

表3-14 日本海外港口开发规划咨询项目分类统计（港城一体化开发）

序号	时间（年）	对象国	项目名称	项目主体
1	1974	菲律宾	卡加延综合开发调查	OTCA
2	1993—1994	菲律宾	大都市圈港湾综合开发计划调查	JICA
3	1975	巴西	苏阿普港临海工业带计划调查	JICA
4	1979	墨西哥	临海工业带计划调查	JICA
5	1984—1985	泰国	林查班港临海带开发计划调查	JICA
6	2002—2004	印尼	雅加达大首都圈港湾开发计划调查	JICA

资料来源：根据《新版日本港湾史》相关资料自制。

三是对某一具体项目开展持续多轮次的规划调查。虽然不是所有的海外港口规划调查项目都会转化为日本主导的建设运维项目,但是日本承建的建设运维项目几乎都接受了日本主导的规划调查咨询。针对某一港口的规划咨询并非是"仅此一次的生意",而是与对象国国家港口发展规划有"系列性"一样,不断在选址、建设、升级、信息化、运营等阶段演进展开。380余个规划咨询项目中,超过六成是港口基础设施建设和升级项目。柬埔寨西哈努克港、缅甸迪拉瓦港的港口规划调查咨询已进行到第9轮。

表3-15 日本海外港口开发全流程模式展示

国别	港口	规划咨询	建设时间（年）	规划内容	状态
柬埔寨	西哈努克港	1996年至今,9轮	1999/2004	港口基建、港口竞争力、新建码头、港口信息化、集装箱港升级、港口技术升级、港口向内陆联通的延伸	运营
缅甸	迪拉瓦港	2009年至今,9轮	2013	港口基建、港口竞争力、新建码头、港口信息化、集装箱港升级、港口技术升级、港口向内陆联通的延伸	运营
肯尼亚	蒙巴萨港	2013年至今,5轮	2007	港口、经济特区	在建
莫桑比克	纳卡拉港	2009年至今,6轮	2012	港口选址、开发、升级、运营管理	运营

资料来源:根据《新版日本港湾史》、JICA、OCDI、日本国土交通省网站相关资料自制。

二、以对外援助项目为主的建设运维

港口基础设施是发展中国家融入国际经济大循环、开展原材料与制成品贸易的关键节点。在实施规划调查等技术援助之外,日本还向很多发展中国家的港口开发提供了日元低息贷款和金额相对较小的无

第三章 日本海外港口开发战略路径

偿援助资金（无需还款）。1961年3月，日本成立海外经济协力基金（OECF），主要承担海外港口开发的贷款业务。1967年向中国台湾高雄港提供日元贷款，是日本第一个海外港口开发政府贷款项目。海外经济协力基金于1999年10月与日本进出口银行合并为国际协力银行（JBIC），至今仍在承担海外港口开发贷款业务。比较有代表性的项目包括科伦坡港项目、苏伊士运河系列项目，以及在泰国、中国等国家的港口合作项目。

据日本港口协会披露，1961—2005年，日本海外港口开发项目中的建设投资共计9470亿日元，[①] 但这恐怕不能反映日本在海外港口开发方面的整体投入状况。一方面，建设投资仅是海外港口开发的一个阶段，不能代表全流程的投入；另一方面，近年来日本在海外港口开发方面的投入呈上升趋势，但目前还缺乏更系统的统计和新数据的补充完善。

海外港口开发建设运维一直与规划调查协同推进。从单个项目看，科伦坡港项目是获得日元低息贷款最多的港口项目。1980—2022年，该项目共获得了11批共850亿日元贷款。1979—1980年，JICA负责进行"科伦波港整备计划调查"，而后日本对该港提供了4次共185亿日元贷款，用于升级集装箱码头两个泊位，施工从1980年一直进行到1987年。1988—1989年，JICA对科伦坡港提供第二期咨询规划服务，并对施工提供日元贷款。20世纪90年代，日本又几次向该港提供软实力升级规划，包括"科伦坡港开发事业落实效果调查""科伦坡港运营管理改善计划"等。科伦坡港从20世纪80年代初的非现代化港口发展为印度洋主航道支点港口，2004年集装箱吞吐量超过200万标准箱。

冷战结束后，亚太经济一体化持续深入发展，日本前期规划调查的红利得以进一步释放。1990—2022年，JICA代表日本政府缔约的

[①] 社团法人日本港湾协会编、『新版日本港湾史』、城山堂书店2007年版、第96页。

海外港口开发建设项目共 46 个。日本在东南亚地区的建设施工项目显著上升，既包括菲律宾、印尼等传统伙伴，也有越南这样的新伙伴。除东南亚外，日本在非洲、大洋洲的推进亦有较大程度的进展。

表 3-16　JICA 缔约海外港口建设项目一览（1990—2022 年）

序号	国别	项目名称	缔约时间
1	菲律宾	八打雁港	1991 年 7 月
2	菲律宾	地方港口发展项目（社会改革支持）	1997 年 3 月
3	菲律宾	苏比克港发展项目	2000 年 8 月
4	柬埔寨	西哈努克港应急改造计划	1999 年 9 月
5	柬埔寨	西哈努克港应急扩建计划	2004 年 11 月
6	柬埔寨	西哈努克港多功能码头开发项目	2009 年 8 月
7	柬埔寨	西哈努克港新集装箱码头开发项目	2017 年 8 月
8	缅甸	迪拉瓦港口建设项目	2012 年 3 月
9	缅甸	港口现代化电子信息处理系统	2015 年 3 月
10	缅甸	曼德勒港发展项目	2018 年 10 月
11	印尼	古拜港、比通港开发项目	1996 年 12 月
12	印尼	杜迈港开发项目	1998 年 1 月
13	印尼	印尼东部中小港口发展项目	1998 年 1 月
14	印尼	丹戎不碌港升级项目	2004 年 3 月
15	印尼	丹戎不碌港道路建设项目	2005 年 3 月
16	印尼	丹戎不碌港道路建设项目	2006 年 3 月
17	印尼	巨港开发建设项目（第一期）	2017 年 11 月
18	越南	蔡兰港扩建工程	1996 年 3 月
19	越南	岘港改善项目	1999 年 3 月
20	越南	海防港修复工程（二期）	2000 年 3 月
21	越南	盖梅国际港开发项目	2005 年 3 月
22	越南	莱县国际港建设项目（港口）	2011 年 9 月
23	越南	莱县国际港建设项目（道路、桥梁）	2011 年 9 月
24	越南	盖梅国际港开发项目	2013 年 3 月
25	越南	莱县国际港建设项目（港口）	2014 年 3 月

续表

序号	国别	项目名称	缔约时间
26	越南	莱县国际港建设项目（道路、桥梁）	2014 年 3 月
27	越南	莱县国际港建设项目（港口）	2016 年 3 月
28	越南	莱县国际港建设项目（道路、桥梁）	2016 年 3 月
29	东帝汶	帝力港改造方案	2006 年 5 月
30	东帝汶	欧库斯港应急改造计划	2010 年 12 月
31	东帝汶	帝力港客运码头应急搬迁预案	2016 年 9 月
32	瓦努阿图	维拉港国际多用途码头开发项目	2012 年 6 月
33	瓦努阿图	维拉港国际多用途码头开发项目	2015 年 7 月
34	印度	杜蒂戈林港疏浚工程	1997 年 12 月
35	印度	维沙卡帕特南港扩建项目	2007 年 3 月
36	肯尼亚	蒙巴萨港周边道路开发项目	2012 年 6 月
37	肯尼亚	蒙巴萨港发展项目（二期）	2015 年 3 月
38	肯尼亚	蒙巴萨港周边道路开发项目（二期）	2017 年 7 月
39	莫桑比克	纳卡拉港发展项目	2013 年 3 月
40	莫桑比克	纳卡拉港发展项目	2015 年 6 月
41	马达加斯加	图阿马西纳港扩建项目	2017 年 3 月
42	中国	朔州—黄骅港铁路建设项目	1995 年 11 月
43	中国	朔州—黄骅港铁路建设项目	1996 年 12 月
44	中国	朔州—黄骅港铁路建设项目	1997 年 9 月
45	中国	河北—黄骅港建设项目	1997 年 9 月
46	中国	朔州—黄骅港铁路建设项目	2001 年 3 月

资料来源：根据 JICA 网站相关资料自制。

2014—2016 年，日本在建的海外港口开发项目中，东南亚项目保持在 20 个以上，稳定占据海外港口开发项目总量的 90%。值得注意的是，纳入对外援助框架的项目占据海外港口开发的主流，折射出海外港口开发的国家战略属性。2016 年，日本海外港口建设运维项目共计 29

个，其中亚洲22个，10个是对外援助项目；大洋洲3个，都是对外援助项目；中东非洲4个，都是对外援助项目。非对外援助项目主要出现在近10年，体现了日本对外援助从"政府开发援助"走向"开发合作"的历程。这是顺应时代潮流的选择，同时与国内港口开发的演进一样，也是日本国力力有不逮的反映。吸引民间资本更多投入是当前日本政府的政策方向。

表3-17 日本海外港口开发在建项目统计（2014—2016年）单位：个

地区	国别/经济体	2014年	2015年	2016年
亚洲	新加坡	7（0）	5（0）	5（0）
	中国香港	2（0）	1（0）	1（0）
	越南	5（4）	7（6）	9（7）
	孟加拉	0（0）	1（1）	1（1）
	印尼	2（1）	2（0）	1（0）
	缅甸	0（0）	1（1）	1（1）
	柬埔寨	1（1）	1（1）	1（1）
	马来西亚	4（0）	3（0）	3（0）
	菲律宾	2（0）	0（0）	0（0）
亚洲合计	—	23（6）	21（9）	22（10）
大洋洲	所罗门	1（1）	1（1）	0（0）
	瓦努阿图	0（0）	1（1）	1（1）
	汤加	0（0）	1（1）	1（1）
	萨摩亚	0（0）	0（0）	1（1）
	基里巴斯	1（1）	0（0）	0（0）
大洋洲合计	—	2（2）	3（3）	3（3）
中东非洲	肯尼亚	1（1）	1（1）	0（0）
	莫桑比克	1（1）	1（1）	0（0）
	毛里塔尼亚	1（1）	1（1）	1（1）
	塞舌尔	0（0）	0（0）	1（1）
	加纳	0（0）	0（0）	1（1）
	多哥	0（0）	0（0）	1（1）
	阿联酋	1（0）	0（0）	0（0）
中东非洲合计	—	4（3）	3（3）	4（4）

续表

地区	国别或经济体	2014 年	2015 年	2016 年
东欧、俄罗斯合计	—	0（0）	0（0）	0（0）
北美、南美合计	—	0（0）	0（0）	0（0）
其他	—	0（0）	0（0）	0（0）

资料来源：日本国土交通省网站，https：//www.mlit.go.jp/report/press/content/001462444.pdf。

注：括号内为对外援助项目数。

从参建方来看，负责承建此类项目的日本公司主要有东洋建设、丰田通商、三井、日产建设、东亚建设工业、清水建设、若叶建设、大丰建设等。①

与调查阶段重视港城一体化发展规划一脉相承，日本在海外港口建设运维的并非仅为基础设施，还包括复杂的现代化产业集群。这种模式是超越港口的港城一体化开发，既发挥了日本官方和日本企业的综合优势，也提高了日本在海外港口开发中的竞争力，如缅甸迪拉瓦港城一体化项目。该项目是缅甸3个国际合作项目中进展最快、效益最好的项目。因其成功，也被视为是日缅两国合作的标志和高峰。日本获得了缅甸的信任，缅甸随后在与泰国合作推进缅甸最大的、也是东南亚最大的沿海经济开发区规划——土瓦港城项目遭遇资金与能力困境时，主动提出邀请日本投资参与。日本的港城一体化模式正在东南亚、南亚、非洲等地不断复制，比如印尼巨港、非洲蒙巴萨港等。

未来，港城建设与港口升级仍将是日本关注的重点。2018年，国土交通省提出2019—2022年最重要的10个项目。其中：在亚洲有6个，分别是缅甸迪拉瓦港升级与运营项目、缅甸曼德勒港开发项目、柬埔寨西哈努克港集装箱码头发展项目、柬埔寨港口电子数据交换系统建设项目、印尼巨港开发与运营项目、斯里兰卡科伦坡南港码头升级项

---

① 『政府の取組方針』（2020.12.10 第11回海外港湾物流プロジェクト協議会资料），https：//www.mlit.go.jp/common/001237650.pdf。（上网时间：2021年3月10日）

目；在非洲有4个，分别是塞内加尔达喀尔港第三期埠头改善项目、科特迪瓦阿比让港粮食谷物港建设项目、安哥拉纳米贝港改造项目、马达加斯加图阿马西纳港扩建项目。①

三、官民互补不互替的运营管理

根据日本国土交通省2020年公开数据显示，截至2018年底，日本海外运营管理主要港口（集运港）29个。其中，亚洲10个、中东非洲3个、欧洲5个、北美与南美11个。② 在发展中国家，日本海外港口开发以"规划调查—建设运维—运营管理"全流程参与为主。日本在意项目运营权的"争夺"。在日企承建海外港口未完工时，日本便提前筹谋获得后续的港口运营权。日本首脑外交、高官外交常常就此展开磋商；国土交通省密切跟踪项目进展，牵头召开官民共同参与的项目推进会，以促成与对象国的后续合作。有些是争取由日本直接运营，如：2013年12月，国土交通省召开推进会指出，继续与印尼谈判，拿下丹戎不碌港集装箱码头的优先运营权；同年，提出积极争取肯尼亚蒙巴萨港运营权。有些是与对象国合资成立运营公司，如越南莱县港项目由日企施工建设，日越合资成立了港口运营公司共同运营港口。

---

① 『政府の取組方針』(2020.12.10 第11回海外港湾物流プロジェクト協議会資料)；『海外展開戦略（港湾）』(2018)、https：//www.mlit.go.jp/common/001237650.pdf。(上网时间：2021年3月10日)

② 『海外展開戦略（港湾）』(2018)、https：//www.mlit.go.jp/common/001237650.pdf（上网时间：2021年3月10日）；港湾インフラの海外展開に向けた国土交通省の取組、https：//committees.jsce.or.jp/kokusai/system/files/8_%E3%80%90%E5%9B%BD%E5%9C%9F%E4%BA%A4%E9%80%9A%E7%9C%81_%E5%B1%B1%E6%9C%AC%E6%A7%98%E3%80%91%E5%9C%9F%E6%9C%9C%E9%9A%9B%E3%83%97%E3%83%AC%E3%82%BC%E3%83%B320200630.pdf（上网时间：2022年3月10日）。

第三章 日本海外港口开发战略路径

表3-18 日本海外港口开发运营管理项目一览

地区	国别/经济体	港口（截至2016年）	数量（个）	国别/经济体	港口（截至2018年底）	数量（个）	运营企业性质
亚洲	中国	大连港	1	中国	大连港	1	船社系
	中国台湾	高雄港	1	中国台湾	高雄港	1	船社系
	越南	莱县国际港	3	越南	莱县国际港	3	船社系、商社系
	越南	胡志明港		越南	胡志明港		船社系、商社系
	越南	盖梅港		越南	盖梅港		船社系、商社系
	缅甸	迪拉瓦港	1	缅甸	迪洛瓦港	1	商社系、港运系
	泰国	林查班港	1	泰国	林查班港	1	船社系、商社系
	柬埔寨	西哈努克港	1	柬埔寨	西哈努克港	1	港运系
	印尼	丹戎不碌港	1	印尼	丹戎不碌港	1	船社系、商社系
	—	—		新加坡	巴西班让港	1	船社系
亚洲合计	—	—	9	—	—	10	—
欧洲	马耳他	瓦莱塔港	1	马耳他	瓦莱塔港	1	商社系
	西班牙	瓦伦西亚港	1	西班牙	瓦伦西亚港	1	商社系、港运系
	比利时	安特卫普港	1	比利时	安特卫普港	1	船社系
	拉脱维亚	里加港	1	拉脱维亚	里加港	1	商社系
	荷兰	鹿特丹港	1	荷兰	鹿特丹港	1	船社系
欧洲合计	—	—	5	—	—	5	—

· 109 ·

续表

地区	国别或经济体	港口（截至2016年）	数量（个）	国别或经济体	港口（截至2018年底）	数量（个）	运营企业性质
中东非洲	阿尔及利亚	贝贾亚港	1	阿尔及利亚	贝贾亚港	1	商社系
	加蓬	奥文多港	1	加蓬	奥文多港	1	商社系
				莫桑比克	纳卡拉港	1	商社系
中东非洲合计	—	—	2	—	—	3	—
北美南美	美国	塔科马港	7	美国	塔科马港	7	船社系
	美国	奥克兰港		美国	奥克兰港		船社系
	美国	洛杉矶港		美国	洛杉矶港		船社系
	美国	长滩港		美国	长滩港		船社系
	美国	纽约—新泽西港		美国	纽约—新泽西港		船社系
	美国	杰克逊维尔港		美国	杰克逊维尔港		船社系
	美国	纽奥良港		美国	纽奥良港		船社系
	加拿大	哈利法克斯港	2	加拿大	哈利法克斯港	2	船社系
	加拿大	蒙特利尔港		加拿大	蒙特利尔港		船社系
	巴拿马	科隆港	1	哥伦比亚	圣玛尔塔港	1	商社系
	阿根廷	布宜诺斯艾利斯港	1	阿根廷	布宜诺斯艾利斯港	1	商社系
北美与南美合计	—	—	11	—	—	11	—
总计	—	—	27	—	—	29	—

资料来源：根据日本国土交通省网站相关资料自制。

日本在亚洲、中东非洲、拉美运营港口占项目总量的60%，建设运维项目并未全部转化为运营项目。这与项目运营的国际竞争有关，也源于港口开发从规划调查、建设运维到运营的周期长，在发展中国家和地区开展海外港口开发面临更多风险和挑战，导致项目周期更长，也更容易受阻中断。

日本企业直接投资入股是日本参与海外港口运营管理的另一种方式，这种方式相对便利，以欧美地区为主。从比重上看，在欧美运营的港口占日本在海外运营港口总数的40%；从投资的企业性质看，在欧美投资入股运营管理的以日本航运企业为主。这反映了全球港航业航权对港权的介入上升，以及日本以更开放的心态、更积极的态度鼓励日本企业在海外港口开发中发挥更大作用。因为全流程的日本海外港口开发本就为发展中国家和地区量身打造，发达国家没有发展中国家和地区那样旺盛的港口等基础设施规划、建设、改造升级需求。虽然企业入股参与海外港口运营管理不是日本海外港口开发的主流方式，北美、欧洲不是日本对外塑造的重点地区，但是美欧是日本的重要贸易伙伴，航运企业介入美欧港口经营，成为日本国家主导全流程参与海外港口开发模式的有益补充。

第四节　时空布局：从通道化、全球化到"印太"化

历经70余年的经营，日本海外港口开发遍布各大洲的70余个国家，布局逐步从通道化、全球化走向"印太"化。日本海外港口开发与国家对外战略保持高度一致。最初，最关切海峡咽喉的通道安全与资源能源供给问题；20世纪70—80年代，最为全球化；80年代末开始逐步战略收缩；当前，日本海外港口开发在战略化安全化导向之下加速演变，其关切的核心向"印太"区域聚焦。从成效看，日本海外港口开发对东南亚国家介入最深、最实，南亚国家是第二梯队，对非洲国家、大洋洲国家的介入展现出新活力和新潜力，对拉美国家、中东国家的兴

趣则明显下降。

一、基本盘：东南亚、南亚

（一）东南亚

东南亚是日本海外港口开发的传统优势区域，也是当前其最为关切的区域。

第一，起步早。日本在东南亚海外港口开发始于规划调查。最早的项目是1960年协助印尼规划用于木材出口的干散货港，随后实施了对菲律宾、柬埔寨、泰国、马来西亚等多个东南亚国家的港口规划调查。1967年，在日本运输省积极推动下，日本与新加坡、马来西亚、印尼这三个马六甲海峡沿岸国开展了首次马六甲海峡海图测量。1971年，由日本国际开发中心负责实施对东南亚交通运输状况的系统性调查。发展到20世纪七八十年代，日本和东南亚的合作迎来第一次高潮。[①]

第二，规划调查最为密集。从数量上看，日本在东南亚地区开展的海外港口开发规划调查项目累计达169个，东南亚是日本海外港口开发项目密度最高的地区。从调查内容上看，日本在该地区的规划调查项目既有宏观项目也有数个具体项目，涵盖国家港航发展规划、国际港选址与发展、海运服务内运网络建设等多种类型。从国别看，20世纪60年代开始，集中在非中南半岛国家，包括印尼、马来西亚、菲律宾、新加坡，以及中南半岛的泰国。冷战结束后，对越南、柬埔寨、缅甸合作升温。越南已经一跃成为仅次于印尼，与日本港口开发合作第二活跃的国家。柬埔寨情况最为特殊，1964—1968年，日本在柬埔寨开展三轮港口规划调查后，双方合作中断，直至1996年才重启，合作延续至今。目前，日本对东南亚所有国家都开展了深入的港口开发合作，在菲律

[①] 对中国、韩国的部分港口也进行了调查。20世纪80年代，中国成为日本海外港口开发最大合作对象，在中国实施了13个项目，但从90年代以后两国相关合作越来越少。

宾、越南、柬埔寨、缅甸等国均有项目正在运行。

表3-19 日本海外港口开发规划调查项目统计（东南亚）

国别/国际组织	数量（个）	时间
印尼	49	1957—2019 年
马来西亚	14	1966—1991 年
新加坡	2	1978 年
菲律宾	19	1962 年至今
泰国	21	1965—1997 年
越南	24	1993 年至今
柬埔寨	18	1964—1968 年；1996 年至今
缅甸	15	2009 年至今
东帝汶	2	2013—2015 年
东盟	5	1971 年，2009—2012 年
合计	169	—

资料来源：根据 OCDI 网站、《新版日本港湾史》相关资料自制。

第三，在东南亚建设和运营的项目最多。1990 年至今，JICA 代表日本政府与东南亚国家缔结的港口建设运维项目达 31 项，占 JICA 缔约项目总量的近 70%。东南亚也是日本"规划调查—建设运维—运营管理"全流程海外港口开发的"示范区"。根据日本国土交通省披露的数据，2014—2016 年的日本在建海外港口开发项目中，东南亚项目占总数的近 90%，具体包括印尼的三宝垄港、菲律宾的八打雁港、越南的莱县港、缅甸的迪拉瓦港等。目前在建的项目有，越南吉森经济区吉森港疏浚工程，越南连楚港货物专用埠头开发项目，柬埔寨西哈努克港新集运码头建设、升级项目，柬埔寨港口信息化工程（含西哈努克港、金边港等），印尼巨港集运码头和汽车专用码头新建项目等。

表3-20 日本海外港口开发主要在建项目统计（亚洲，2014—2016年）

单位：个

国别	2014年	2015年	2016年
新加坡	7（0）	5（0）	5（0）
越南	5（4）	7（6）	9（7）
印尼	2（1）	2（0）	1（0）
缅甸	0（0）	1（1）	1（1）
柬埔寨	1（1）	1（1）	1（1）
马来西亚	4（0）	3（0）	3（0）
菲律宾	2（0）	0（0）	0（0）
合计	21（6）	19（8）	20（9）

资料来源：根据日本国土交通省网站相关资料自制。

注：括号内为对外援助项目数。

（二）南亚

日本海外港口开发始于南亚，日本与印度、斯里兰卡、孟加拉国、巴基斯坦的合作从20世纪50年代延续至今。日本为上述南亚四国提供国家港口发展规划调查，以及具体港口的选址与建设、改造规划，承担规划调查项目的数量超过50个，数量和密度仅次于东南亚。

相关重点港口的规划演进为日本参与的建设运维项目，包括印度维沙卡帕特南港[①]扩建项目、孟加拉马塔巴里港建设项目、斯里兰卡科伦坡港改造和科伦坡南港建设项目、巴基斯坦卡西姆港等。如本章第二节所述，科伦坡港是获得日元低息贷款最多的海外港口开发项目。在日本支持下，该港于21世纪初发展为南亚航运中心，以及东亚至中东（欧洲）航运干线的中转支点。当然，日本海外港口开发推进也存在未能转化成建设项目的规划调查。如早在1978年，日本便实施了巴基斯坦瓜达尔港项目调查，但是始终未转化为建设项目。目前日本在南亚的在建

[①] 其为印度13个主要港口之一，是印度繁忙程度排名第五的货运港口，也是印度最大的铁矿石出口港。

项目是孟加拉马塔巴里港集运码头与多功能码头项目。

运营方面，日本在南亚没有取得像在东南亚一样的成功，日本正期待在建的科伦坡南港与马塔巴里港成为其全流程参与南亚海外港口开发的"典范案例"。

表 3-21　日本海外港口开发规划调查项目统计（南亚）

国别	数量（个）	时间（年）
孟加拉	8	1985—2022
印度	16	1975—2018
斯里兰卡	14	1979—2022
巴基斯坦	13	1970—2008
合计	51	—

资料来源：根据 OCDI 网站、《新版日本港湾史》相关资料自制。

二、重返非洲与南太

（一）非洲

日本在非洲的海外港口开发有 3 个特点。一是规划咨询项目总量大、布局广，共计 55 个项目覆盖了非洲大陆东西两侧海岸与南北双方向。二是合作密度呈现增速先抑后扬，日本在非洲的海外港口开发始于 20 世纪 60 年代，80 年代开始走下坡路，90 年代后略有起色，2010 年以后加速度攀升。三是非洲被日本明确为下一阶段海外港口开发的重点方向，是未来日本海外港口开发的潜力所在。

表 3-22　OCDI 项目统计（非洲）

国别	数量（个）	时间
吉布提	4	2004 年至今
科特迪瓦	4	2013—2018 年
刚果（金）	5	1971 年，2019 年至今

续表

国别	数量（个）	时间
加纳	3	1997—2006 年
尼日利亚	3	1966 年，1997—1982 年
埃塞俄比亚	3	1972—1974 年
索马里	1	1972 年
纳米比亚	2	2019 年至今
肯尼亚	7	1982—2121 年
莫桑比克	6	2009 年至今
马达加斯加	5	1993—2018 年
南苏丹	2	2011—2017 年
坦桑尼亚	4	1969—1975 年，2009—2013 年
阿尔及利亚、利比亚、安哥拉、多哥、塞内加尔、赞比亚	6	2011—2019 年
合计	55	—

资料来源：根据 OCDI 网站、《新版日本港湾史》相关资料自制。

2016 年，日本首相安倍晋三在出席第六届非洲开发会议时提出"印太战略"，称"将亚洲与非洲相连的是海洋之路，日本致力于把太平洋与印度洋、亚洲与非洲的交流活动构建成远离武力和威慑的，重视自由、法治和市场经济之地"。[①] 这与 2007 年安倍晋三第一次执政后在印度演讲时提出的"印太两洋交汇"一脉相承，其意涵是，将安倍晋三所强调的"海洋国家日本"的海洋辐射面从东南亚、南亚延伸至非洲。

东非"北部走廊""纳卡拉走廊"以及西非"成长之环"是其海外港口开发的具体谋划。东非"北部走廊"建设，以日本与肯尼亚的合作为核心，包括打造以蒙巴萨经济特区为中心的港城发展集群。"纳卡拉走廊"规划则提出：在莫桑比克投资建设港口、电力基础设

---

① 『日本外交青书』（2021）、https://www.mofa.go.jp/mofaj/gaiko/bluebook/2021/pdf/pdfs/2_1.pdf。（上网时间：2022 年 3 月 10 日）

施，以及与港口相连接的道路，包括高速公路和连接纳卡拉港的铁路。日本觊觎港口腹地丰富的煤炭资源和农产品资源。铁路长920千米，将终点通往煤矿。西非"成长之环"，则囊括科特迪瓦、加纳、多哥、尼日利亚等几个沿海国家，拟促成各国沿海基础设施与经济的互联互通。

目前，日本在非洲的在建港口项目是比较多的，已超过东南亚（但存量没有东南亚大），包括吉布提塔朱拉湾海运条件升级项目、摩洛哥肯尼特拉大西洋新港建设项目、塞内加尔达喀尔港第三码头改造工程、科特迪瓦阿比让粮食谷物港建设项目、肯尼亚蒙巴萨港城一体化项目、莫桑比克纳卡拉港开发运营项目、马达加斯加图阿马西纳港口扩建项目等。

日本在莫桑比克、科特迪瓦、肯尼亚的项目已转入建设运维阶段。日本在非洲运营的港口有阿尔及利亚的贝贾亚港、加蓬的奥文多港、莫桑比克的纳卡拉港。

表3-23　日本海外港口开发主要在建项目统计（中东非洲，2014—2016年）

单位：个

国别	2014年	2015年	2016年
肯尼亚	1 (1)	1 (1)	0 (0)
莫桑比克	1 (1)	1 (1)	0 (0)
毛里塔尼亚	1 (1)	1 (1)	1 (1)
塞舌尔	0 (0)	0 (0)	1 (1)
加纳	0 (0)	0 (0)	1 (1)
多哥	0 (0)	0 (0)	1 (1)
阿联酋	1 (0)	0 (0)	0 (0)
合计	4 (3)	3 (3)	4 (4)

资料来源：根据日本国土交通省网站相关资料自制。

注：括号内为对外援助项目数。

（二）南太

二战时日本对南太岛国的侵略占领虽然短暂，但对南太地缘战略价值的理解深深刻入日本对外战略的基因。伴随着对澳大利亚、拉美国家资源进口的快速增长，以及更重视参与国际南极治理，日本加大了对南太岛国的外交投入。日本海外港口开发所选择的南太港口支点与战时侵略扩张布局高度重合。日本较早对所罗门开展港口规划调查咨询，对巴布亚新几内亚较多开展规划调查咨询。所罗门、巴布亚新几内亚、库克群岛、萨摩亚，均是太平洋战争时遭到日本侵略的海上要塞所在。

表3-24　日本海外港口开发规划调查项目统计（大洋洲）

国别	数量（个）	时间（年）
巴布亚新几内亚	5	1980—2022
所罗门	2	1977—2013
密克罗尼西亚	2	2004—2019
瓦努阿图	3	2004—2022
库克群岛、基里巴斯、萨摩亚	3	1987—2018
合计	15	—

资料来源：根据日本国土交通省网站相关资料自制。

2014—2016年，日本陆续在所罗门、基里巴斯、瓦努阿图、汤加、萨摩亚参与港口建设项目。同时，日本也参与了瓦努阿图维拉港国际多用途码头运维项目。此外，因相较其他地区南太港口开发需求有限，日本在重点介入港航规划调查的基础上，重视合作机制建设，日本与南太岛国就船舶和港口相关物资的提供签署了备忘录。JICA还实施了技术合作项目"富裕的前滨项目第3期"，计划在瓦努阿图创建一个将沿海资源管理与开发替代相结合的资源管理系统。

表3-25 日本海外港口开发主要在建项目统计（大洋洲，2014—2016年）

国别	2014年	2015年	2016年
所罗门	1（1）	1（1）	0（0）
瓦努阿图	0（0）	1（1）	1（1）
汤加	0（0）	1（1）	1（1）
萨摩亚	0（0）	0（0）	1（1）
基里巴斯	1（1）	0（0）	0（0）

资料来源：根据日本国土交通省网站相关资料自制。

注：括号内为对外援助项目数。

近年来，在大国竞争加剧背景下，日本更重视维系对南太的影响力。日本自20世纪90年代开始，每三年与南太岛国举行一次首脑峰会。日本在2020年第八次日本与南太岛国首脑峰会上承诺，"帮助南太岛国修建港口，以加强其海上运输的联通性与抵御自然灾害的能力"。[1] 大变局下，美国、日本不断强调"印太战略"，未来，南太在日本海外港口开发战略布局中的地位将持续上升。

三、与拉美、中东的合作

比起对非洲、南太地区国家合作的积极拓展，日本在拉美的港口开发合作全面收缩。日本进军拉美并不晚。1961年，日本便开展了对巴西维多利亚港改造、扩建的技术支持，并相继为巴西、墨西哥、哥斯达黎加、巴拿马等国家开展港口发展规划调查。日本在南美的规划调查项目共30余个，几乎覆盖所有拉美国家。20世纪70年代，与中南美洲合作曾是日本海外港口开发主要方向之一，热度延续到90年代。21世纪后，除对全球集运咽喉巴拿马运河的持续关注外，日本与拉美的合作渐少，2010年之后的合作项目更为罕见。

---

[1] https://www.kantei.go.jp/jp/singi/keikyou/pdf/infra2025.pdf.（上网时间：2021年1月10日）

中东也是日本关注度下降的区域之一。日本1958年便开启对沙特石油出口港的规划与建设指导。因为石油能源安全是彼时日本国际贸易的核心诉求，故日本曾在中东与诸多国家开展过合作。但经历过两次石油危机，日本持续推动能源多样化和供给多元化，对于中东的战略关注较之高峰时期有所下降。纵观中东地区，只有埃及一枝独秀，是日本至今仍持续战略投入的重要合作方，凸显出日本对海运咽喉苏伊士运河的战略重视。目前，日本在拉美、中东各只有一个在建的港口开发项目，分别位于萨尔瓦多和伊拉克。

表3-26　日本海外港口开发规划调查项目统计（中东）

国别	数量（个）	时间（年）
沙特	1	1958
阿联酋	2	1959—2022
埃及	15	1974—2022
阿曼	5	1989—2007
叙利亚	2	1995—2009
土耳其	4	1989—2000
伊拉克	2	2011—2015
伊朗、也门、约旦	3	1981—1996
合计	34	—

资料来源：根据OCDI网站、《新版日本港湾史》相关资料自制。

本章小结

本章在大量日文一手材料基础上，从模式选择、顶层规划、参与维度、空间布局入手，论证日本海外港口开发作为国家战略组成，如何由国家主导、战略推进，在此过程中还原日本海外港口开发整体样貌。

第一，日本海外港口开发在国家战略规划演进中不断发展。日本海外港口开发始于20世纪50年代加入的"科伦坡计划"，其历史悠久，又与战前殖民式海外支点控制经营有着千丝万缕的联系。最初，日本海外港口开发在对外援助框架下推进；21世纪以来，其成为日本国家海洋战略、"印太战略"、"基础设施系统出口战略"的交汇点。日本海外港口开发是日本海外利益与海上利益的交汇所在。

第二，国家主导、战略推进体现在全流程参与。日本海外港口开发项目众多，累计超过400项。其以规划调查（380余项）为先导，"规划调查—建设运维（在建40余项）—运营管理（在营近30个）"全流程参与。上述3个环节环环相扣、互嵌深入、不可割裂，日本对规划调查的重视和投入远远高于国际普遍水平。日本海外港口开发是日本对外战略的系统性推进。

第三，日本海外港口开发遍布全球、聚焦"印太"，东南亚是重中之重。日本对东南亚港口开发起步早、全流程发力、无死角覆盖，项目密集、成效最好；南亚是第二梯队。日本在南亚同样起步早，基础较好。南亚当前是日本推进重点之一；日本对非洲、大洋洲的关注，与对中东、拉美的关注，一升一降。日本海外港口开发持续服务于国家对外战略推进。

第四章

日本海外港口开发战略特点与案例研究

> 尤其重要的,成为我们认识事物的基础的东西,则是必须注意它的特殊点,就是说,注意它和其他运动形式的质的区别。只有注意了这一点,才有可能区别事物。
>
> ——毛泽东①

深入研究日本海外港口开发战略,不能脱离对其特殊性的把握。日本国土交通省官员中崎刚总结日本海外港口开发的主要特点有四:一是官、民各层次主体协同配合;二是规划调查、建设运维、运营管理全流程参与;三是致力于对外推广日式标准成为国际标准;四是确保日本资源能源战略安全。② 日本《海外港口开发指针》指明日本提高海外港口开发竞争力的主要做法有七:一是发挥日本经验、技术、专业优势为对象国提供发展规划;二是高质量海外港口开发建设;三是高效、高水平的海外港口运营管理与技术支持;四是全流程参与的综合软实力;五是官民一体;六是广泛参与国际合作、引领国际标准;七是金融支持。③

---

① 《毛泽东选集(第一卷)》,人民出版社1991年版,第308页。
② 中崎剛、「港湾分野におけるインフラシステム輸出戦略について」、https://www.umeshunkyo.or.jp/ronbun/h25_port_abstracts/4.pdf。(上网时间:2022年1月10日)
③ 『海外展開戦略(港湾)』(2018)、https://www.mlit.go.jp/common/001237650.pdf。(上网时间:2021年2月10日)

第四章　日本海外港口开发战略特点与案例研究

概言之，在主观的日本官方话语表述中，海外港口开发作为日本对外战略组成，强调"官民一体"和"国际引领"；作为"基础设施系统出口战略"组成，强调"全流程"和"高质量"。客观看，日本海外港口开发经过70余年的发展，有尝试、有积累，有失败、有成功。展现出的特点可主要归纳为三点：新官民一体、利益与风险平衡、港口强国身份建构。本章将结合案例展开分析。

第一节　新官民一体

官民一体是长期以来日本战略推进的主要特点之一，概念、程序、模式、方式、机制均已成熟。日本在当前的海外港口开发战略推进进程中，官民一体展现出新的特色，首脑营销和高官营销更为积极，体制机制更富针对性，吸引民力更多参与其中。

一、首脑营销和高官营销

此前，日本政府在海外港口开发战略推进中居于幕后，对外援助项目主要由具有官方背景的机构落实推进。挖掘对象国海外港口开发规划调查需求，与对象国签订港口建设运维资金援助（无偿援助和低息贷款）协议等主要工作，大多交由JICA负责，再由OCDI承担港口专业技术层面的落实（详见本书第三章第三节）。

近10年来，日本政府从幕后走到台前，明确提出以"首脑营销"和"高官营销"推进海外港口开发。最初提出"首脑营销"的是2010年上台的民主党政府。安倍晋三第二次执政后延续并强化该做法，对"首脑营销"和"部长营销"更为积极，致力于发挥国家对国家、官方对官方的影响力，促成日企"走出去"和减少日企"走出去"的风险，这反映在安倍晋三执政时期提出的"基础设施系统出口战略"中。做出这一决策源于日本对国际新情势的判断：

全球化深入发展使外交扁平化，首脑外交愈发便利、作用愈发重要；基础设施出口国际竞争正在加剧，交通和城市规划类基建的海外投资周期长、投资大、风险高，单独依靠民企力量推进难度大，需要从首脑开始，各个层次协同配合。①

2013年安倍晋三第二次执政后，日本首相年均出访次数较之前大幅增长，达到2012年的3倍左右。2013—2018年，首相出访开展首脑营销达45次，每4次出访便有1次谈到日本基建出口问题。在接待外国官员来访时，首脑营销更高达159次。岸田文雄上台后，同样重视发挥首脑营销的作用。2021年4月，越南总理访问日本，两国发布共同声明就继续紧密推进越南港口开发等基建合作达成一致，提出下一个港口开发项目是越南吉森港疏浚工程。② 2022年4月底，岸田文雄访问印尼、越南、泰国、意大利、梵蒂冈、英国六国，港口开发仍是首脑会谈的重要议题之一。在4月29日岸田文雄与印尼总统佐科的会谈中，岸田文雄承诺为印尼港口开发再追加700亿日元（约合人民币35.6亿元）贷款。③

日本既加强"首脑营销"，又加强主体责任体制机制建设，明确海外港口开发由国土交通省牵头负责，外务省、财务省、经济产业省与之协同配合推进。如下表所示，2013—2018年，部长与副部长级别官员推广基建"走出去"次数累计达87次，接访则更多，部长与副部长级别官员达694次。

---

① 「経協インフラ戦略会議. インフラ海外展開に関する新戦略の骨子」、2020、http：//www.kantei.go.jp/jp/singi/keikyou/dai47/siryou4.pdf。第8頁。

② 『海外展開戦略（港湾）』（2022）、https：//www.mlit.go.jp/report/press/content/001462444.pdf。（上网时间：2022年2月22日）

③ "岸田与印尼总统会谈 确认不允许在亚洲改变现状"，共同社，2022年4月30日，https：//china.kyodonews.net/news/2022/04/c6109aad4a47--.html？phrase=%E5%8D%97%E6%B5%B7&words=%E5%8D%97%E6%B5%B7。（上网时间：2022年5月7日）

第四章 日本海外港口开发战略特点与案例研究

表 4-1 日本首相及高官出访时基建推广统计（2012—2018 年） 单位：次

时间	首相 出访次数	首相 推广基建"走出去"次数	部长 出访次数	部长 推广基建"走出去"次数	副部长级别官员 出访次数	副部长级别官员 推广基建"走出去"次数	合计 出访次数	合计 推广基建"走出去"次数
（参考）2012 年	10	0	19	1	19	4	48	5
2013 年	34	8	46	7	41	5	121	20
2014 年	32	10	42	10	53	7	127	27
2015 年	32	9	36	4	51	9	119	22
2016 年	33	1	31	1	52	6	116	8
2017 年	30	6	65	2	99	11	194	19
2018 年	29	11	65	5	101	16	195	32
2013—2018 年合计	190	45	285	29	397	58	872	128

资料来源：根据日本国土交通省网站资料自制。

表 4-2 外国官员访日时日本基建推广统计（2012—2018 年） 单位：次

时间	首相	部长	副部长级别官员	合计
（参考）2012 年	15	28	15	58
2013 年	30	72	46	148
2014 年	12	41	37	90
2015 年	26	62	43	131
2016 年	22	46	32	100
2017 年	26	70	40	136
2018 年	43	135	70	248
2013—2018 年合计	159	426	268	853

资料来源：根据日本国土交通省网站资料自制。[1]

---

[1] 『港湾関連産業の海外展開支援 2014』、https：//www.mlit.go.jp/common/001032882.pdf。（上网时间：2021 年 2 月 22 日）

以 2013 年为例，日本国土交通大臣太田与国土交通副大臣将出访与接访相结合，与泰国、缅甸、印度、越南、印尼、马来西亚、老挝、新加坡、南非、土耳其等超过 10 个国家的官员磋商或正式缔结包括港口开发在内的基础设施合作协议。2021 年，印尼交通部长布迪访问日本，与日本国土交通大臣赤羽会谈，双方就印尼巨港汽车集运码头年内开业达成共识，该码头现已投入使用。印尼还提出，希望日本继续参与支持印尼的安汶港、安格里克港、巴淡岛港、巨港、纳土纳港共 5 个港口的开发。2022 年，岸田文雄向佐科承诺追加 700 亿日元投资，将投入到上述几个港口的开发中。

对于"首脑营销"和"高官营销"的效果，日本海外港口物流项目理事会会长小林荣三在 2019 年 8 月举行的日本海外港口物流项目理事会第 10 次会议上称："日本 2017 年对外基建投资达到 23 万亿日元，向着 2020 年 30 万亿日元的目标稳步迈进，这是首脑营销和官民一致团结所取得的成果，首脑营销发挥了最重要的作用。"[①]

二、因应新形势的新机制建设

海外港口开发项目多属对外援助项目，国土交通省历来是执行对外援助的省厅（部委）之一。当前的新变化是：海外港口开发确立了在"基础设施系统出口战略"和国家海洋战略中的地位，国土交通省（当时为运输省）作为推进两大战略的主责省厅，更乐于积极发挥主责作用。国土交通省在 1980 年成立国际协力室的基础上，新成立了港湾局产业港湾课，提高了专门负责海外港口开发战略推进的部门的级别。同时，日本海外港口物流项目理事会、海外交通与城市开发项目支持机构等相继成立，为海外港口开发提供更系统的体制机制保障。

---

① 『第 11 回 海外港湾物流プロジェクト協議会』（2020）、https：//www.mlit.go.jp/common/001302296.pdf。（上网时间：2021 年 2 月 22 日）

第四章　日本海外港口开发战略特点与案例研究

（一）海外港口物流项目理事会是海外港口开发秘书处

2010年，日本海外港口物流项目理事会成立，事务局设在国土交通省。作为推进海外港口开发而专门成立的官方机构，该理事会充分发挥秘书处作用。

可以预见今后一段时间，海外港口开发需求仍会继续增长，日本政府乐见日本企业能够从规划调查阶段到建设运维阶段，再到运营管理阶段得到更多的项目机会。当前日本面临着挑战，在国际市场上很多外国企业获得了大量港口和物流基建项目，具有技术优势和丰富建设经验的日本企业拿到的项目有限。为了日本政府和企业方便交流和便捷共享海外集运港开发运营等相关项目的商业信息，特成立此理事会。此理事会将通过举办官民共同参与的活动，官民合力推进日企参与海外集运码头、干散货码头的建设运营，以及港城一体化项目的建设运营等。[①]

经过10余年的发展，该理事会至少发挥了以下三方面的作用。

第一，搭建平台。其为国家、日本企业共享信息和交换看法提供平台，有效地将政府、官方机构、企业、金融机构、研究机构组织起来。其联系的相关机构有14家，分别是海外交通与城市开发项目支持机构、国际协力机构、国际协力银行、日本贸易振兴机构、日本贸易保险、港口装卸机械系统协会、日本疏浚协会、日本港运协会、日本船主协会、日本钢铁联盟、日本海外运输协力协会、国际临海开发研究中心、国际货运代理协会、日本造船工业会。[②] 其联系的日本企业达到89家（截至2020年12月），包括日本综合商社、能源企业、港航企业、工程企业、咨询公司等，覆盖第二产业、第三产业等多类型主体，涵盖了推进海外港口开发的所有有生力量。该理事会成立以来，会长一直由综合商社和

---

① 『第4回海外港湾物流プロジェクト協議会』、2013年、https://www.mlit.go.jp/kowan/kowan_tk6_000009.html。（上网时间：2022年2月22日）
② 日本港湾荷役機械システム協会、日本埋立浚渫協会、日本港運協会、日本船主協会、日本鉄鋼連盟、日本海外運輸協力協会、国際臨海開発研究センター、国際フレートフォワーダーズ協会、日本造船工業会。

钢铁联盟负责人轮番担任。该理事会本任会长（截至2022年2月）由日本伊藤忠商事社长铃木善久担任，副会长由日本制铁社长远藤悟担任。

第二，协调政府与企业立场。该理事会至少每年举办一次政策宣介会，负责发布海外港口开发项目信息。该理事会定期组织研讨会，由国土交通省、外务省、财务省、经济产业省官员出席，并邀请企业和相关机构人员参加，以征求各方特别是企业的诉求和建议。该理事会注重在首相、阁僚或国土交通省官员与外方会谈前征求意见。例如，在日本、印尼交通部副部长会议与港口分会召开前，日本与印度、日本与越南等双边会议召开前，该理事会组织研讨会征询企业界对对象国合作项目的意见建议。①

第三，酝酿新理念和新路径。除了促进信息交流，该理事会还负责总结日企"走出去"的经验、教训并形成共识。"新官民一体"理念就是该理事会会议提出的："新官民一体应从项目酝酿阶段开始与对象国建立联系，提前、快速、润物细无声地介入，以促成成功获得项目。"②

（二）海外交通与城市开发项目支持机构是基建领域的 JICA

经海外港口物流项目理事会提议，2014年，日本国土交通省牵头成立海外交通与城市开发项目支持机构，成为致力于打造海外交通基建领域的JICA。③ 海外交通与城市开发项目支持机构由日本政府初始出资585亿日元、政府担保510亿日元、民间出资40亿日元，经过几年的发展，资金规模达到1598.45亿日元（截至2021年6月）。2015年10月，海外交通与城市开发项目支持机构投资其成立之后的第一个项目——越南胡志明市附近的氏威港开发运营项目，项目总投资约65亿日元。目

---

① 『第6回 海外港湾物流プロジェクト協議会』（2015）、https：//www.mlit.go.jp/common/000147148.pdf。（上网时间：2021年2月22日）

② 『今後の進め方（方針）』、https：//www.mlit.go.jp/common/000127880.pdf。（上网时间：2021年2月22日）

③ 『株式会社 海外交通・都市開発支援機構法案の概要』、https：//www.mlit.go.jp/common/001032883.pdf。（上网时间：2021年2月22日）

前，海外交通与城市开发项目支持机构已投资缅甸迪拉瓦港、越南氏威港等 4 个项目。

日本以立法形式明确海外交通与城市开发项目支持机构的职能定位。依据 2014 年同步颁布的《海外交通与城市开发事业支援机构法》《海外交通与城市开发事业支援机构支援标准》，海外交通—城市开发项目支持机构职能是支持日本企业在海外从事交通和城市发展项目，代表日本官方与对象国沟通、向对象国派遣项目成员和高管/工程师。[①] 国土交通省对其发展充满期待：海外交通与城市开发项目支持机构将为新时期日本推进海外港口开发发挥积极的促进作用。海外港口物流项目理事会进一步明确，海外交通与城市开发项目支持机构应致力于降低日本企业参与具有战略性的海外港口开发项目的风险。2020 年，该理事会会议上指出："JICA 和海外交通与城市开发项目支持机构，要通过政府间对话与合作，降低日本企业参与印尼巨港、斯里兰卡科伦坡港、柬埔寨西哈努克港等有助于实现'自由开放的印太'的项目的风险。"[②]

三、民间作用再拓展

海外港口开发作为国家战略组成，其实施处于战略推行的末端，执行的有效性关乎战略的成败。在官方积极动员并先行投入的基础上，日本工程企业、港航企业、商社、金融机构、国内港口运营方等各类主体均参与其中。

国家和企业的利益捆绑与利益博弈是复杂的。海外港口开发只有取得战略价值与商业价值的协同统一，才能得到国家战略层面和企业主体的双重认可，实现项目的可持续发展。一方面，海外港口开发这类交通

---

① 海外交通·都市開発事業支援機構网站、https://www.join-future.co.jp/about/pdf/out_support_basis.pdf。(上网时间：2021 年 2 月 22 日)

② 『政府の取組方針』(2020.12.10 第 11 回海外港湾物流プロジェクト協議会资料)、https://www.mlit.go.jp/common/001302296.pdf。(上网时间：2021 年 2 月 22 日)

运输基础设施项目周期长、投入大，有别于其他产业投资行为。况且，交通运输基础设施除建设外，更需要不断更新、改造、升级，需要持续的巨额资金投入。这对于政府财政是个难题，必须以有限的公共资金撬动民间资本投入，才能切实保障交通运输投资的力度。[①]

另一方面，海外港口开发这类经济基础设施项目有别于纯社会基础设施即民生项目，不能弱化甚至不考虑效益与利润追求。第一，追求效益符合国家战略需求。因为航运业和国际资本通常"用脚投票"，如果港口没有商业竞争力，意味着前期巨额投入缺乏回报，下一轮招商引资吸引力下降，难以成为航运和产业聚集的支点和孕育产业集群，反而成为对象国经济社会发展的负资产。最终，港口开发的失败将影响对象国对开发国能力的信任。第二，企业参与不仅意味着官民一体推进的力度，更意味着市场是检验投资效益的标准。企业为了获取商业利益最大化会细致地进行投资前评估。因此，船企类、港航类、商社类等不同性质的日企展现出不同的投资偏好。企业会基于自身经营性质、未来发展规划综合考虑港口位置、港口类型、港口吞吐量，决定是否投资、是否成为大股东获得经营话语权甚至主导权。

（一）"对外援助＋政府和社会资本合作"模式的开启

更多国家开始采取政府和社会资本合作的模式进行港口开发，该风潮在日本同样产生较大影响。日本首先将该模式运用于国内港口开发，进而提出在海外港口开发中践行。2015年，日本内阁会议决定修订《政府开发援助大纲》，将《政府开发援助大纲》更名为《开发合作大纲》。本次修订首次写入"国家利益"，结束了以往对外援助服务于国家利益但"有实无名"的状态；同时，改革日本传统的官方援助模式，明确提出要推动更加多元化的主体、资金参与其中。正如日本将《政府开发援助大纲》中"政府"二字去掉所意味的那样，日本政府决心以政府对外援助为杠杆，充分调动地方政府、私营部门和非政府组织等各

---

① JICA 网站，https：//www.jica.go.jp/activities/issues/transport/index.html。（上网时间：2021年2月22日）

第四章　日本海外港口开发战略特点与案例研究

个层次，以及各个部门的多方资源共同协力达成目标。①

政府和社会资本合作模式写入了2014年颁布的日本《海外交通与城市开发事业支援机构法》。日本认识到，民间主体的参与有助于提高包括海外港口开发在内的海外交通、城市建设项目的可持续发展，进而积极推动民间主体参与海外港口开发。② 随着日本对外援助引入民力，日本海外港口开发也走向官方对外援助与民间社会力量相结合协同推进的路径。

日本综合海洋政策本部参与会议（下称参与会议）作为日本海洋战略最高咨询机构，每年都会向日本综合海洋政策本部本部长即日本首相递交有关国家海洋战略规划的"意见书"（又称战略政策提案）。在2021年的"意见书"中，参与会议对"对外援助＋政府和社会资本合作"模式给予肯定：日本官方通过发放低息贷款或给予无偿援助等方式参与海外港口项目的规划、开发建设以及连接港口的道路建设，政府积极参与的立场以及推动双方政府确认投资合作的做法，对于以政府资本撬动民间资本至关重要，有效确认了项目重要性，提高了企业参与的积极性，同时降低了企业出海的风险，官民配合推动海外项目顺利取得进展。

以越南莱县港开发为例，日本官方提供贷款用于堤坝、航道疏浚等公共投资，日越合资企业负责港口维护和运营管理。该港公共建设项目由日企"近水楼台"中标。莱县港总项目规模超过900亿日元；如果再加上公路投资，则达到了1500亿日元。该港建成后又服务于在越南北部投资的日企的物流需求。③

日本综合商社在"对外援助＋政府和社会资本合作"模式中所发

---

① 赵剑治、欧阳喆："战后日本对外援助的动态演进及其援助战略分析——基于欧美的比较视角"，《当代亚太》2018年第2期，第122页。
② 『株式会社海外交通・都市開発支援機構法案の概要』、https：//www.mlit.go.jp/common/001032883.pdf。（上网时间：2021年2月22日）
③ 中崎剛、「港湾分野におけるインフラシステム輸出戦略について」、https：//www.umeshunkyo.or.jp/ronbun/h25_port_abstracts/4.pdf。（上网时间：2022年1月10日）

挥的作用不容小觑。二战后，美国对日本进行经济改造，首当其冲便是解散财阀。但由于美国对日政策的转变，解散财阀实施得并不彻底。战前形成的三井、三菱、住友、安田、野村、中岛等日本大财阀"根据各自的体系形成了企业集团"，形成了包括承包企业在内的系列企业。[①] 这些财阀广泛涉猎制造业、航运业、基建产业、金融服务，形成了能够既介入港口建设运维又介入运营管理，既介入港口开发又介入港城建设的利益集团。将产业布局与港口布局协同推进，是三菱、住友、丸红、丰田等大型综合商社的普遍做法。以丰田为例，它在东南亚多地参与了日本海外港口开发项目，并在海外港口腹地投资汽车零部件或整车生产。从国内国际联系看，日本综合商社在海外的综合经营模式以国内实践为基础。从横向比较看，日本综合商社模式不同于其他国家上、中、下游由不同企业协同推进的模式。综合商社商业利益与日本国家战略利益有着较好的重合度，官民配合上也有着"悠久的历史基因"。这能够在一定程度上解释日本综合商社对参与海外港口开发的热情。

除了官与民之间的配合，日本还注重与对象国官方、民间各利益主体进行利益捆绑。从参与环节上看，港口堤坝等交通基建的基础投资主要来源于对外援助预算等日本官方资本支持，而港口装卸货设备与运营投融资、港城一体化建设投资则主要来源于政府和社会资本合作模式。日本海外港口开发项目中，与对象国官方资本和民间资本的合作基本遵循了上述分配特点。

（二）工程类企业参与海外港口开发建设具有局限性

工程类企业一般是从事海外交通基建的主力军，但长期以来，日本工程类企业"走出去"的步伐缓慢。日本工程类企业所承接的港口建设项目仍大多集中在风险低的日本国内。即使是进军海外意愿较高的东洋建设、大林组等，海外交通类投资比例也不超过企业投资总额的20%。

[①] 张季风：《日本经济概论》，中国社会科学出版社2009年版，第4页。

这与"制造业再造海外日本"的力度相去甚远。①

表4-3 世界排名前150的日本上市企业国内外营业额对比
（截至2018年6月）

世界排行	日本上市企业	海外营业额（百万美元）	总营业额（百万美元）	海外占比（％）	主要投资领域（％）
30	大林组	4009	16270	24.6	交通（58）、水资源（27）
40	鹿岛建设	3202	14302	22.4	建筑（74）、制造业（17）
66	五洋建设	1528	4002	38.2	交通（55）、建筑（37）
74	清水建设	1259	12568	10.0	制造业（34）、建筑（30）
75	竹中工务店	1255	9486	13.2	制造业（42）、交通（35）
135	大成建设	454	12135	3.7	交通（47）、建筑（17）

资料来源：根据日本国土交通省网站相关资料自制②。

从参与建设项目的主体看，代表日本政府的 JICA、海外交通与城市开发项目支持机构等仍是最重要的，综合商社的全面参与堪称日本特色，工程类企业出海显著落后于其他积极拓展海外港口开发的国家。近几年，才出现了越南莱县港、氏威港等由对外援助及多类别日企共同投资的项目。③

（三）日企参与运营管理并非均衡分布

当前，日本航运企业参与海外港口开发运营的意愿下降，综合商社

---

① 「港湾インフラの海外展開に向けた国土交通省の取組」、https://committees.jsce.or.jp/kokusai/system/files/8 - % E3% 80% 90% E5% 9B% BD% E5% 9C% 9F% E4% BA% A4% E9% 80% 9A% E7% 9C% 81 _% E5% B1% B1% E6% 9C% AC% E6% A7% 98% E3% 80% 91% E5% 9C% 9F% E6% 9C% A8% E5% AD% A6% E4% BC% 9A% E5% 9B% BD% E9% 9A% 9B% E3% 83% 97% E3% 83% AC% E3% 82% BC% E3% 83% B320200630.pdf。（上网时间：2022年2月22日）

② 『海外展開戦略（港湾）』(2018)、https://www.mlit.go.jp/common/001237650.pdf。（上网时间：2021年2月22日）

③ 中崎剛、「港湾分野におけるインフラシステム輸出戦略について」、https://www.umeshunkyo.or.jp/ronbun/h25_port_abstracts/4.pdf。（上网时间：2022年1月10日）

出资积极。航运企业既有参与方向主要是北美、欧洲等发达地区的港口运营管理，综合商社曾重视资源能源产地布局，当前则更侧重塑造产业网络和海外市场。这是企业主体偏好与市场环境、社会环境、政治环境共同作用下所呈现出的态势，也印证了国际产业结构塑造（供应链）、海外市场是日本海外港口开发首要经济战略诉求。

日本国内港口运营公司原本致力于日本国内港口运营。近几年，在日本大力推进海外港口开发战略的背景下，日本"国际战略港"运营公司发挥运营码头群和调配集运货物的经验优势，进军"印太"地区海外港口开发运营环节。如，阪神国际港公司参股柬埔寨唯一深水港西哈努克港的运营管理公司——西哈努克港公司，持有10%的股份。

2018年，日本航运企业参与运营管理海外港口17个，集中在东亚、美国和加拿大；商社系参与运营管理海外港口15个，分布最为广泛；港口运营企业仅参与运营管理海外港口4个。

表4-4　日本企业海外港口开发运营投资统计（2018年）　　单位：个

国家/地区 \ 运营企业性质	船社系	商社系	港运系
东亚	8	5	3
欧洲	0	5	1
中东非洲	0	3	0
美国、加拿大	9	0	0
南美	0	2	0

资料来源：根据日本国土交通省网站相关资料自制。

（四）项目建设投融资先行

"巧妇难为无米之炊。"新官民一体模式中官方作用的体现之一是：政府支持海外项目投资和致力于降低投融资成本。时任日本海外港口物流项目理事会会长的铃木曾指出，"海外港口开发需要政府确定方针，切实推进项目，金融支持和人脉支持是推进项目的强大后盾"。①

除了日本海外交通与城市开发项目支持机构专门从事海外交通与城市开发项目的投融资，日本国际协力银行也为上述项目设置了专门的投融资制度，兼顾战略性和经济性。日本国际协力银行为海外基础设施建设项目成立了特别工作组，并在2019年海外港口物流项目理事会第10次会议上承诺，将继续评估海外需求和项目环境的变化，对风险较高的海外项目给予投融资支持。

日本经济产业省牵头成立日本贸易保险。作为政府全额出资的特殊金融机构，日本贸易保险负责向因恐怖袭击、战争等不可抗力而遭遇困境的出海日企提供保障。例如，其创设了"促进非洲投融资特别保险"。2017年，日本贸易保险宣布将保险产品的保障年限从15年延长至30年。②

（五）服务业同步出海

除了金融机构，服务业同步出海也是日本"走出去"的普遍做法。律师事务所、会计师事务所、税务公司、广告公司等多类型第三产业与第二产业一同走向海外。平时，这些服务行业主要做在海外经营的日本港航企业、综合商社、工程企业的生意；一旦当地出现"紧急事态""灰色事态"，便依托其灵敏、系统的业务架构搜集情报、保护"邦人"，成为日本驻外使馆的"触角"和"力量放大器"，不是官方胜似官方。服务业成为包括海外港口开发在内的日本对外战略推进落实中不可或缺的一环。

四、更广义的官民一体战略推进

任何一个领域在国际舞台上崭露头角都并非一日之功，或许可以凭

---

① 『第11回海外港湾物流プロジェクト協議会』（2020）、https：//www.mlit.go.jp/report/press/content/001377875.pdf。(上网时间：2021年9月1日)

② 第三期《海洋基本计划》，第41页，https：//www.cao.go.jp/ocean/policies/plan/plan03/plan03.html。(上网时间：2020年9月1日)

借低价或其他优势拿到项目，但要保持几十年的可持续发展，必然以其系统性竞争力为扎实的基础。一国对外综合影响力来自于每个领域对于国际合作的全面深度参与，这是一种任何领域都有涉外一面的自觉。

如果说前几种"新官民一体"的手段仍然是以海外港口开发具体项目的推进为导向的，那么日本为海外港口开发所做出的战略谋划则更加广泛和持久，包括开展港口外交、领域人才培养和战略规划先行。日本善于放长线、经略外围，这些多边与双边的港口软实力推送，使国际社会更认可日本海外港口开发实力，更乐于信赖并与其合作。这是更广义层面的官民一体。

（一）港口外交资源战略运用

1. 多边层面

作为港口强国，日本重视开展港口外交。多边层面，日本积极在既有国际组织中提高自身地位、发挥自身影响力。1953年，日本重新加入PIANC，推动其于1977年常设日本部会。截至2005年，日本共向PIANC输送了三任副会长。[①] 日本重视在PIANC推广日本港湾建设技术和由日本提供技术支持的港口电子数据交换系统，力争日本标准成为国际标准。[②] 1994年，亚太地区港口国监督谅解备忘录组织开始运行，因落户东京，又被称为"东京备忘录组织"。其作为政府间组织，目标是消除本区域内的低标准船舶，并促成各成员国有效、统一地执行国际海事组织和国际劳工组织相关公约。

港航不分家，日本十分注重发挥在国际海事组织中的影响力。2007年以来，日本在国际海事组织提出提案数量长期保持全球第一，培养的中高层次与技术人才在国际海事组织广泛任职。2011年，来自日本的候选人关水康司成功当选国际海事组织秘书长（任期为2012—2015年）。

日本既要依靠既有，更要主导创新。日本推动成立的IAPH总部落

---

① 社团法人日本港湾协会编、『新版日本港湾史』、城山堂书店2007年版、第786页。

② 『海外展開戦略（港湾）』（2018）、https：//www.mlit.go.jp/common/001237650.pdf。（上网时间：2021年2月10日）

第四章 日本海外港口开发战略特点与案例研究

户东京，日本人长期担任此协会会长，也一直担任此协会事务总长。IAPH 为构建日本港口强国形象、拓展日本外交发挥了极其重要的作用。

IAPH 是世界上首个致力于国际港口合作的国际组织，也是落户亚洲的为数不多的国际组织和唯一一家港航国际组织。IAPH 已被联合国授予特别咨商地位，为联合国贸易和发展会议、国际海事组织、国际劳工组织、世界海关组织等提供咨询服务。IAPH 已经成立了安全环境、港口规划、信息化等 8 个技术委员会，不时发布专业报告，引导着相关国际标准制定和国际舆论。截至 2019 年，IAPH 正式会员覆盖全球 90 余个国家的 180 余个港口，以及 140 多个港口相关联产业。IAPH 会员海运吞吐量占全球总量的 65%，海运集运量占比高达 90%。[1]

IAPH 因应国际情势变化设计"世界港口大会"讨论议题，被誉为国际港航界的"奥林匹克盛会"，对世界经济的发展起着非常重要的作用。[2] 如 20 世纪 70 年代，聚焦集运业大发展、船舶大型化背景下港湾如何升级应对；80 年代，探讨关税、贸易电子化问题；90 年代，探讨港湾功能、港湾升级以及环境影响问题；而在 2001 年"9·11"事件之后，加入对于港湾安全的探讨等。IAPH 在引领、协调各方应对时代之变的同时，提升了日本国际港口的软实力。

1993 年，日本又主导成立了国际港口交流协力会，目的是充分发挥日本地方港口资源，开辟非政府组织活动路径。国际港口交流协力会成立后开展国际姐妹港等活动，多次举办国际会议。2004 年 7 月，国际港口交流协力会帮助柬埔寨西哈努克港湾完成了港湾资料库建设。这既是对海外港口开发对外援助能力的有益补充，也可为对外援助挖潜海外项目"打前站"。

2. 双边层面

除了利用多边平台，日本也注重加强双边与区域合作。20 世纪 60

---

[1] 社团法人日本港湾协会编，『新版日本港湾史』，城山堂书店 2007 年版，第 64 页。

[2] 中国港口协会网站，http://www.port.org.cn/uploadfile/20190329100508636.pdf。（上网时间：2022 年 9 月 1 日）

年代初，日本率先与发达国家互动。1965 年，日本和美国建立两国间港口国际交流机制，围绕海洋资源、港口建设、港口对环境影响等问题，展开政府间、港口运营方、研究机构间对话。

日本对发展中国家的国际交流活动则更侧重加深理解和推广日本技术之目的。日本先后与中国、东南亚、南亚等建立了官方交流机制。2002 年，日本首相小泉纯一郎访问东南亚，提出建立"日本和东盟坦诚开放的伙伴关系"，港口合作成为题中之义。当年，日本便与东盟国家在印尼召开第一次"日本和东盟交通部副部长级别会议"。2003 年，第一次"日本和东盟交通部长级别会议"举行，达成"日本和东盟港口技术共同研究项目"合作意向。2003 年至今，"日本与东盟港口技术共同研究"已举办 7 次，议题涵盖港口运营管理、信息化、港口防灾减灾、航道引航、集运港评估等诸多方面。在该会议推动下，日本已与越南签署《港口设施国家技术标准合作谅解备忘录》。[1] 海外港口物流项目理事会明确指出，推进在印尼、越南、印度的海外港口开发项目要依托双边交通部长级别会议，就像对非合作要依托日本主办的非洲开发会议一样。[2]

（二）精准多元的官民人际交流

日本向驻外使领馆派出港口专责外交官与外派专家的历史久、人数多。日本最早派出的港口专责外交官始于 1960 年，当时的埃及正在酝酿苏伊士运河拓宽工程，一名运输省（现为国土交通省）港湾局官员被派往日本驻埃及大使馆常驻。"在埃及项目开展顺利，与日本在日本驻埃及使领馆派驻相关领域官员和技术人员密不可分。"[3] 日本的筹谋得到回报。20 世纪 70 年代至今，日本参与了多轮苏伊士运河

---

[1] 『海洋状况及海洋の状况及び海洋に関して講じた施策』（2018）、第 64 頁。

[2] 『今後の進め方（方針）』、https：//www.mlit.go.jp/common/000127880.pdf。（上网时间：2021 年 2 月 22 日）

[3] 社団法人日本港湾協会编、『新版日本港湾史』、城山堂書店 2007 年版、第 803–814 頁。

发展规划与施工建设。日本至今仍维持着向日本驻埃及大使馆派驻港口专责外交官和技术人员的战略投入。集运业大发展之后，巴拿马成为继"油运咽喉"之后的"集运咽喉"。80年代，日本开始向巴拿马派驻港航外交官，此后，分别向巴西、缅甸、斐济、柬埔寨、越南等派遣外交官。

除了外交官，日本也外派港口专家赴对象国及地区港务局提供业务指导。从1958年向中国台湾和泰国派出技术人员或长驻专家开始，日本向外派出的专家遍布各大洲，JICA长期负责该项工作。[①] 至2005年，一直邀请日本专家的国家有印尼、菲律宾、墨西哥、柬埔寨、越南。马来西亚也曾于20世纪八九十年代邀请日本专家，新加坡在90年代曾接受日本专家。此外，日本还向联合国、亚洲开发银行、世界银行、巴拿马运河替代案检查委员会等派遣港航专家。

日本坚持主办国际港口人才培训课程，这类课程被日本视为最有效的塑造方式。日本港口协会总结港口人才外交时指出："请进来参加日本相关培训课程的效果最好。"[②] 1961年日本首次开设港口国际培训课程，邀请11个国家的20名学员访日。此后相关培训课程几经升级，已细分为"港湾管理研讨""港湾战略运营研讨""港湾工程学课程""集运埠头运维计划课程""港湾安保研讨"等，还开设了工业港卸效率、特种港湾等专门课程。截至2018年，已有来自15个发展中国家的近3000名学员在日本接受相关培训，其中以东南亚、大洋洲、非洲的学员最多。

相关课程系统地向对象国灌输日本模式。参加课程的学员都是活跃在对象国港航领域的中坚力量，与这些人建立联系会使日本更容易拿到海外港口开发项目。各国学员之间建立了同学会，形成了跟日本密切相

---

① 社团法人日本港湾协会编、『新版日本港湾史』、城山堂书店2007年版、第154页；『海洋状况及海洋の状况及び海洋に関して讲じた施策』(2020)、第115页。

② 社团法人日本港湾协会编、『新版日本港湾史』、城山堂书店2007年版、第811页。

连的圈子，构建起和日本沟通的网络。对此，海外港口物流项目理事会总结认为，培训不仅有助于日本获得海外项目，更节省了日本的海外人力成本，因为学员已经在培训中集中学习了日本模式与日本技术，无需从零开始。①

（三）官民合作廓清战略方向

并非所有针对海外港口的规划调查都是因接受对象国委托而开展的，日本政府各部门所开展的相关调查研究更为宏观，也更具前置性。这体现出日本对通道、资源能源、国际经济布局的顶层设计能力和战略预置能力。日本政府自发主导下完成的大量战略性、综合性调查研究成果，成为日本海外港口开发战略系统谋划、推进的"底气"。

20世纪70年代开始，日本海事产业研究所受日本政府委托，陆续开展海外资源与海上运输通道现状与展望的研究，分析了全球矿石、煤、石油、天然气、粮食、饲料、木材等战略资源分布情况，以及世界主要国家海上通道、海运自给率、国际战略支点港保障等问题。② 日本国土交通省国土技术政策综合研究所也是开展此类研究的重要机构，近年来完成了众多课题，包括《人为突发事件对国际海运集装箱运输的影响的分析》③《南亚多式联运国际物流模式的构建与政策分析》④《基于国际贸易和产业结构的国际港口货物量模型构建》⑤《东亚与东南亚多元国际物流模式构建评估和东盟物流基础设施评估》⑥《以东亚为中心

---

① 『第5回 海外港湾物流プロジェクト協議会』（2014）、https：//www.mlit.go.jp/common/001032882.pdf。（上网时间：2020年9月1日）

② 海事産業研究所、『海外資源と海上輸送に関する調査研究 推移と現状』、1977年。

③ 赤倉康寛、佐々木友子、小野憲司等、「港湾・海運における人為災害による国際海上コンテナ輸送への影響の把握・分析」、2020年。

④ 柴崎隆一、川崎智也、「南アジア地域を対象としたインターモーダル国際物流モデルの構築と政策分析」、2016年。

⑤ 渡部富博、井山繁、佐々木友子等、「国際間の貿易・産業構造を考慮した輸出入港湾貨物量推計モデル構築」、2011年。

⑥ 柴崎隆一、渡部富博、「東・東南アジア地域におけるマルチモード国際物流モデルの構築とアセアン物流インフラ施策の評価」、2009年。

第四章 日本海外港口开发战略特点与案例研究

的国际海运集装箱货物物流模型》[1]《亚洲的国际海运集装箱净流量估算研究》[2] 等。

这也仅仅是日本官方主动摸底调研所取得成果的冰山一角,加之来自对象国的委托调查项目,以及日本综合商社等民间主体多年来所进行的调研项目,诸多研究成果共同构建起庞大的系统性积累。

而作为最高层面的官民一体战略谋划,参与会议发挥着难以替代的作用。日本综合海洋政策本部是日本海洋战略指挥的"司令塔"。参与会议是日本国家海洋战略最高咨询机构。参与会议向上直达首相,向下广泛联系产学研各界,充分体现了日本综合海洋政策本部的中枢性与参与会议意见的导向性。如表所示,参与会议专家包括日本国际问题学者、海洋科学家、海上自卫队军官、海洋产业界代表等,打通了各领域、各行业的藩篱,以及社会科学与自然科学的界限,使其有能力递交高质量的"意见书"。

表4-5 参与会议专家名单(2021年)

职务	人名	专家信息
主席、参事	田中明彦	日本国立政策大学院院长
执行主席、参事	内藤忠顕	日本邮船董事长兼执行官
参事	今村文彦	日本东北大学国际灾害科学研究所教授
参事	尾形武寿	日本财团理事长
参事	兼原敦子	国际法协会代表理事、上智大学法学院教授
参事	佐藤彻	日本东京大学教授
参事	杉本正彦	NTT数据顾问公司、海上自卫队原幕僚长
参事	中田薫	日本国立水产研究·教育机构理事长
参事	原田尚美	日本国立海洋研究开发机构地球环境部长
参事	水本伸子	日本IHI公司顾问

来源:根据日本首相官邸网站相关资料自制[3]。

---

[1] 柴崎隆一、渡部富博、「東アジア圏を中心とした国際海上コンテナ貨物流動シミュレーションモデルの構築」、2009年。
[2] 柴崎隆一、渡部富博、角野隆等、「アジア圏を中心とした国際海上コンテナのOD貨物量推計に関する研究」、2005年。
[3] 日本首相官邸网站,https://www.kantei.go.jp/jp/singi/kaiyou/sanyo/pdf/sanyo_member.pdf。(上网时间:2022年1月10日)

参与会议提出的议题代表着日本战略政策方向，其定期向首相递交"意见书"，"意见书"内容几乎都会转化为国家战略与政策。如2013年日本首次发布北极战略，在此之前参与会议已向首相递交相关的"意见书"。第三期《海洋基本计划》提出"综合海洋安全保障"，在此之前该理念也已经出现在参与会议递交的"意见书"中。参与会议的运行较好体现了自上而下和自下而上的有机统一。

2018年日本第三期《海洋基本计划》出台以来，参与会议成立了"与航道沿岸国深化海洋产业合作"，以及"深化国际海洋产业合作、打造开放稳定的海洋""加强日本海洋产业竞争力""日本周边海域态势评估与海洋安全政策""强化海洋产业绿色发展竞争力""夯实海洋产业国际竞争力基础与人才培养"等多个课题组，围绕在国家战略设计框架内深入推进海外港口开发做出前瞻性规划。

参与会议首先肯定海外港口开发的重要战略意义，强调海外港口开发对于保障日本海上航道、能源供给线，特别是确保日本企业全球供应链安全、经济走廊连通性非常重要，认为海外港口开发与对象国能力建设援助是"印太战略"的组成部分。

参与会议建议，日本海外港口开发应更重视港口建成后的运营管理，以及港城一体化建设；海外港口开发并非单纯的工程项目，道路和工业园区等规划发展是必要的，应着力参与具有战略意义的海外港口的开发和腹地经营；以数字化、绿色化、标准化引领；在推动官民共同出海过程中，应在"基础设施系统出口战略"框架下，加强政府部门内部共享信息、统筹战略规划、强化政府各部门间内部联系与官民一体体制，如成立政府间工作组和私营部门、日本政府、地方政府等组成的公私平台，在海外港口开发运营管理中推行政府和社会资本合作模式，在海外港口开发中拓展腹地、发展智慧城市；官方应更好回应企业关切，鼓励有实地经营经验的日系综合商社发挥更大作用；在拿到建设项目的基础上，努力参与更多海外港口的管理运营。

参与会议强调应加强调查研究，一是加强海外港口开发可持续性调查研究，深入研究海外港口的外资管制规定、租借开发运营年限限制与权力延长规定等，因为这与参与开发、运营同等重要；二是要精算项目是否有利润空间，因为这是企业的核心关切和项目可持续发展的根本。[1]

在 2021 年 6 月公布的参与会议第 61 次会议概要中，参与会议就第四期《海洋基本计划》提出建言，建议将强化包括海外港口开发在内的日本海洋产业国际竞争力确定为下一个五年内日本海洋战略施策的首要内容。参与会议还建议，将强化包括海外港口开发在内的海洋产业国际竞争力纳入"综合海洋安全"框架的同时，也纳入新增加的"全球可持续发展"框架中。[2]

第二节 利益与风险的平衡

"千钧将一羽，轻重在平衡。"追逐利益者一时盆满钵满，兼顾风险者可细水长流。日本风险偏好低，不愿意承担过大的风险，这是一把双刃剑，虽制约了海外推进的速度，但也有效避免了铩羽而归甚至折戟沉沙。

一、选址：内部动力与外部动力的平衡

港口选址无论在国内还是海外，均会综合考虑内外因素，平衡风险收益。国内港口选址对正相关因素的考虑相对多，对负相关因素的顾虑相对少。但海外港口开发必须更兼顾发展与安全，甚至要更重视"安全底板"，兼顾市场等经济因素和其他非经济因素，如政府政策导向、恐怖主义风险、文化冲突风险等。日本海外港口选址基于多年持续的周密

---

[1] 総合海洋政策本部参与会議意見書～「東シナ海等における情勢変化への対応」と「カーボンニュートラル実現に向けた海洋の貢献」，第 6－8 頁、http：//www. kantei. go. jp/jp/singi/kaiyou/sanyo/20210629/ikensho. pdf。（上网时间：2022 年 1 月 10 日）

[2] 日本首相官邸网站，https：//www. kantei. go. jp/jp/singi/kaiyou/sanyo/dai61/61index. html。（上网时间：2022 年 1 月 10 日）

调研，一般会从内部、外部发展条件与制约入手展开评估。

（一）内部动力

港口可持续发展的内部动力是其原始动力，主要指的是港口的自然资源条件、港口城市的经济实力和港口腹地经济。[①] 自然资源条件是港口经济系统的自然基础，如港口的位置和港口条件，包括良好的适航条件，良好的水深、泊位条件以及内陆通达性。这些也是日本海外港口开发规划调查的必修课。如对于选址缅甸迪拉瓦港而非选择改造升级仰光港，日本给出的理由有：迪拉瓦港吃水深、适航条件好，仰光港受潮汐影响大，港口吞吐量面临瓶颈；迪拉瓦港虽然暂时没有仰光那样的经济支撑，但是与仰光距离近，属于同一经济圈；迪拉瓦港城一体化项目既能够在仰光—迪拉瓦经济圈内拉动当地经济更快增长，也能为日企制造业转移提供新的可规划空间，从而带来更大收益和发展潜力。

自然资源禀赋决定着港口经济系统拥有资源的数量、丰度、种类、质量以及空间组合的差异。港口产业集群主要指既有的港口产业基础，包括临港物流业集群、临港重化工业集群、临港加工制造业集群、临港服务业集群等。这些产业集群奠定了港口间、城市间、区域间基于供需交换的客观基础。如日本致力于打造东非"北部走廊""纳卡拉走廊"以及西非"成长之环"，这些项目并非仅仅涉及港口开发，而是以打通地区互联互通网络，特别是对象国资源高效出海通道为宗旨。JICA 在项目书中直言，"港口将联通铁路、高速公路与港口不远处非洲内陆的煤矿、铁矿、粮食产区"。[②] 再如，日本投资建设越南莱县港，服务于在越南北部投资的日企的物流需求；[③] 包括日本在内的各方乐于投资新

[①] 陈洪波：《港口与产业互动关系实证研究》，浙江大学出版社 2013 年版，第 3 页。

[②] 『インフラシステム輸出戦略』（2013）、第 19 頁、https：//www.mlit.go.jp/common/001005161.pdf。（上网时间：2022 年 1 月 10 日）

[③] 中崎剛、「港湾分野におけるインフラシステム輸出戦略について」、https：//www.umeshunkyo.or.jp/ronbun/h25_port_abstracts/4.pdf。（上网时间：2022 年 1 月 10 日）

加坡码头，看中的是其临港物流业集群与临港服务业集群；更为经典的案例是日本对于中东的关注，明显意在石油。

港口区位条件是否优越决定着港口经济系统与其他经济圈的联系频度、密度和便捷度，推动放大或制约压抑港口经济系统的发展。港口城市的高质量发展和围绕其铺展开的良好网络将对港口经济系统的孕育、壮大形成良性循环，腹地运货量是港口存在和扩大的直接动力。日本在缅甸迪拉瓦建港，港口为产业园提供交通服务，产业园为港口发展提供货源；产品直接面向具有增长潜力的缅甸市场销售。这一布局可以优化成本控制，提高经济效率，与成熟的鹿特丹港产业集群相似。鹿特丹港位于欧洲航运的中心区域，与世界主航线相连，既拥有网状的水道，也拥有良好的陆域交通条件，持续以优惠的成本和便捷性，吸引船舶和货物到港停靠、在港加工，再运送到内陆各地或转运至其他港口。日本在斯里兰卡科伦坡港的规划也具有相似的逻辑。

（二）外部动力

外部动力主要指营商环境和发展潜力。[①] 营商环境包括对象国政策体制与政治氛围、经济制度与经济开放程度、国际安全与政治环境等。发展潜力主要指行业发展技术潜力，包括港口生产技术、装卸技术、船舶大型化技术储备、港口管理系统以及服务技术等。安定的安全、政治、经济环境，迎接技术革命、适应技术进步，超前布局的能力，是影响港口项目落地与推进的重要变量。如果说内部动力是硬件条件，那么外部动力更像是软件条件。发展中国家被提上开发日程的港口普遍面临内部动力足、外部动力不足的现实困境。如何评估确认软件条件改善的前景与软件条件改善的天花板所在，成为项目选址成功与否的关键。

中国招商局港口控股有限公司作为全球排名靠前的海外港口开发企业，曾就海外港口开发所面临的风险做出总结，风险具有一定普遍

---

① 陈洪波：《港口与产业互动关系实证研究》，浙江大学出版社2013年版，第3页。

性。百年未有之大变局下，国际格局激荡，多国国内政治出现极化倾向，增长动能不足造成合作意愿不足，这些都使外部动力的作用更为突出。

表 4-6 海外港口开发风险一览

安全风险	政局稳定	政府效能	法律和监管	宏观经济	外贸支付	金融风险	税收政策	劳动力市场
武装冲突	社会动荡	政策制定	司法程序公正性	汇率波动	贸易禁运	货币贬值	政权稳定	工会
恐怖主义	有序换届	行政人员素质	司法程序进展速度	衰退风险	资本项目	融资深度	歧视性税收	工人罢工
暴力示威游行	反对立场	官僚主义	合同执行力	物价不稳定	歧视性关税	本地市场准入	企业税水平	劳动法
持有敌意	行政权力过大	既得利益集团	对外国企业的歧视	挤出效应	过度保护	有价证券	追溯征税	技术工人
暴力犯罪	国际紧张局势	腐败	没收/征收	利率波动	资本管制风险	银行业健康状况	—	专业工人
有组织犯罪	—	公务员问责制	知识产权保护	—	经常项目可兑换性	股市流动性	—	精英待遇
绑架勒索	—	人权	私有财产保护	—	—	—	—	结社自由

资料来源：根据中国招商局港口控股有限公司相关资料自制。

出于对上述风险的顾虑，日本虽然海外港口开发起步早、规划调查项目多，但向建设运维项目的转化进展相对缓慢。止步于规划调查的项目与迈入建设运维阶段的项目平分秋色，甚至止步于规划调查的项目更多。特别是在非洲部分地区以及巴基斯坦等软件条件一般，甚至软环境成本高的国家更为谨慎。在东南亚也有很多进展缓慢的案例，如在马来西亚的关丹港，日本从20世纪70年代初便介入规划调查，但对于真正投融资开启建设仍是谨慎的。

第四章 日本海外港口开发战略特点与案例研究

当然，日本也通过各类外交与商业活动密切关注对象国政策变动，伺机寻求介入机会。冷战结束后，日本对越南的大规模援助和港口开发合作是典型案例。日本承包了越南的国家港口发展规划，并"从规划调查—建设运维—运营管理"全流程参与了胡志明港、莱县港、盖梅港、氏威港等越南主要港口的建设。越南后来居上，成为日本在东南亚的主要港口开发合作伙伴。对象国政坛变化、经济体制改革、发展预期的变化都会使日本对其综合评估随之做出调整。

一旦参与，日本便不再仅仅是被动参与方，而是成为对象国营商环境的主动塑造者。塑造手段包括成立两国间经贸、劳工、科技、金融工作组，协助对象国建立健全港口与产业园区管理制度规范，促成高频的双边高级别对话磋商等。上述全面、系统的对外塑造可谓是日本平衡海外风险与收益的"高阶手段"。

二、节奏：规避"大干快上"

海外港口开发项目本身就具有流程长、工期长、周期长的特点，日本海外港口开发是典型的"慢性子"，不仅选址十分谨慎，而且进入建设环节后仍然"瞻前顾后"。日本倾向于将项目规模大视为风险而非机遇。仍以迪拉瓦港城项目为例，日本面对缅甸伸出的橄榄枝，坚持小步推进。日缅双方达成合作意向后，缅甸曾建议港城一体化项目规划20平方千米，而日本仅建议规划2平方千米，最后在双方协商之下日本才同意一期建设4平方千米。即使在迪拉瓦港城项目取得阶段性成功后，日本对投资缅甸项目仍十分谨慎。日本受邀并已同意参与原本由缅甸与泰国合作推进的缅甸土瓦港城项目。土瓦港城项目拟建成东南亚最大的临海开发项目。据日媒报道，日本对土瓦港城项目的谨慎规划与缅甸、泰国的大手笔规划间再次产生了分歧。

日本认为，项目不在于大小，而在于针对性，在于是否能够解决痛点，解决痛点才能确保可持续发展和稳定收益。JICA就此提出，将根据全球化的发展态势和对象国的具体发展阶段向发展中国家提供基建援助，将以往的项目经验与本地特点相结合给出规划方案。例如，对于低收入国家，重点支持其基础设施和经济走廊建设，通过提高对象国互联互通水平提高其国际竞争力；对于中等收入国家，重点支持其港口、机场的发展，以及城市基建改造。在此偏好下，日本多次以较小投入撬动较大经济和社会效益。例如，日本1988年开始向马尔代夫提供港口堤坝建设贷款，到2001年的10余年间共提供76亿日元。用该笔资金建设的堤坝不仅维系了该港的运营，也有效抵御了2004年12月印度洋大海啸对马尔代夫首都马累的侵袭。该项目从而受到当地政府和民众的高度认可。

三、地缘政治竞争与其牵制力量

除了持续的内部动力和外部动力，当前海外港口开发更受地缘政治竞争的影响。"印太战略"框架下，海外港口开发往往偏离日本理性与慎重的偏好，日本为了开展地缘竞争而更为积极地或更为快速地介入内、外部动力不那么充足的海外港口项目。日本在更宏大战略视域下为海外港口开发做出战略规划和体制机制准备，以及设定更为激进的目标，均是相应体现。在首脑外交推动下，日本开启了与非洲、南亚、南太区域国家合作的新一轮高潮。2020年9月下旬，孟加拉与日本就孟加拉湾马塔巴里新港开发达成合作意向。①

虽然从矛盾的主要方面看，海外港口开发由国家主导，但是具体到推进落实层面仍应具体问题具体分析。日本官民各主体并非完全同频齐步走，而是存在不同凉热即相互制衡之处，这在客观上起到一定的避险作用。

日本参与海外港口开发的主体多元，官方主体主要由政治家、国

---

① "JICA's Support for Development of CBIC Region"，https：//www.jica.go.jp/india/english/office/others/c8h0vm00009ylo4c‐att/presentations_03.pdf.（上网时间：2022年1月10日）

土交通省等各省厅官僚以及JICA、海外交通与城市开发项目支持机构等官方机构构成,民间主体主要由商社、制造业、金融机构、港口工程企业、运营企业等组成。阿联酋哈利法科技大学副教授坎农研究指出,日本首相在非洲所达成的协议的进展似乎不尽如人意,"尽管安倍晋三访问签订的谅解备忘录(MOU)和商业协议的数量令人鼓舞,但现实是,其中许多从未实现。原因在于:JICA并未提供资金;日企因担心所提供的商品和服务得不到付款,而往往拒绝为非洲政府直接工作等"[①]。当然,地缘竞争下的海外港口开发竞争正在演进中,现在做出结论还为时尚早。

四、对第三方市场合作态度谨慎

政府推动海外港口开发第三方市场合作是困难的。2018年9月,美日首脑在会谈中就两国"印太战略"对接达成一致,双方同意在"印太"地区开展第三方市场合作,包括在缅甸、密克罗尼西亚、帕劳、菲律宾、斯里兰卡等地共同推进项目。2017年、2018年前后,美国海外私人投资公司分别与日本国际协力银行、JICA签署了合作备忘录。[②] 然而,虽然基建第三方市场合作频频出现在美日、美日欧以及美主导的多边联合声明或合作意向清单中,也难以发现美日合作所结出的果实。

即使扩大到美日澳印四边合作框架,成果也极少。日本与印度在印度洋沿岸的合作有所斩获。一是对伊朗恰巴哈尔港的合作开发,项目以印度为主、日本为辅。二是斯里兰卡科伦坡港南部"东集装箱码头"

[①] Brendon J. Cannon, "Grand Strategies in Contested Zones: Japan's Indo-Pacific, China's BRI and Eastern Africa", *Rising Powers Quarterly*, Vol. 3, Iss. 2, 2018, pp. 195-221.(上网时间:2022年1月10日)

[②] 「自由で開かれたインド太平洋の維持・促進に向けた日米協力の例」、https://www.mofa.go.jp/mofaj/files/000403218.pdf;小谷哲男、「アメリカのインド太平洋戦略:さらなる日米協力の余地」、https://www.jiia.or.jp/pdf/research/R01_Indopacific/04-kotani.pdf。(上网时间:2022年2月10日)

的建设、运营，日本、印度共同持有码头运营公司49%的所有权。据《印度报》报道，经由斯里兰卡最大、最繁忙的港口科伦坡港转运的货物，70%以上与印度的进出口有关。目前在印度洋以外的地区，很难找到日本开展海外港口开发第三方市场合作的案例。

事实上，日本官方文件对于推进海外港口开发第三方市场合作的阐述一直很少。这或许能够折射出日本作为推进海外港口开发有着70余年历史的国家，对政府推进海外港口开发第三方市场合作的难度心中有数。其实，全球范围内也鲜有盟友或伙伴在政府充分协调基础上，共同主导第三方市场港口开发获得成功的案例。

但是，对象国港口开发对多国同时开放是普遍做法，换言之，多个国家的参与聚集在对象国同一港口是普遍现象。港口开发是长期的、巨额投入的过程，港口开发不仅在流程上分为规划调查、建设运维、运营管理，也可细分为堤坝基建与吞吐设备建设、不同类型码头建设、码头运营升级、信息化等，每个项目都可独立成为投资标的；何况港口的概念不断外延，一个港口集团由多个港口组成比比皆是，更有与港口接驳的铁路、公路、电力基建、港口保税区与产业园区建设等。斯里兰卡科伦坡港开发有中国、日本的参与；蒙巴萨港开发同样如此。日本在越南港口开发中介入深、影响力大，但韩国也是越南港城项目开发的重要投资方之一。此外，跨国港口运营商高度国际化，往往同时参与着不同地区多个干线支点港口的运营管理。例如，迪拜港务集团迅速崛起，其吸纳大批英国港航精英人才加盟并担任要职，该集团的内部运营管理高度国际化，在全球几乎所有地区的港口均有涉猎，在国际港口运营竞争中处于强势地位。

日本虽然对于政府主导海外港口开发第三方市场合作谨慎，但对于"国际标准协调"态度积极。2018年，日本与传统港口强国荷兰达成政府间港口合作机制，该机制于2021年更新。日本与荷兰双方表示，将保持两国政府、企业、研究机构间的紧密联系，相互支持对方国家的港口可持续发展，共同努力提高港口运营管理自动化、信息化、智能化水平，推动面向未来的新能源技术开发、绿色航运网络建设、港口安全等。欧洲一直是港口绿色化、信息化、标准化的倡导者和推动者，日本通过与荷兰开展官方合作，起到了前瞻国际港航发展态势和参与国际标准制定的作用。例如，国际基准环保船舶指数（下称 ESI）是由荷兰鹿特丹港率先试行的，而该指数是由 IAPH 制定的。

第三节 港口强国身份建构

日本第三期《海洋基本计划》指出，为了更好地推进海外港口开发，日本努力发掘自身"特色"优势，着力加强系统性总结和体系配套建设。① 这其实类似于商战中职业经理人形象的打造。"特色"优势并非自然形成，而是在系统性总结中反复推敲的结果，其国家身份建构与形象推广呈现专业性，与利益取向直接挂钩。日本为树立"人设"，官民一体挖潜国内港口建设中的既有经验，声称契合绿色化、信息化港口新潮流，帮助对象国提高港口软实力和技术实力。② 日本希望以此"差异化竞争"降低"项目报价高"的自身竞争劣势。在此身份建构的过程中，港口规划强国的"人设"基本实至名归；港口建设强国的"人设"具有一定说服力；而港口运营强国，特别是信息化强国的"人设"，则仅是与发展中国家相比较略显优势的"强国"水平。

一、港口规划强国身份建构

日本海外港口开发对承接规划调查项目十分重视。日本在立"人设"过程中，重视港口规划强国身份建构。港口规划强国身份建构，首先是以国内取得的成绩现身说法。在推广港城一体化发展模式时，日本

---

① 第三期《海洋基本计划》，第 41 页，https://www.cao.go.jp/ocean/policies/plan/plan03/plan03.html.（上网时间：2020 年 9 月 1 日）

② 『海外展開戦略（港湾）』（2022）、https://www.mlit.go.jp/report/press/content/001462444.pdf。（上网时间：2022 年 2 月 22 日）

京滨、阪神成功案例具有一定的说服力。海外港口开发规划调查项目开了头便像滚雪球一样不断发展,做得越多经验越丰富,也越能以成功案例说服对象国信任日本。

在与对象国沟通时,日本善于把自身塑造成体谅对方诉求的形象。这有助于抓住发展中国家的心理,让对方在肯定日本港口规划强国"人设"的同时,感到平等和被理解。日本以踏踏实实做事的态度开展规划调查,博得对象国好感。以1971年马来西亚关丹港建设计划规划调查项目为例,日本政府向马来西亚派出包含10人左右的调查团,以原运输省第二港湾建设局局长为团长。该调查团从1970年9月访问马来西亚,到同年10月3日离开,进行了为期1个月的调查。规划调查包括田野调查和后期报告出具。1970年12月末出具初期报告后,经与相关事项文献研究相结合,调查团形成了详尽的项目调查报告。该份报告除描述合作背景、调查范围与目的、调查时间等基本情况,感谢对象国配合的序言之外,正文还分为经济基础调查、自然条件调查、港湾发展规划、港湾建设计划、建成后经济影响分析5个部分,综合运用社会科学与自然科学方法,得到马来西亚政界和业界的肯定。

如果是对象国港口综合发展规划,日本一般会派出20人以上的调查团,并经1年到2年,甚至3年完成。调查团每次赴对象国实地调研10天以上,再回日本消化分析,项目进展期内如此反复交替,直至项目完成。在整个过程中,日本与对象国外交、交通、海洋、经贸等部门结成深厚联系。

二、港口建设强国身份建构

在激烈的海外港口开发项目竞争中,日本对外广泛宣传自身技术标准优势。日本国土交通省官员石川博基指出,日本"基础设施系统出口战略"面临项目大型化、复杂化、竞争激烈、价格战、政治风险等多重挑战,需要官民配合推进。要坚持"开放性""透明性""经济性"

第四章 日本海外港口开发战略特点与案例研究

"可持续性"高质量标准，融入智慧城市、数字化等新元素，向企业提供经营指导和人才支持。[①]

为了抵消日本港口工程报价高的国际竞争不利因素，日本持续强调其主导建设的港口更耐用、更抗震、运维成本更低，虽然初期投入高，但是长期来看可为对象国节省成本。作为地震、海啸等自然灾害频发的港口强国，日本在港口耐用性和应对灾害方面积累了经验，并且积极向外推广此类技术，例如在软滩上抵御地基下沉、减小振动和噪音下堤坝移位等。[②] 当前，全球极端天气事件和自然灾害频发，沿海国和岛屿国屡遭切身之痛，这使上述国家比以往更愿意为"筑牢港口安全防线"买单，因此围绕提高港口抗破坏性和耐用性所产生的成本增加变得更容易被接受。

在碳中和背景下，减碳和环保成为重要选项。日本不仅强调传统技术优势，更将自身塑造为绿色化、信息化、标准化的引领者，旨在以"绿色""信息""流程标准"为海外工程项目竞争设置新的门槛，以此对冲传统竞争下的颓势。日本宣称日式港口地基施工为土层下施工，对航道和码头产生的重金属污染少、碳排放少；[③] 三井、丰田通商等日企在海外港口开发建设中使用减碳、低碳的集装箱门式起重机、拖车、超高压氢填充车等。日本宣传其日式施工已实现工程信息化与标准化，包括在从勘察、施工、检验、维护到管理的施工过程中运用了3D数据，纳入了施工信息建模与管理系统，部分人力可由日本生产的机器人代替；工人将在标准化的良好工作环境中，按照标准化施工流程、进度工作；港口基建运维标准化，定期对地震、海啸和基础设施老

[①] 石川博基、「国土交通省におけるインフラシステムの海外展開」、『建設マネジメント技術』、2020年1月号、第8–13頁。

[②] 第三期《海洋基本计划》，第41页，https://www.cao.go.jp/ocean/policies/plan/plan03/plan03.html。（上网时间：2020年9月1日）

[③] JICA 网站，https://www.jica.go.jp/activities/issues/transport/index.html。（上网时间：2022年1月1日）

化情况进行维护和检查。① 日本宣传上述优势，实质是寻求"差异化竞争"的突破口。

表4-7 日本宣传的海外港口开发特色优势

参与阶段	优势	案例
规划调查	港城一体化开发	缅甸迪拉瓦港
建设运维	码头快速施工（"夹克法"施工）	缅甸迪拉瓦港、印尼巨港
	地基改良	印尼巨港
	绿色疏浚	莫桑比克纳卡拉港
运营管理	高效运营管理与人才培养	专家外派、港口研修班等

资料来源：根据日本国土交通省网站相关资料自制。②

日本国土交通省官员总结指出，日本在缅甸迪拉瓦港、印尼巨港开发建设中使用了巨型吊车的极速施工与快速建造码头技术；在印尼巨港进行了松软土壤地基改良；在莫桑比克纳卡拉港践行了环保高标准疏浚等。这些都是日本海外港口开发中的典型成功案例。③

三、港口运营强国身份建构

2012—2015年，横滨港南本色码头连续3年被评为"世界上生产力最高的码头"，全球航运公司高质量、高标准港口。④ 2021年，世界

---

① 第三期《海洋基本计划》，第41页，https：//www.cao.go.jp/ocean/policies/plan/plan03/plan03.html；『海洋状況及海洋の状況及び海洋に関して講じた施策』（2019）、第37頁。（上网时间：2020年9月1日）
② 『第4回 海外港湾物流プロジェクト協議会』（2013）、https：//www.mlit.go.jp/common/001005161.pdf。（上网时间：2022年1月10日）
③ 中崎剛、「港湾分野におけるインフラシステム輸出戦略について」、https：//www.umeshunkyo.or.jp/ronbun/h25_port_abstracts/4.pdf。（上网时间：2022年1月10日）
④ 『海外展開戦略（港湾）』（2022）、https：//www.mlit.go.jp/report/press/content/001462444.pdf。（上网时间：2022年3月10日）

第四章 日本海外港口开发战略特点与案例研究

银行与全球知名咨询机构 IHS Markit 共同推出全球集装箱港口效率指数（CPPI），横滨港位列第一。

其实日本只有横滨港一枝独秀，但仍然将横滨速度、横滨模式等同于日本速度、日本模式并广泛宣传。日本对外宣传突出"经验丰富的工程师""引以为豪的世界最佳货物处理能力"，自称日本结合人工智能、物联网和自动化技术，拥有世界一流的集装箱处理能力，实现具有良好工作环境的"AI 终端"港口。[1]

在数字化、智能化港口方面，日本并非走在全球前列，甚至在与欧洲港口、新加坡港、上海港、釜山港等世界大港、强港的比较中滞后，但日本仍依托其相较于发展中国家的"先进性"，抓住"最后的窗口期"，不遗余力地推广日本海外港口开发。例如，日本海外港口开发近几年的重点工作之一是推动由日本提供技术支持的港口电子数据交换系统"走出去"。一方面，日本多次在 PIANC 等国际组织中推广日本提供技术支持的港口电子数据交换系统，推动 PIANC 采纳日本标准；另一方面，日本在东南亚这一重点区域做推广，争取扩大日本在周边的"势力范围"。日本在东南亚地区的推广已取得若干成效。2018 年 3 月，缅甸迪拉瓦港引入由日本提供技术支持的港口电子数据交换系统，于 2018 年 5 月正式启用。柬埔寨预计 2022 年 8 月开始使用由日本提供技术支持的港口电子数据交换系统。[2] 对此日本宣称，之前东南亚港口平均通关时间是 14 个小时，运用由日本提供技术支持的港口电子数据交换系统之后可实现 1 小时通关。[3]

---

[1] 第三期《海洋基本计划》，第 41 页，https://www.cao.go.jp/ocean/policies/plan/plan03/plan03.html.（上网时间：2020 年 9 月 1 日）

[2] 『第 6 回 海外港湾物流プロジェクト協議会（2015）、港湾関連プロジェクトの海外展開の動向；海外展開戦略（港湾）（2022）』、https://www.mlit.go.jp/report/press/content/001462444.pdf.（上网时间：2022 年 3 月 10 日）

[3] 『港湾関連プロジェクトの海外展開の動向』、https://www.mlit.go.jp/common/001092836.pdf.（上网时间：2022 年 3 月 10 日）

四、追求"普世价值"的身份建构

细致的规划调查、争取对象国理解信任、全流程参与、日本模式与标准的推广,是日本海外港口开发的标志性做法。除此之外,价值观共鸣的拉拢也是日本惯用的手段。日本高举西方价值观旗帜,在外交中不断提及"价值观",塑造自身追求"普世价值"的"人设"。"价值观"之于日本,是信念还是手段?虽然日本官方频频在双多边外交中呼喊"价值观"口号,以"民主""自由""海洋国家"等说辞寻求所谓"共同追求",但对于此,多名学者均阐释过"价值观"之于日本具有工具性的观点。

中国的日本问题专家吕耀东指出,日本鼓吹价值观的目的在于拉帮结派。"日本在亚太地区安全问题上,日益借助于价值观外交的力量。这样的外交方针,目的在于联合有'共同价值观'的'民主国家'组成'排他性'战略联盟,共同对付'异己势力'。"①

日本的知名国际政治学者小谷哲男指出,日本在本地区推进国际战略,相较于美国的优势在于:可灵活处理价值观问题,而非像美国一样必须固守价值观"政治正确"。小谷哲男在论文中明言,日本"印太战略"与美国"印太战略"的根本不同在于,日本没有将该战略的推进与对象国价值观、国内改革进程挂钩。虽然日本也将"普世价值的推广"作为其外交议题,但是日本清楚,东南亚伙伴的情况是复杂的,不仅各国经济发展水平不同,国家体制也各不相同。如果坚持"普世价值",就没办法与区域部分国家对接。日本能够化解美国的"困难",与老挝、缅甸、柬埔寨等国保持良好关系。②

---

① 吕耀东:《日本国际战略及政策研究》,社会科学文献出版社2021年版,第39页。

② 小谷哲男,「アメリカのインド太平洋戦略:さらなる日米協力の余地」、第7页、https://www.jiia.or.jp/pdf/research/R01_Indopacific/04-kotani.pdf。(上网时间:2022年2月10日)

具体案例也可以证实日本更多地将"价值观"作为手段，而非信念。日本虽然在缅甸民主化后加快投资步伐和援助力度，但在缅甸军政府执政时期并未断绝对缅合作。日本在罗兴亚人危机、军人接管政权后并不取消对缅援助和经济合作，甚至不断自辩自身是缅甸与西方的桥梁纽带。这恰恰印证了小谷哲男的论述。

第四节 案例研究：缅甸迪拉瓦港城项目

缅甸是典型的高冲突、高风险地区，内外各方博弈激烈，政治风险、社会风险叠加。迪拉瓦港城项目被日本官方视为近一阶段海外港口开发的标志性项目。解剖缅甸迪拉瓦港城一体化开发案例，有助于理解日本如何推进海外港口开发和落实海外港口开发战略目标。

一、项目分析：战略定位与具体进展

（一）项目定位

迪拉瓦港城项目被日本视为"日缅友好的象征"。[①] 日本希望通过此项目的成功促进日本与缅甸关系的进一步深化。缅甸是战后日本打开对东南亚外交局面的起点，也是对东南亚援助外交的起点。1954年，日缅缔结《日缅和平条约》与《日缅赔偿及经济合作协定》，日本开始对缅甸进行战争赔偿。而后，战争赔偿逐步转变为政府援助。战后70余年来，日本持续对缅甸进行技术援助、无偿资金援助和政府贷款援助。日本在缅甸经营多年，延续多年在缅甸的良好口碑，被认为是缅甸

---

① 港湾インフラの海外展開に向けた国土交通省の取組、https：//committees. jsce. or. jp/kokusai/system/files/8 - % E3% 80% 90% E5% 9B% BD% E5% 9C% 9F% E4% BA% A4% E9% 80% 9A% E7% 9C% 81_% E5% B1% B1% E6% 9C% AC% E6% A7% 98% E3% 80% 91% E5% 9C% 9F% E6% 9C% A8% E5% AD% A6% E4% BC% 9A% E5% 9B% BD% E9% 9A% 9B% E3% 83% 97% E3% 83% AC% E3% 82% BC% E3% 83% B320200630. pdf。（上网时间：2022年2月10日）

"最受欢迎和信赖的伙伴"。

迪拉瓦港是日本海外港口开发的重点项目,更被明确列为日本"印太战略"的支点。日本认为,缅甸作为中南半岛面积最大的国家,自然资源禀赋好,人口数量多且人口结构优,经济增长潜力大。迪拉瓦地缘位置重要,位于缅甸政治经济中心——仰光以南25千米,属于仰光经济圈,虽然既有开发水平较低,但发展条件好、潜力大;其既在海上辐射印度洋、太平洋两洋,又可延伸至陆域连接东亚和南亚两大板块。总之,迪拉瓦具备地缘和经济的双重战略价值。

地缘方面,日本认为,迪拉瓦港城项目可对冲中国在中南半岛影响力的扩散。中国是中南半岛国家的主要投资来源国和贸易伙伴,在缅甸推动皎漂项目。日本希望在缅甸加快布局步伐,以迪拉瓦港城项目带动日本在缅甸和中南半岛影响力的拓展。2019年7月3日《日本经济新闻》评论称,日本、中国、印度和其他国家正在争夺缅甸港口开发,日本的成绩引人注目。除在缅甸最大城市仰光附近开设货运码头外,日本还将加强缅甸内陆地区的内河港口设施。这可以对冲正在印度洋沿岸进行大规模港口开发的中国的影响。印度的参与度也越来越高,亚洲主要国家之间围绕东南亚战略支点的争夺正在升温。[1]

经济方面,日本认为,迪拉瓦是日本制造业出海的理想节点,有助于连接日本在印度洋沿岸与东南亚地区的产业布局,打造国际产业链布局网络。缅甸是"亚洲经济开发的处女地",具有较大市场增长潜力,也是日本着力开拓的海外市场所在。例如,铃木汽车入驻迪拉瓦园区后,将在印度工厂喷漆的车身运输到位于迪拉瓦园区的工厂组装,再面向缅甸市场销售,涨势喜人。[2]

---

[1] 「ミャンマー港開発で攻める日本　中国に対抗工業団地向け増強、内陸部にもくさび　インドも新港」、『日本經濟新聞』、2019年7月3日、https://www.nikkei.com/nkd/company/article/?DisplayType=1&ng=DGXMZO46880100S9A700C1FFJ000&scode=8015。(上网时间:2022年2月10日)

[2] 「恐怖と混迷のミャンマー　立ち尽くす日本企業」、『日本經濟新聞』、2021年6月21日、https://www.nikkei.com/article/DGXZQOUC176F30X10C21A6000000/。(上网时间:2022年2月10日)

第四章 日本海外港口开发战略特点与案例研究

对缅甸来说，迪拉瓦经济特区与土瓦经济特区、皎漂经济特区并称为缅甸三大国际合作开发项目，是这三大国际项目中进展最快、成效最好的项目。缅甸前领导人登盛和昂山素季都曾视察该项目并给予较高评价，① 商务部副部长昂图公开肯定称，"因为迪拉瓦经济特区是缅日两国政府通力合作的结果，对基础设施也全力而为，所以国外投资者纷纷积极进入。迪拉瓦的模式就是两国政府合作模式，两国政府对所需要的基础设施支撑全力而为，对港口、公路、水电建设全力投入。投资者们所需要的基础设施越完善，前来投资的也就越多，迪拉瓦经济特区就是这样发展起来的"②。

（二）项目进展

2009 年，JICA、日本海外运输协力协会委托 OCDI、日本工营有限公司③先后实施了三轮迪拉瓦港城项目规划调查，分别是仰光港与缅甸水运设施改造调查、仰光港与迪拉瓦港港口能力升级规划调查、迪拉瓦港改造扩建工程准备调查。2012 年底，日缅两国就开展迪拉瓦经济特区开发合作达成一致。日本提出，鉴于仰光港基础设施滞后拖累缅甸贸易发展，且缺乏发展潜力，建议将仰光临近的迪拉瓦港开发建设成为吞吐量更大的多功能国际港。

2013 年 5 月，日本首相安倍晋三成为 1977 年以来首位访问缅甸的日本首相，并参观迪拉瓦港。日本宣布，免除缅甸政府拖欠的 1761 亿日元债务；承诺向缅甸再提供 510.5 亿日元援助款，其中包含向迪拉瓦港城项目提供 200 亿日元贷款。迪拉瓦港城项目贷款还款期限 40 年，

---

① 刘鹏："缅甸迪洛瓦经济特区何以脱颖而出"《世界知识》2020 年第 4 期，第 73 页。
② "缅甸三大经济特区发展情况"，缅华网，2019 年 11 月 14 日，https://www.scbca.org/%E7%BC%85%E7%94%B8%E4%B8%89%E5%A4%A7%E7%BB%8F%E6%B5%8E%E7%89%B9%E5%8C%BA%E5%8F%91%E5%B1%95%E6%83%85%E5%86%B5-%E7%BC%85%E5%8D%8E%E7%BD%91/。（上网时间：2022 年 2 月 10 日）
③ 其为日本最大的工程咨询公司。

利率仅 0.01%。① 双方同意，迪拉瓦港和迪拉瓦经济特区一体化开发。日本企业东洋建设获得迪拉瓦港建设权，工程于 2016 年动工，由日本工营有限公司负责施工监理。

2019 年，迪拉瓦港举行集装箱码头启用仪式。迪拉瓦港经改造后超过仰光港②，成为缅甸最大深水港。迪拉瓦港容许吃水最深 10 米，可供 2000 标准箱集装箱船靠港；迪拉瓦港每年停靠货船约 7300 艘，是仰光港的 1.7 倍。③ 迪拉瓦港由缅甸港务局所有，缅甸港务局将仰光港和迪拉瓦港一并管理，故又称仰光—迪拉瓦港区。

日本与缅甸达成特许经营协议，获得 2064 年之前迪拉瓦港 30 区块、31 区块与码头的使用权。日本海外交通与城市开发项目支持机构、日本迪拉瓦国际散货码头运营公司④、日本上组有限公司中标获得经营权。⑤ 日缅双方还约定，只要得到缅甸投资委员会认可，上述允许日本特许经营迪拉瓦港码头的合同可再顺延两个 10 年。⑥

2015 年，迪拉瓦经济特区启动运营。目前，该经济特区有超过 120 家企业入驻，一半以上是日本企业。缅甸"Eleven Media Group"发布报告称，该经济特区已经吸引日本、新加坡、中国、泰国、阿联酋、巴拿马、马来西亚、韩国等 10 余个国家的公司入驻；主要产

---

① "日本免除缅甸巨额债务并提供新援助"，路透社，2013 年 5 月 27 日，https：//www. reuters. com/article/myanmar – japan – abe – idCNCNE94Q03A20130527。（上网时间：2022 年 2 月 10 日）

② 仰光港最多容纳排水量 1.5 万吨的货船。

③《缅甸完成迪拉瓦港扩容工作》，中国香港贸发局，2020 年 12 月 8 日，https：//research. hktdc. com/sc/article/NjExMjE0MjA2。（上网时间：2022 年 2 月 10 日）

④ 其于 2017 年成立，由三菱商事、上组等共同出资成立。

⑤ 石見和久，「ミャンマーの玄関口ティラワ多目的ターミナル」、『港湾』、2019 年第 2 期、第 38 頁、https：//www. phaj. or. jp/distribution/lib/world_watching/Asia/1902225. pdf；冈田慎平，「ミャンマーティラワ港バルク専用ターミナルIBTTの始動」、『港湾』、2020 年第 2 期、第 36 頁、https：//www. phaj. or. jp/distribution/lib/world_watching/Asia/2002pdf. pdf。（上网时间：2022 年 2 月 10 日）

⑥ 冈田慎平，「ミャンマーティラワ港バルク専用ターミナルIBTTの始動」、『港湾』、2020 年第 2 期、第 36 頁、https：//www. phaj. or. jp/distribution/lib/world_watching/Asia/2002pdf. pdf。（上网时间：2022 年 2 月 10 日）

业是汽车组装与零件制造，钢铁、水泥等建筑材料，化肥与农机厂，以及饮料、食品加工、制药和医疗器械等。与外资参与的缅甸另外两大港城一体化项目土瓦、皎漂相比，迪拉瓦进展最快，成效也最为显著。

二、路径分析：战略预置与推进落实

（一）细致而持续的规划调查

为科学选址、科学规划，日本在迪拉瓦港城项目启动前，共开展了三轮规划调查。2012年8月，日本给出的项目规划方案提出：迪拉瓦港—产业园—城市一体化开发，官民一体解决港口设施建设和运营问题，利用日本技术实现高效的码头运营管理。日本在出具该规划方案时给出了如下依据：2011年以来，缅甸集运吞吐量年增长率达到15%，并且将随着缅甸经济发展而继续快速增长。缅甸90%的货物吞吐经过仰光港，而仰光港发展后劲不足，恐将成为缅甸经济增长瓶颈。具体看，一是仰光地处繁华区域、已开发多年，港城缺乏拓展空间；二是仰光港水深较浅，船舶出入港目前需要等待潮汐变化，再挖深和清淤的难度大。因此，将仰光—迪拉瓦经济圈内的迪拉瓦港建设成为多功能国际港与经济特区是最佳选择。此方案中，迪拉瓦港不仅包括集装箱码头，还规划了干散货码头，迪拉瓦港功能定位是多功能国际大港。回溯看，日方给出的分析判断基本是准确的。缅甸大米、玉米等谷物出口额在2009年后持续增长。以大米为例，2009年全年出口60万吨左右，到2016年峰值时已经达到340万吨。[①]

在项目开发建设过程中，规划调查仍持续进行，起到了引领项目推

---

① 冈田慎平，「ミャンマーティラワ港バルク専用ターミナルIBTTの始動」、『港湾』、2020年第2期、第36页、https：//www.phaj.or.jp/distribution/lib/world_watching/Asia/2002pdf.pdf。（上网时间：2022年2月10日）

进方向的作用。截至2019年,日本对迪拉瓦共开展九轮规划调查,包括港口基建、港口竞争力、码头扩建、港口信息化、集装箱港升级、港口技术升级、港口向内陆腹地的联通等方方面面。①

日本承接的规划调查项目还向缅甸国家综合交通规划延伸。在2016年开展的缅甸全国交通物流规划中,日本提出,缅甸经济快速增长带动仰光港货运量急剧增长,但基础设施落后难以匹配贸易增长需求。之前缅甸未实施开放政策,物流交通网络老化、运营管理不善。如果未来货物进出口继续增长,既有物流网就有系统性崩溃的风险。日本建议缅甸政府,一是强化运输网络建设,要特别重视港口能力建设;二是优化地处内陆的第二大城市曼德勒与仰光之间的交通;三是加强与邻国之间的跨境互联互通。② 之后,日本顺利拿到仰光—曼德勒铁路升级工程,该铁路建设所需设备和原材料的运输又提高了迪拉瓦港的吞吐量。

(二) 全面的营商环境塑造

作为对外开放较晚的发展中国家,缅甸涉外法制机制相对落后。日本注重以具体项目带动投资环境建设,以具体项目协同推进营商环境改造,以日本模式和标准塑造对象国。2012年至今,日本国土交通省每年主办1次到2次日缅项目磋商会,在日本和缅甸轮流召开并邀请缅甸驻日大使、缅甸交通部长、缅甸港湾公司总裁等参会。该会议成为双方交流信息、加强互信,日本对缅甸推广日本技术、模式优势的平台。2012年11月召开的东京会议上,日本邀请缅甸港湾公司总裁介绍缅甸航运发展情况以及缅甸对迪拉瓦港项目发展的考虑;日本疏浚开垦协会介绍日本的工程机械技术,如软地改良和导管架施工等。缅甸交通部长还在致辞中感谢了日本的热情

---

① JICA 网站,https://www.jica.go.jp/ja/evaluation/pdf/2013_MY‐P3_1_s.pdf; https://www.jica.go.jp/myanmar/office/activities/fs/01/seminar/ku57pq00001diuj7‐att/summary_j_2013.pdf。(上网时间:2022年2月10日)

② JICA 网站,https://www.jica.go.jp/myanmar/office/activities/investigation/ku57pq00002bwa0g‐att/01_newsletter_201607.pdf。(上网时间:2022年2月10日)

接待。① 2014 年召开的磋商会，吸引缅甸交通部长等缅方高级别官员和日本企业界代表 140 余人参加。②

2013 年，在日本推动下，日本与缅甸建立日缅联合倡议，设置进出口、汽车和运输、税务、金融和保险、劳工、商务环境 6 个工作组。在 2019 年举行的该倡议第 7 次全体会议上，缅甸计财部副部长赛昂在发言中表示，"缅甸将进一步提高政府程序透明度和规范化，努力改善投资环境"。此外，JICA 为提高缅甸特区管委会管理水平，组织缅甸工作人员接受进出口货物统计、通关、物流管理等相关技能培训，支持组建产业园一站式服务中心以推进招商引资。

迪拉瓦港城项目合作开启后，日本推动缅甸修订和颁布《经济特区法》，塑造缅甸建设涉外经济特区的模式、标准。日本大和综研和日本交易所集团协助缅甸创办首家证券交易市场，日资投资比例达 49%，迪拉瓦港城项目在此率先上市。日资保险公司为迪拉瓦港开发提供工程保险服务，日本律师事务所在缅甸开设分所，为在缅甸经营的日企提供法律与政策服务，日本森·浜田松本法律事务所的武川丈士被聘为迪拉瓦经济特区管委会法律顾问。2017 年，日本大型国际物流公司日本通运公司入驻迪拉瓦经济特区。

（三）投资主体与融资方式

迪拉瓦经济特区采取政府和社会资本合作模式。2014 年，日缅共同持股的缅甸—日本迪拉瓦开发公司成立，负责迪拉瓦经济特区的开发和运营。日本政府通过 JICA 持股 10%，日本企业共持股 39%；缅甸政府通过特区管委会持股 10%，缅甸企业共持股 41%。这使得两国政府和企业利益深度捆绑，并淡化了该项目的"外国投资"色彩。日本企业方面，由三菱商事、丸红和住友商事持股；缅甸方面由 9 家股份公司出资，同时通过公开发行股票的方式吸引来自缅甸

---

① 『第 4 回　海外港湾物流プロジェクト協議会』（2013）、https：//www.mlit.go.jp/common/001005163.pdf。（上网时间：2022 年 2 月 10 日）
② 『第 5 回　海外港湾物流プロジェクト協議会』（2014）、https：//www.mlit.go.jp/common/001032885.pdf。（上网时间：2022 年 2 月 10 日）

民众和公司的资金。迪拉瓦经济特区开发项目有近1.8万股东,股票价格在发行后的两年内上涨了6倍。①这反映了各方对该项目乐观的预期,也强化了日缅合作的动力。港口方面,日本住友商事、丰田通商投资了迪拉瓦港的建设和运营。

项目的开展离不开金融的支持。作为日本三大银行的三菱东京UFJ、瑞穗、三井住友给予在迪拉瓦经济特区开展业务的日本企业以融资和贸易结算等支持。这三大日资银行承诺,对迪拉瓦项目提供支持,"官民一体"促进日本企业进驻缅甸。②

日本贸易保险为投资建设、运营迪拉瓦港城项目的日本住友商事、丰田通商提供担保服务,认为"通过支持迪拉瓦港项目,有助于解决在缅投资日企的国际物流瓶颈","该举措是日本企业利用其在发展中国家的经验,为解决伙伴国面临问题所做出切实贡献的举措,符合日本'基础设施系统出口战略',该项目对于日本政策性金融机构日本贸易保险而言是意义重大的项目"。③

(四) 日本模式、标准的推广与本地化

日本在建设施工、信息化运营等各环节持续、广泛地推广日本模式和标准。2008年缅甸遭受"纳尔吉斯"飓风而受灾严重,超过13.5万人死亡或失踪,仰光港99艘船舶沉没,整个港口遭破坏,还发生了次生灾害,这深化了缅甸对港口安全的关切。日本工营公司缅甸仰光港开发事务所所长兼缅甸光荣国际公司社长石见和久撰文宣传,"日本在迪拉瓦港工程中使用了日本生产的抗震龙门起重机,践行了日本国内施工安全标准,运用了日本疏浚和加固堤

---

① 范伊伊:"日本援助促进日企在缅甸开发经济特区的启示",国际发展与援助网,https: //caidev. org. cn/news/1045。(上网时间:2022年2月10日)
② "日本3大银行参与投资缅甸迪拉瓦经济特区",《日本经济新闻》,2014年12月3日,https: //cn. nikkei. com/politicsaeconomy/investtrade/12129 – 20141203. html。(上网时间:2022年2月10日)
③ 日本贸易保险网站,https: //www. nexi. go. jp/topics/newsrelease/2019061001. html。(上网时间:2022年2月10日)

坝的经验"①，以此突出日本施工技术是港口安全的保证，由日本施工的项目是高质量的典范。

2015年，日本与缅甸缔结无偿资源援助协议，由日本日立解决方案有限公司实施迪拉瓦港的港口电子数据交换系统开发，该信息系统于2018年投入使用。这成为日本在东南亚各国推广日式港口信息系统的首个成功案例。

日本在项目推进中注重将日本模式推广与本地化相结合。经营迪拉瓦港码头的迪拉瓦国际散货码头运营公司由日资持有，管理层以日本人为主，但是员工超过一半是缅甸人，达到40人左右。迪拉瓦国际散货码头运营公司企划经理兼营销主管冈田慎平指出："雇佣当地人，顺畅了日企与当地的沟通。"②

三、风险防控分析：内部风险、外部风险、社会风险、经济风险

在缅甸投资所面临的风险复杂，可能遭遇所有类型的海外风险，包括国际环境变化、政治动荡、民众反对、地方势力阻挠、经济不稳定等。日本在应突、处突上积累了一定经验，在规避政治风险、外部风险、社会风险、经济风险上取得一定成效。

（一）应对内部风险

缅甸发生过多次政变，为确保缅甸政府对项目的支持，日本谨慎政治表态，同时多面下注。日本与缅甸各股政治力量之间保持建设性接触，以维护日缅关系的相对稳定，使项目少遭政治变动波及。首先，日

---

① 石見和久、「ミャンマーの玄関口ティラワ多目的ターミナル」、『港湾』、2019年第2期、第38頁、https://www.phaj.or.jp/distribution/lib/world_watching/Asia/1902225.pdf。(上网时间：2022年2月10日)

② 冈田慎平、「ミャンマーティラワ港バルク専用ターミナルIBTTの始動」、『港湾』、2020年第2期、第37頁、https://www.phaj.or.jp/distribution/lib/world_watching/Asia/2002pdf.pdf。(上网时间：2022年2月10日)

本在谨慎对缅甸内政表态的同时，保持着与军方、民族地方武装的接触。至2022年的十年以来，日本日缅协会会长渡边秀央至少与缅甸军方领导人昂敏莱接触50次以上，巩固了与缅甸军方渠道的通畅。日本财团会长笹川阳平受日本政府委派，在缅甸广泛活动，2013年就任"缅甸民族和解特别代表"以来，多次与民族地方武装接触，得到缅甸领导人登盛的信任。在美国松动对缅甸制裁前夕的2011年末，登盛会见笹川阳平，意在通过笹川阳平向日本传达欢迎日本加大力度对缅甸投资的讯息。①

日本也注重与缅甸政治力量的利益捆绑。迪拉瓦港城项目中，缅甸占股51%，缅甸政商界广泛参与，特区地价和股价上涨使所有股东享受到红利，这让缅甸政界、商界乐于在迪拉瓦港城项目向好发展中发挥积极作用。

（二）应对外部风险

因缅甸政局变化而产生的国际制裁风险是最大的外部风险。20世纪80年代以来，美西方对缅甸实施多轮制裁，日本曾经停止对缅甸的政府贷款，但为了留有余地，日本低调保留了对缅甸无偿资金援助和技术援助，虽然后者仅为数十亿日元的规模，而前者达到数千亿日元规模。②

日本在缅甸的经济利益广泛，与缅甸的经济合作难以完全绕开有军方背景的企业。2019年8月，联合国人权理事会"缅甸事实调查团"发布《缅军的经济利益》报告指出，包括8家日本企业在内的80家外国企业与缅甸军方有商业往来，呼吁施以国际制裁。日本对此极力辩解称，日方的做法旨在"保护缅甸来之不易的民主化成果"。

---

① 「ミャンマー、日本企業に進出要請」、『日本経済新聞』、2011年12月14日、https://www.nikkei.com/article/DGXNASGM14066_U1A211C1FF2000/。（上网时间：2022年2月10日）

② 「恐怖と混迷のミャンマー　立ち尽くす日本企業」、『日本経済新聞』、2021年6月21日、https://www.nikkei.com/article/DGXZQOUC176F30X10C21A6000000/。（上网时间：2022年2月10日）

第四章　日本海外港口开发战略特点与案例研究

日本一直在对外宣传中编织"日本逻辑"。2017年罗兴亚人危机中，日本外相河野太郎在《华盛顿邮报》上撰文发声，"不巩固缅甸民主、人权就无法实现若开邦和平、稳定，国际社会切不可葬送缅甸民主演变"。2021年缅甸军人政变后，日缅协会呼吁："日本必须扮演缅军方与美国等民主国家之间的桥梁，而不是盲从西方政策"，"日本必须实现历史使命，引导缅甸军政府造福于自由、开放的印太"。曾在缅甸迪拉瓦经济特区工作的日本律师受访表示，"突然撤资将损害缅甸员工的切身权益。企业在当地努力经营是改善缅人权状况的具体举措"。[①]缅甸《伊洛瓦底报》一针见血地指出，正当西方国家因若开邦人权危机开始远离缅甸，日本则因为缅甸在东南亚的战略位置，反而加速与缅甸的合作。[②]

日本深知美国是制裁主导者，故努力宣称自身扮演着"平衡"中国"一带一路"的角色。日本官员多次公开鼓吹，一味对缅甸制裁只会将缅甸推向中国，因此日本需要保留对缅甸的经营。日本参与迪拉瓦港城项目显然早于日本"印太战略"的提出，但是日本为对美输诚，将日本海外港口开发实践纳入"印太战略"框架，将其包装为与美国战略对接，以及在美日澳印"四边机制"框架内的国际基础设施合作项目，为自身行为寻求在西方地缘竞争话语中的"合法性"。2019年，在日本推动下，"美日缅三方尽责投资论坛"召开，昂山素季出席。2021年缅甸军人接管政权后，美国对缅甸立场和手法相较以往有微妙变化，这其中难掩日本的"努力"。

此外，日本取道第三国，低调对缅甸投资。虽然公开统计看，日本对缅甸投资少于新加坡、中国、泰国，但实际上不少日本企业与泰国、

[①] 「外資企業がミャンマーにとどまる意義　帰還弁護士が語る」、『日本経済新聞』、2021年11月10日，https://www.nikkei.com/article/DGXZQOGH0924L0Z01C21A0000000/。（上网时间：2022年2月10日）

[②] "Burma, Japan Reveals Full Commitment to Myanmar's Dawei SEZ", The Irrawaddy, February 18, 2021, https://www.thenewslens.com/article/143741. （上网时间：2022年2月10日）

新加坡合资后再投资缅甸，这部分并没有计入日本对缅投资额。因此，日本对缅投资总额被大幅低估。

（三）应对社会风险

一是积极应诉，确保"程序正义"。迪拉瓦港城开发中的征地等敏感事宜由特区管委会出面而非以日本名义出面处理。特区移民安置工作计划的编制与审批等由管委会负责。JICA 为此特别为特区管委会工作人员设计了"征地与处理公共关系"培训。[①]

JICA 根据《援助项目环境社会影响指南》评价标准，将迪拉瓦经济特区下不同阶段的项目分为环境社会影响大和较大的 A 和 B 两类，并主动向缅甸民众公示项目评价情况。《援助项目环境社会影响指南》2004 年由 JICA 发布并于 2010 年更新，是日本海外项目分级分类管理的依据之一。2014 年 6 月，JICA 审查员收到 3 位"受项目影响的人"的投诉。投诉内容包括土地、水资源、返贫、教育、就业等。JICA 迅速响应，组织专家开展调查。JICA 给出的结论是：项目没有违规之处，但同意改进工作。这一结论并没有得到当地村民的认可。2015 年，200 多个利益相关者与 JICA 专家谈判，JICA 为更好应对谈判，出台了"迪拉瓦经济特区投诉管理程序"。虽然该案经历 6 年难以结案，日本没有给出令人满意的最终答复，但 JICA 处理回应及时、态度端正，保持"程序正义"，因此没有激化矛盾使其向不可控方向发展，没有酿成更大的当地社会信任危机，也没有形成针对日本的负面舆情潮。此外，所有股东之中，只有 JICA 设立了正式的申诉应诉机制，非但没有使缅甸民众将怨气全部撒在日本身上，反而使 JICA 在应诉中树立了"科学、规划、专业"的形象。

二是主动作为，注重发挥民生工程的涓滴效应。2013 年至今，日本围绕迪拉瓦港城项目，以无偿援助或政府低息贷款的方式开展了多

---

① 李冬雪、王兴平："日本国际合作园区移民安置工作计划的经验与启示——以缅甸迪洛瓦经济特区为例"，《规划师》2021 年第 10 期，第 75—81 页；帝和："缅甸迪洛瓦港口国际物流发展研究"，广西大学硕士论文，2019 年。

个周边项目。这些周边项目规模小、投资少,但社会影响大、反馈好。

表4-8 日本对缅甸援助项目(2013—2020年,民生)

时间	项目名称	性质	投资(日元)
2013年	迪拉瓦地区电力基础设施改造	政府贷款	200.00亿
2015年	迪拉瓦地区电力基础设施改造	政府贷款	147.50亿
2015年	仰光港信息化升级	无偿援助	17.20亿
2018年	曼德勒港(河港)改造	无偿援助	60.30亿
2020年	仰光河航道标识改造	无偿援助	13.99亿

资料来源:根据JICA网站相关资料自制。

一系列民生工程有利于提高缅甸民众对迪拉瓦港城等商业开发项目的认可,也有助于推动商业项目的可持续发展。例如,在电力基础设施改造的项目书中,JICA指出,迪拉瓦地区电力供应不足将导致该地区民众生活质量和港口运营效率下降,电力基础设施改造适度提前有助于迪拉瓦港城项目运营。[①] 其他项目也成为迪拉瓦港良性运转的有力支撑,包括仰光河航道标识改造、曼德勒港(河港)改造、仰光港信息化升级等。

(四)应对经济风险

注重平衡风险和利益是日本海外港口开发战略特点之一,在迪拉瓦地区电力基础设施改造项目的开发中,日本坚持不冒进。在项目建设规模上,最初缅甸希望将迪拉瓦建设成20平方千米的"大项目",而日本认为一期建设不宜过大,应逐步开发,仅建议规划2平方千

[①] JICA 网站,https://www.jica.go.jp/oda/project/MY-P3/index.html; https://www.jica.go.jp/oda/project/MY-P11/index.html; https://www.jica.go.jp/oda/project/1460900/index.html; https://www.jica.go.jp/oda/project/1760630/index.html; https://www.jica.go.jp/press/2020/20200702_10.html; https://www.jica.go.jp/ja/evaluation/pdf/2020_1960550_1_s.pdf。(上网时间:2022年2月10日)

米，最后在双方协商之下日本才同意一期建设4平方千米。[1] 日本考虑控制风险、边建边改，将一期建设与运营的经验与教训运用到后续项目当中。

在项目建设节奏上，2015年，缅甸领导人登盛提出，希望日本加快扩建，以展示自己执政时期内缅甸经济发展成果，为自己助选。但日本对此持谨慎态度，直到2016年才同意扩建。

本章小结

本章以当前日本海外港口开发战略特点为主要研究对象，兼顾其历史传承，总结出日本海外港口开发战略特点为："新官民一体"、利益与风险平衡、港口强国身份建构。以日本海外港口开发标志性项目——缅甸迪拉瓦港城项目为案例，印证日本海外港口开发战略特点。

第一，新官民一体。官民一体是日本推进、落实内外战略的惯用手法。日本海外港口开发中官民一体之新体现为"首脑营销"与"高官营销"空前活跃、官民一体体制机制创新，以及从对外援助走向对外援助+政府和社会资本合作模式升级。新官民一体更加注重差异性发挥各类民间主体的主观能动性，包括运用综合商社海外经验、金融、法律、税务等服务业同步出海等。官民协作推进港口外交和战略设计前置是最广义的官民一体。

第二，利益与风险平衡。这制约了日本海外港口开发的速度，但同时有助于规避海外项目的风险。这既是日本海外港口开发推进较缓的原因，也是其持续推进终成当前布局的缘由。日本对海外港口规划选址、建设进度把握极其谨慎，认为项目过热、过大是风险而非机遇，官民多主体可以在地缘竞争冲动和商业逐利逻辑的矛盾中互相制衡，达到动态平衡。日本没有积极推进海外港口开发第三方合作的意愿与实践，但乐

---

[1] 刘鹏："缅甸迪洛瓦经济特区何以脱颖而出"，《世界知识》2020年第4期，第73页。

于在政策、技术、标准引领上与其他港口强国协调合作。

第三，港口强国身份建构。日本构建港口规划、建设、运营强国"人设"，途径规划强国"人设"实至名归。日本正努力构建港口建设强国"人设"，既包括抗灾减灾等传统工程技术口碑之树立，也包括绿色化、信息化、标准化引领者形象之塑造。在碳中和以及全球气候灾害频发背景下，绿色化、信息化、标准化可能成为新的竞争优势所在。虽港口运营强国"人设"不尽如人意，但日本正在地缘与经济竞争双驱动下着力推广日式数字标准，构建日本主导的区域数据网络，抢夺港口信息化赛点。此外，所谓"普世价值"国家身份建构也是日本推进包括海外港口开发在内的对外战略手段。

第五章

日本海外港口开发战略目标及驱动因素

> 唯物辩证法认为外因是变化的条件，内因是变化的根据，外因通过内因而起作用。
>
> ——毛泽东①

近现代以来，日本着力海外港口支点的控制和经营；二战战败后，日本倚重海外港口开发。日本持续"以港织网"，源于其四面环海的地理属性，对所处国际环境地缘海缘属性的认知、对港口战略价值的认知，以及长期以来运用港口资源有效推进对外战略的实践。日本海外港口开发战略具有通道安全、资源能源安全、经济利益、国际产业分工、海外市场、政治诉求、地缘竞争等多重战略目标，海外港口开发是日本经济战略、海洋战略、地缘战略的交汇所在。从向海而生、向海图强到制造陆海对立，国家"海洋观"的变化是日本海外港口开发战略目标背后的驱动因素，即原因的原因。

第一节 "海洋国家"日本的经济安全战略

向海而生的国家关切海外港口支点，而日本向海而生的国家历史并

---

① 毛泽东：《毛泽东选集（第一卷）》，人民出版社1991年版，第302页。

第五章 日本海外港口开发战略目标及驱动因素

不漫长。明治维新时期,生产力变革和国家战略转型促使日本从岛国向"海洋国家"转变。二战前,日本走向海洋,兼具强国建设和对外侵略扩张双重目标。二战后至20世纪70年代,维护海上通道安全和海外资源能源供给安全成为"海洋国家"日本的国家经济安全战略的主要内容。

一、从岛国到"海洋国家"

古代日本经济生活基本自给自足,跨海交流偏向追求政治文化制度给养而非进口物质必需品。工业革命以来,战略性资源能源的外延发生深刻变化,日本经济"两头在外",海洋成为日本的"海上生命线"。

马克思指出,"外界自然条件在经济上可以分为两类。一是生活资料的自然富源,例如土壤的肥力、渔产丰富的水域等;二是劳动资料的自然富源,如奔腾的瀑布、可以航行的河流、森林、金属、煤炭等。在文化初期,第一类自然富源具有决定性的意义;在较高的发展阶段,第二类自然富源具有决定性的意义"。过分富饶的自然,"使人离不开自然的手","他不能使人自身发展成为一种自然必然性"。[①]

古希腊没有像两河流域、尼罗河流域、印度河流域、长江流域、黄河流域那样富饶的自然富源,于是充分利用了一个有前景的第二类自然富源——海洋。[②] 而日本在漫长的历史中,直至近现代,都并不符合不能自给自足之标准。换言之,古代日本是一个经济生活基本自给自足的"单元"。

日本气候适宜农业发展,又因四面环海渔业得以长足发展,粮食与人口基本平衡。从工业革命以前的国家战略资源储备来看,日本森林、铁矿、金矿、银矿、铜矿等资源贮藏丰富,并不是资源贫瘠国。从"倭寇时代"到"锁国时代"期间,日本是世界上屈指可数的金、银、铜

[①] 中共中央马克思恩格斯列宁斯大林编译局译:《马克思恩格斯全集(第23卷)》,人民出版社1972年版,第560页。

[②] 张炜:《海洋变局5000年》,北京大学出版社2021年版,第103页。

产地和重要出口国。清代中国依赖从日本进口铜资源，从1684年至1840年（康熙年间到鸦片战争前夕）的150多年间，中日两国铜交易量达3.2亿斤。①日本也是东亚唯一一个凭长期国内矿产就能支持铸币的国家。虽然日本也需要通过对外贸易来获得生丝、瓷器等物资，以及通过与中国的跨海交流来全面学习提升"国家品位"，但总体上看，对外贸易之于古代日本是锦上添花，而非关乎生死存亡。

因此，在被迫开国开港之前，日本没有像亚欧大陆另一侧翼上最重要的滨外岛②——英国那样，义无反顾地走向海洋。日本从前并不具备腓尼基人、希腊人等地中海沿岸民族，以及北欧维京海盗或大英帝国民众那样扩张性的海洋性格特征。有些耳熟能详的观点，如海运长期承载日本货物运输总量的99.6%③、海上交通线是日本"海上生命线"等，则是日本近现代以来才逐渐形成的生产关系。放在历史的维度审视，日本长期是岛国而非"海洋国家"。

有西方学者认为，以海运、海上贸易来看，江户时代开始，日本从岛国向"海洋国家"转变。④这有两层含义，一是承认古代日本是岛国而非"海洋国家"；二是认为江户时代是日本开始向"海洋国家"转变的时间节点。其依据是16世纪开始，日本来自贸易和运输的税收超过了其农业税收；比例最高的单项税收和贡品来自海洋。其实这种观点有待推敲。江户时代的日本闭关锁国，禁止建造80吨以上的大型船舶，禁止大型船舶进行国际贸易，其港口几乎都是以栈桥连接的"凑"或"泊"，并非真正能大规模卸货的"港"。当时日本内贸海运发达，形成了一批繁荣的内

---

① 任鸿章：《棹铜与清代前期的中日贸易》，引自东北地区中日关系史研究会编：《中日关系史论丛（第一辑）》，辽宁人民出版社1982年版，第69页。

② 滨外岛概念的提出者是斯皮克曼。

③ 参见日本《海洋状况与海洋政策落实情况年度报告》，日本出台该报告以来多次发布该数据。『海洋状況及海洋の状況及び海洋に関して講じた施策』（2018），第88页，https://www.cao.go.jp/ocean/info/annual/h30_annual/h30_annual.html。（上网时间：2019年6月10日）

④ [法]弗朗索瓦·吉普鲁著，龚华燕、龙雪飞译：《亚洲的地中海：13—21世纪中国、日本、东南亚商埠与贸易圈》，新世纪出版社2014年版，第103页。

贸港。看似来自海上贸易的收入实则主要由内贸构成，因此仅看粗线条的国家收入构成并不能证明日本已经从岛国转变为"海洋国家"。

也有日本学者持相似观点，认为17世纪（江户时代）开始，日本与东南亚国家有较大规模的贸易往来。[①] 1604年至1635年，日本"朱印船"贸易355艘次，包括载人300多的大船。这一时期日本对外商品贸易活跃，主要原因是趁中国明末大乱抢占国际瓷器市场。这些贸易并没有改变日本江户时代闭关锁国的根本属性，因此，此时的日本还没有实现从岛国到"海洋国家"的本质转变。

转变发生在明治时期。日本大和民族从京都地区起步，逐步控制本州、九州、四国，到了近代终于将政权管辖范围延伸至北海道，形成了现代日本版图的雏形。1876年（明治九年），日本天皇乘坐"明治丸"号赴政权初定的北海道视察，并于7月20日回到横滨港。1941年，为了纪念1876年明治天皇的考察，日本正式决定将7月20日设为国家"海之日"。1876年天皇出海被视为是日本从岛国走向"海洋国家"的象征和标志。

二、走向海洋源于生产力变革和国家战略转型

1876年天皇出海考察是日本从岛国走向"海洋国家"的直接标志，生产力变革和国家战略转型则是日本从岛国走向"海洋国家"的根本原因。明治维新时期的海洋战略思想变革加速了上述进程。具体讲，工业革命和能源革命后，日本从海外获得当时的新兴战略性资源能源维系其国家发展和安全，对外侵略扩张欲壑难填。

明治维新后，日本国家战略全面追随西方，提出了"富国强兵""殖产兴业"等国家现代化、工业化政策目标。从甲午战争、日俄战争再到两次世界大战，日本认识到钢铁、造船等重工业对于国家发展至关重要。

[①] 西川吉光、『日本の外交戦略—歴史に学べ海洋国家日本の進路と指針』、晃洋書房2012年版、第62頁。

甲午战争、日俄战争前后，日本经济结构由第一产业为主向第二产业为主升级。伴随着全球工业革命与能源革命交融演进，第二产业从最初的以棉、绢、化纤等纺织轻工业和炼铜①工业为主向以重化工业为主转型。铁矿石、石油、煤炭等新兴战略资源需求大幅增长，成为国家现代化的必需品。日本由此转变为新兴战略资源能源的贫瘠国，不再能实现战略资源自给自足，更没有余力出口，海上贸易通道遂成为确保其发展与安全的"生命线"。

攫取资源能源成为日本开启海外贸易与跨海侵略扩张的原动力。无论是北上"经营朝鲜、满蒙"，还是南下侵略东南亚、南亚，寻找煤炭、石油、铁矿始终是其不变的诉求。上述资源能源源源不断地运往日本，支撑其现代化工业起步，也支撑其不断膨胀的战争野心。以1940年为例，日本石油几乎全部依赖进口，70%来自美国，20%来自印尼（日本称"兰印"），10%来自中近东。② 因此，美国宣布对日本石油禁运，相当于扼住日本命门，日本遂铤而走险发动"珍珠港事件"。侵略扩张之路虽然失败，但是给日本留下了寻求海外能源资源才能强国的经济逻辑，以及向海而生的"海洋国家"思想烙印。

此外，人口高速增长也使日本粮食自给自足的平衡被打破，③ 粮食进口同样必须依赖海上通道。因此说，战略性资源能源贸易是日本走向海洋、谋求获取海外支点的原动力。

三、服务于经济安全战略的海外港口开发

二战战败后，日本经济百废待兴。石油、煤炭、粮食等战略性资源

---

① 日本是铜资源丰富的国家。
② 曾村保信、『海の生命線と日本の決意』、自由民主党広報委员会出版局1968年版。
③ 明治维新后日本人口爆炸式增长，国内粮食已不能自给自足，因此出现了"伪满洲开拓团"等大批向外移民的状况。虽然二战使日本人口总量出现短暂下降，但明治维新以来的人口增长态势一直到2000年左右才触顶。日本从明治维新开始一直是粮食进口大国，这也是"海上生命线"的意涵之一。

第五章 日本海外港口开发战略目标及驱动因素

能源仍然是国家现代化乃至生存的必需品,日本仍然是上述战略性资源能源的贫瘠国,这一结构性矛盾没有变化。对于以重化工业拉动国家经济复苏的日本来说,确保初级产业安全是国家命脉所在。随着战后经济复苏并迎来高速增长,20世纪70—80年代,日本明确提出经济安全最主要目的是确保资源能源安全,即确保资源能源海外供给安全和海上通道安全。[1] 1982年通产省(现为经济产业省)指示产业构造审议会制定的报告书《确定经济安全》中指出,要确保资源能源等通过海运稳定供应。[2]

"一线(海上航线)两点(国内港口支点与海外港口支点)"逐步成为日本战略关切。回顾学界的探讨,可一窥日本战略考量。20世纪60—80年代,日本学界形成探讨"海上生命线"的高潮,公认日本以贸易立国,石油、粮食、铁矿石等战略资源能源必须通过海运抵达日本,海上通道就是日本的"海上生命线"。海上通道不畅,海盗、灾害、沿岸国局势不稳等航道安全挑战,以及国际海事规则、国际海运运价是日本国家重大关切。日本对于海外港口重要战略价值的认识则是不断深化的。

20世纪60年代,对于港口战略价值的探讨尚止步于港航学者、经济学者,如日本港航问题专家北见俊郎提出,外向型经济发展由自身经济结构与全球化两大变量驱动,日本经济发展以外贸与工业化为两轴,港口是其中关键支点。[3] 但这种认识尚没有"破圈"。日本战略学界虽然认识到二战后制海权跟旧时代的传统制海权不同,应该既包括战时保障又包括平时保障,但提出的战略路径集中于"构筑美日同盟框架下的1000海里防卫圈"。[4]

---

[1] 「経審、2000年展望の2分野で報告書——地域開発・社会資本整備と経済安全保障」、『日本経済新聞』、1982年5月5日。

[2] 「産構審の経済安保報告の要旨」、『日本経済新聞』、1982年4月29日。

[3] 海運系新論集刊行会、『海運と港湾の新しい発展のために』、同文館1964年版、第481-500頁。

[4] 曽村保信、『海の生命線と日本の決意』、自由民主党広報委員会出版局、1968年版。此书收录了阿曽沼广乡、高坂正尧、田久保忠卫、曽村保信、日野一阳等代表性学者的观点。

随着探讨的逐步深入，港口支点重要性被逐步认识。日本知名地缘战略学者曾村保信的思想变化具有一定代表性。20 世纪六七十年代，曾村保信的基本观点是，日本海上通道安全约等于海上传统军事安全。① 但在 1988 年出版的《海的政治学》一书中，曾村保信除了重申 21 世纪是太平洋世纪，太平洋特点之一是岛屿众多、岛国众多，与太平洋岛国和沿海国家外交对日本至关重要；更提出"1000 海里防卫圈"并不能确保日本"海上生命线"安全，因为海洋和陆地不同，没有绝对的控制和排他，也没有绝对的安全。公海是公域，而海上通道两端才是要紧之处，在确保日本这一端港湾安全的同时，也要关注另一端的港湾安全。日本学者对港口战略重要性的认识达到"科贝特水平"。当然，曾村保信也有超越朱利安·科贝特之处。其具体建议到，日本应保持与沿岸国的友好关系，一方面要推动军事安全合作，另一方面要多多援助对象国港口建设以及造船业等相关产业发展，如此，才能确保安心抵达并且可以利用的补给港、中转港越来越多，这才是海事外交的最高境界。② 这一建议至今看来仍十分中肯。

在国家经济安全的战略考量以及经济安全战略的引领下，日本这一时期的海外港口开发侧重保障资源能源供给安全。因此，在资源能源供给地和海运咽喉要道投入最多。对于资源能源安全的关切是日本首个海外港口开发项目聚焦印度铁矿石港的重要背景。日本港口协会对此直言不讳，该项目旨在"从印度进口铁矿石"。③ 对于通道安全的关切，也是日本优先与新加坡、埃及、巴拿马等扼守海峡咽喉的国家加强港口开发合作的主要原因。

第一，资源能源关切。铁矿石、石油是日本经济腾飞、"贸易立

---

① 曾村保信、『海洋と国際政治』、小峯书店 1970 年版；曾村保信、『世界の海をめぐって―近代海洋戦略の変遷』、原书房 1971 年版。
② 曾村保信、『海の政治学―海はだれのものか』、中央公論社 1988 年版、第 242-248 頁。
③ 社团法人日本港湾协会编、『新版日本港湾史』、城山堂书店 2007 年版、第 153 页。笔者注：印度是世界上主要的铁矿石生产国和出口国。

"国"所必需的战略资源。20世纪50—70年代，日本率先对印度洋沿岸的印度、沙特、南非等国家开展资源能源调查与资源能源港开发；随后，巴西、印尼也被纳入其视野。

表5-1 日本海外港口开发规划调查项目分类统计（战略资源港）

序号	年份	对象国	项目名称	项目主体	项目性质
1	1957	印度	铁矿石调查团派遣，铁矿石港口建设调查	—	资源
2	1958	沙特	原油调查施工指导	—	资源
3	1959	印度	拜拉迪尔铁矿矿山开发相关港湾计划	—	资源
4	1962	印度	维沙卡帕特南港初步调查	海外制铁原料委员会	资源
5	1963	印度	维沙卡帕特南港港湾计划调查	海外制铁原料委员会	资源
6	1964	印度	维沙卡帕特南港港湾计划调查	海外制铁原料委员会	资源
7	1967	印度	铁矿石船运调查设施	OTCA	资源
8	1969	巴西	铁矿石船运设施建设调查	OTCA	资源
9	1970	南非	南非铁矿石开发港湾计划调查	三井、三菱	资源
10	1970	印尼	矿产资源基础调查	OTCA	资源

资料来源：根据《新版日本港湾史》相关资料自制。

二战后，中东逐渐成为全球原油供应中心，也成为日本的主要石油来源地。20世纪70年代，石油在日本一次能源消费中所占比重高达75%，而石油消费中80%以上来自中东供给。[①] 中曾根康弘在《没有海

---

① 张季风：《日本经济概论》，中国社会科学出版社2009年版，第214页。

图的航海：石油危机与通产省》①一书中回顾其在石油危机时代担任通产相（经产相）的经历。中曾根康弘回顾日本经济腾飞后，日本中东政策不完全与美国中东政策同频的一面，折射出石油供给安全是日本经济安全的核心关切。整个20世纪70年代是日本对外援助从重视扩大出口向确保国内经济安全转型的阶段，因此也是其对中东港口开发最为重视的阶段。据不完全统计，这一时期，日本向中东地区派出石油港调查团超过30次。

第二，海峡咽喉关切。马六甲海峡、苏伊士运河、巴拿马运河三把遏锁日本"海上生命线"的钥匙是日本战略关注重点。日本虽然难以拿到沿岸港口的运营主导权，但以规划调查切入，并向当地派驻外交官和技术人员，与当地政界和实务界保持良好合作和紧密联系。

在马六甲海峡，日本以对沿岸三国的国家港口发展规划援助以及海事安全合作为主要手段。20世纪70年代初期，日本曾邀请新加坡港口技术人员赴日本学习研修，为新加坡港口发展提供本国经验。到了1980年前后，新加坡实现了港口建设运维技术自主，此后逐渐立足区位优势，引领全球港航业发展。在马来西亚、印尼，日本至今仍广泛推进着海外港口开发全流程介入。

在对苏伊士运河和巴拿马运河的介入上，日本以运河港航发展规划以及项目施工支持为主要手段。20世纪70年代以来，日本为埃及苏伊士运河项目提供了15轮规划咨询，其中苏伊士运河拓宽改造与运维项目有8项，航行安全、港城建设、海河联运、埃及综合水路运输规划与港口开发规划等均有涉及。在苏伊士运河改造工程中，1975—1990年，日本分4批次共向埃及提供800亿日元贷款。1971年至今，对巴拿马的港口规划调查合作也已进行了10轮左右。

至今，日本仍在寻求维护和确保海外资源能源供给安全，但已不再将此作为首要战略考量。经过两次石油危机后，日本一方面重视石油供

---

① 中曾根康弘、『海図のない航海：石油危機と通産省』、日本経済新聞社1975年版。

给分散化，另一方面主动通过国内能源结构转型和产业结构调整减少石油依赖。从日本国内港口开发规划也能窥探一二，虽然日本国内"战略港"战略提及干散货、液体散货码头开发，但政策红利向头部集运港倾斜，对于资源能源港的重视远未回到20世纪五六十年代的重视程度。

当前，日本仍然与关键的海上通道沿岸国保持着友好关系。如，日本延续着向日本驻埃及大使馆派遣港口专责外交官的传统；2021年，日本承接了苏伊士运河管理局海运营销能力提升项目。[①] 然而，虽然通道安全仍广泛地出现在海洋战略、"印太战略"等日本国家战略文件中，但随着几十年来包括海峡安全在内的海上通道安全态势总体可控，通道安全已不再是日本最为重要的战略关切。

2022年日本通过《经济安全保障推进法案》，提出"强化日本国内供应链构筑、确保基础设施安全、推进尖端技术的官民合作研究，以及特定专利的不公开"四大部分内容，"经济安全"的内涵和外延已经发生根本变化。当前日本对于能源资源安全和海峡咽喉安全的投入属于保持性投入，而当前日本战略文件中所提及的"确保资源能源安全、通道安全"，实际是保持在资源能源供给地和通道沿岸国影响力的代名词，指向经济利益与地缘利益。

第二节 "海洋国家"日本的地缘经济战略

日本国内产业转型升级带动着国际产业转移规模的不断壮大。随着国内经济增长陷入低迷，更多日企高度依赖海外市场。作为港口强国，日本敏锐地认识到东亚区域海缘属性，顺势将港口优质产能出口，将港城发展模式出口；同时以海外港口支点布局支撑其国际产业网络布局，将海外港口打造为海外市场节点。日本将在对象国的港口开发战略运用于其区域经济影响力的提升，标志着日本从"向海而生"向"向海图

---

① OCDI主要调查实绩一览，https：//ocdi.or.jp/wp-content/uploads/2021/12/f717b10c2e80f8fcf55dbadd35cc4d4a.pdf。（上网时间：2022年2月10日）

强"演进。

一、海外港口开发是港口优势产能外溢

新兴经济体基础设施缺口巨大，但基建项目投资大、周期长、回报缓慢，制约其内涵发展，迫切需要引入国际合作支持。港口被公认为是国际公共基础设施投资建设的组成部分，其与铁路、公路、电力设施等是一国的经济发展基础，也是通过大型投资拉动一国经济增长的动力。

日本敏锐地察觉到新兴经济体群体性崛起的历史机遇，具有日本官方背景的JICA在网站宣传中指出：发展中国家对公路、铁路、港口和机场等交通基础设施存在巨大的供应缺口，缺口不仅体现在一国的不同城市与地区之间，也出现在不同的国家与地区之间。日本将结合各国连接国内外的客观需求与需求变化，长期深入地提供基建援助。[①]

日本是传统港航强国。明治维新后，日本海运业高速发展，船队规模一度位列全球第三。二战战败后，日本重兴港航业，曾长达半个世纪保持第一大造船国的地位，至今仍是举足轻重的全球港航大国。日本港口强国建设根基深厚、成效显著，在港口强国建设过程中积累了丰富经验、先进技术、人才储备，形成了规模巨大的港口产业和从可行性评估到建设运维、运营管理的成熟模式。

中国"一带一路"问题专家傅梦孜在分析"一带一路"的持续性时提出，超大规模经济具有外溢效应。[②] 港口作为日本的优势产能，走向国际合乎产能外溢的逻辑。何况港口开发建设与项目运营的投资和技术门槛高，日本在开启海外港口开发伊始，并没有太多的国际竞争对手。即使在海外港口开发越来越受到大国关注的今天，巨大的市场需求

---

① JICA 网站，https://www.jica.go.jp/activities/issues/transport/index.html。（上网时间：2022年2月10日）

② 傅梦孜：《"一带一路"建设的持续性》，时事出版社2019年版，第69—79页。

依然是日本推进海外港口开发项目相对顺利的客观条件。

追求经济利益与海外港口开发的战略考量之间并不矛盾。经济利益是日本对外援助的重要动力,这在学界已经达成共识。[①] "以经济利益为重要动力"主要指对外援助"经济基建"项目,海外港口开发是"经济基建"项目的组成部分,自然具有上述经济考量。海外港口开发项目也并非完全在日本对外援助框架中,非对外援助项目由企业主导而非国家,其经济考量更加毋庸置疑。

日本从20世纪50年代开启海外港口开发后的很长时期内没有将港口等基础设施的出口单独作为国家战略,这一情况在2010年后发生变化。[②] 2013年,日本对外经济合作基础设施战略会议提出到2020年对外基建出口30万亿日元的目标。2015年,日本首相安倍晋三提出,日本要跟亚洲开发银行合作,五年内向亚洲地区提供1100亿美元"高质量基建"融资。2020年12月,日本又提出到2025年基建出口34万亿日元的目标。

日本对于全球港口基建需求的前景持乐观态度。2014年,日本海外交通与城市开发项目支持机构评估认为,新兴国家基建需求旺盛,每年的全球基建需求达60万亿日元,每年的城市开发需求达11万亿日元。[③] 2021年日本国土交通省评估更为乐观,认为2019—2000年全球集运业增长260%,未来港口基建需求将继续上涨,全球基建需求将从2017年的每年700亿美元增长到2030年的每年950亿美元。日本要继续推进海外港口开发,争取占据更大的市场份额。[④]

---

① 赵剑治、欧阳喆:"战后日本对外援助的动态演进及其援助战略分析——基于欧美的比较视角",《当代亚太》2018年第2期,第92—125页。
② 『経協インフラ戦略会議.インフラ海外展開に関する新戦略の骨子』(2020)、第8頁、http://www.kantei.go.jp/jp/singi/keikyou/dai47/siryou4.pdf。(上网时间:2022年2月10日)
③ 『2014年株式会社海外交通・都市開発支援機構法案の概要』、https://www.mlit.go.jp/common/001032883.pdf。(上网时间:2021年3月10日)
④ 『海外展開戦略(港湾)』(2022)、https://www.mlit.go.jp/report/press/contest/001462444.pdf。

如今，日本关于海外港口开发市场空间的预测成为现实。新冠病毒感染疫情暴发后，2020年全球贸易同比下降5.3%，2021年"补偿性"增长8%。在疫情、国际政治经济、港航业变革等多重因素复杂作用下，始于美国的港口拥堵，甚至港口瘫痪潮席卷全球，对国际物流网络的打击与波及面之广史无前例。这推动更多国家关注港口基础设施升级改造与数字化建设问题，刺激了港口适度超前的需求；美国等发达国家亦开始重视本国基建的更新。在集运价格大涨中赚得更多利润的航运企业乐于投资港口建设，也推高港口基建需求预期。更直接的证明是：2021年以来，全球主要经济体纷纷宣布针对国内或面向全球的基建计划，如美国拜登政府的《基础设施高效和就业法案》、欧盟的"全球门户"计划、中国提出的《"十四五"全国城市基础设施建设规划》等，基建已成为"国际话语热词"。

二、海外港口是国际产业链布局支点

全球化是人员、资金、货物的全球化，以企业海外布局为重要特点。制造业国际生产活动加速原材料、中间品的跨国流动，推动国际分工体系形成。港口和船运是海运的两大关键要素；海运在货物运输数量和品类上远超空运、陆运，是国际物流体系的核心；国际物流体系是国际产业体系的基础。[①]

任何国家的任何产业在进军海外时均有模式和标准的外溢效应，海外港口布局除具有上述普遍性之外，更因国内和海外港口连接成海上航线和包括产业链、供应链、价值链的港航链，具有国内和海外高度统一的特殊之处。"一国的港口开发战略不仅关系着港口经济圈和腹地的经济发展，更关乎国家的经济结构和经济发展水平。海运支撑日本制造业

---

① 黒川久幸、「アジアにおける海上輸送の現状分析－海上コンテナ輸送について」、2012年；池上寛編集、『アジアにおける海上輸送と中韓台の港湾（アジ研選書）』、アジア経済研究所2013年版。

的国际产业链、需求链安全,原材料与资源能源供应安全,并塑造着亚洲经济一体化的交流、合作网络。"[1] 换言之,日本将海外港口开发与促进对对象国的直接投资、贸易统筹考虑协同推进,从而开辟和塑造于日本有利的国际产业结构和区域经济网络。

(一) 对东亚发展模式的解释

价值链是指一件商品或一种服务,从设计制造、市场营销、技术支撑、售后服务等所有环节,在一个国家、地区或全球战略中的分工,形成覆盖各国和地区的庞大生产网络的价值链。产业链是指产品设计、制造、销售、维修过程中形成的网络化链条。供应链指原材料、半成品生产、冻藏、仓储运输及相应技术支持等。[2]

1978 年小岛清提出边际产业转移理论,认为对外直接投资应从该国已经处于或即将处于比较劣势的产业(称为"边际产业")依次进行,被称为"小岛清模式"。这一理论解释了日本海外直接投资从以资源密集型产业为主向以劳动密集型产业为主的结构性转变原因,印证了以日本为"头雁"的东亚"雁阵模式"的存在。

世界贸易组织也关注到国际产业内分工和先发国家国际产业链布局对世界经济格局的重构作用。2019 年的世界贸易组织报告指出,全球已有超过 2/3 的贸易由全球价值链产生。1989—2019 年,货物贸易的中间品比重由 30% 上升到 70% 以上。[3]

联合国贸易和发展会议发布报告认为,当前发达经济体以及东亚追赶型经济体的成功都有赖于与结构转型密切相关的持续经济增长。就其核心而言,这涉及两个相互结合和不断积累的过程:一是生产结构从初级部门向制造业(以及高端服务业)的纵向转移,二是资源在两个部

---

[1] 黒田勝彦編著、奥田剛章、木俣順共著、『日本の港口政策—歴史と背景』、成山堂書店 2014 年版、第 174 頁。

[2] 傅梦孜:《"一带一路"建设的持续性》,时事出版社 2019 年版,第 79 页。

[3] 许立荣:"'产业链经营'是航运的解决之道",信德海事网,2019 年 11 月 6 日,https://www.xindemarinenews.com/m/view.php?aid=16068。(上网时间:2020 年 1 月 26 日)

门内部和之间,从生产率较低的活动向生产力较高、资本更密集的活动的横向转移。在几乎所有成功的发展经验中,这两个过程共同促成了经济活动结构的多样化,提高了生产力,并改善了包括减贫在内的大量社会指标。①

解释东亚经济群体性崛起,一般绕不开东亚产业内国际分工体系。如果接受此是"雁阵模式"的定义,那么日本就是"头雁",即二战后东亚国际产业分工的格局始于日本引领,日本曾长期是这一格局的中心。

具体来讲,二战后,日本走上承接美国等西方发达国家产业转移的出口导向型经济发展之路。随着两次石油危机加速日本经济结构调整,日本从"重厚长大"产业结构向"轻薄短小"转型,从而推动日本企业第一次海外产业转移。1985 年签订"广场协议"则是日本企业第二次海外产业转移的加速器,这次产业转移是对东亚经济结构影响最大、最为深远的国际产业结构塑造。东亚从此成为与北美、欧洲经济圈不同的,产业内联系最为密切的经济圈。以 2000 年为例,东亚区域内贸易比例达到 50% 以上。②

(二) 港口成为国际产业链布局支点

日本学者多次论证,国际物流体系是国际产业体系的基础。与北美、欧洲经济圈显著不同,东亚地区的国际物流围绕边缘海展开,海运在数量和品类上远超空运、陆运,是区域国际物流体系的支柱,港口和船运是物流体系的两大支柱。③

---

① "贸易和发展报告 2021——从复苏到复原力:发展层面的问题(概述)",第 15 页,https://unctad.org/system/files/official-document/tdr2021overview_ch.pdf。(上网时间:2022 年 2 月 26 日)

② 藤森阳子、「RCEP 署名までの道のり」、『貿易と関税』、2021 年第 2 期、第 51 頁。

③ 黒川久幸、「アジアにおける海上輸送の現状分析—海上コンテナ輸送について」、2012 年版;池上寛編集、『アジアにおける海上輸送と中韓台の港湾(アジ研選書)』、アジア経済研究所 2013 年版;森川浩一郎、「日本企業のアジア地域における海外事業活動が名古屋港の貿易に与える影響に関する実証分析」、『アジア市場経済学会年報』、2004 年第 7 巻、第 47-55 頁。

第五章　日本海外港口开发战略目标及驱动因素

1990—2013 年，亚洲（东北亚、东南亚、南亚）区域内年均集运量从 0.3325 亿标准箱增长到 3.5863 亿标准箱；相比之下，日本仅从 0.0796 亿标准箱增长至 0.1775 亿标准箱，失速明显。[①] 以 2012 年为例，除日本外的东亚地区集运吞吐同比增长 130%，而日本仅增长 40%。[②] 区域内国家集运吞吐增量的变化，"与 20 世纪 90 年代以后，日本产业向中国、东南亚等亚洲国家转移息息相关"[③]。

集运业大发展是区域内发展中国家经济从进口替代转变为出口导向的重要保障。原材料和中间品贸易的高速发展催生更多集运需求，对发展中国家港口基础设施构成巨大考验。东南亚国家的港口基建缺口成为日本在东南亚推进海外港口开发比较顺利的背景，也为日本以港城一体化引导东南亚融入"雁阵"提供历史机遇。

日本塑造东亚经济格局的同时塑造港口格局，通过塑造港口格局来塑造经济格局。这与欧美海外港口开发不同，更深层次的原因是港口战略定位不同。与欧美国家相比，日本属于后发国家，在借鉴欧美经验的同时，其立足岛国地理属性，形成独特的以港口为核心的临海工业带发展模式。日本坚持"集运港是国家经济发展之关键基础设施"这一理念。[④]

很多世界强港已经走向多元化发展，特别是重视金融业与更多元的港航服务业。随着全球经济重心东移，伦敦港口产业竞争优势渐衰，对国际航运中心软实力的培育成为其优势所在。伦敦港着力打造

[①] 川崎芳一、寺田一薫、手塚広一郎、『コンテナ港湾の運営と競争』、成山堂書店 2015 年版、第 76－77 頁。

[②] 松良精三、「国際コンテナ戦略港湾政策等について」、『貿易と関税』、2014 年第 12 期、第 26－45 頁。作者系日本国土交通省港口局港口经济课港口物流战略室原室长。

[③] 川崎芳一、寺田一薫、手塚広一郎、『コンテナ港湾の運営と競争』、成山堂書店 2015 版、第 76－77 頁。

[④] 「海洋状況及び海洋の状況及び海洋に関して講じた施策」（2016）、第 55 頁；第三期《海洋基本计划》，第 22 頁，https://www.cao.go.jp/ocean/policies/plan/plan03/plan03.html。（上网时间：2020 年 9 月 1 日）

航运中心，服务业产值已远远超过第二产业。根据"国际海运上海论坛 2010"相关资料，伦敦金融航运城区域内拥有 565 家外资商业银行，从事航运融资业务的专业人才近 400 人，船舶融资占全球该项融资总额的 20%—30%，船险和货险占全球份额的 23%。同属全球航运中心的新加坡港则充分运用区位优势，以转口、补给为核心竞争力，成为世界三大炼油中心、世界三大石油贸易枢纽之一，也是亚洲石油产品定价中心、亚洲最大的集装箱转口港。再如，欧洲大陆的汉堡港、安特卫普港依托与腹地的紧密联系，以物流为主，水铁联运体系最为发达。

日本至今仍然坚持临海工业带和港城一体化的发展模式，这是对外输出港口开发模式和产业布局的基础。以具有代表性的汽车产业为例，一方面，日本国内有丰田市、名古屋港的组合；另一方面，在东南亚的印尼等国拥有汽车零部件、整车生产和海港汽车专用码头的布局。

基于上述发展历程和发展模式，日本国家层面和企业层面均对港口、产业、城市、区域、经济格局的内在联系有着一致的深刻理解。日本企业明确表态，乐于参与日本政府与对象国政府支持的项目，因为这样的项目能够更好地降低风险、可持续发展。

特别是综合商社乐于依托深耕对象国的经验来推进对象国港口开发，因为港口与对象国、区域经济发展潜力息息相关，与其在海外的投资、贸易利益呈正相关。例如，在印尼巨港的项目中，日本通过政府对外援助向该港提供贷款 1200 亿日元，日本工程企业东洋建设承接了该港汽车集运码头和必要设施的建设。巨港一期项目建设已经完工。2017 年，日本与印尼首脑会谈达成一致，由两国企业共同运营该港。如今，丰田已经开始参与该港经营。该港位于印尼雅加达东部，港口腹地建有日本汽车产业进驻的产业园区。日本、印尼已就继续扩建该港达成一致。在泰国，日本大型综合商社基本采取了同样的模式。日本丸红参与对泰国林查班港的运营管理；林查班产业园区内，丸红、住友、三菱等日本大型综合商社都已进驻。

（三）对海外港口开发服务国际产业链布局的国家战略确认

以往有关以港城项目推进国际产业链布局的描述很少出现在日本国家战略文件中，大概是因为日本享受着这种红利。当前，参与到区域港航产业链塑造的国家越来越多，日本将这视为一种竞争和挑战。区域产业链主导权争夺问题是当下日本经济战略的核心关切，日本将其称之为"确保日本企业全球供应链安全以及经济走廊的连通性"。

2021年，参与会议成立"深化与航道沿岸国海洋产业合作"研究组。参与会议在向首相提交的意见书中指出："海外港口开发不仅关系着原油、集装箱货物到日本的海运安全，还关乎着日本企业的全球供应链安全和原油以外的重要资源的中转安全。日本要加强供应链弹性，应对中美贸易战和疫情可能产生的负面影响。"[①] 显然，其战略表述有着浓浓的火药味，折射出日本战略关切从资源能源安全转向所谓的"供应链安全"，而手段仍是"一线两点"安全。

三、海外港口是海外市场节点

国际产业转移很难完全与海外市场开拓相剥离。日本经济具有"供需两头在外"的特点，[②] 海外生产、海外销售构成"海外日本"。日本国土交通省国土交通审议官（相当于副部级官员）藤井直树指出："或许以往日本在海外进行基础设施投资主要是从经济合作的观点出发的。当前，基础设施系统出口是日本的国际战略。日本人口结构决定了将来国内市场的萎缩。日本企业必须开拓新的海外市场，我国也必须与有共

---

① 『総合海洋政策本部参与会議意見書』（2021）、https：//www.kantei.go.jp/jp/singi/kaiyou/sanyo/sanyo_ikensho.html。（上网时间：2022年2月10日）
② 刘军红："日本经济与亚洲融合不可回避"，中国社会科学网，http：//www.cssn.cn/xr/xr_xrf/xr_xgdlycc/201508/t20150825_2134770.shtml。（上网时间：2018年10月5日）

同价值观的国家进一步紧密联系。"①

例如,日本参与开发柬埔寨西哈努克港有 20 余年的历史,重要动因是期待柬埔寨释放发展红利。日本政府对外援助支持了西哈努克港多个多功能码头的建设,目前还有项目在建。2017 年,负责西哈努克港运营管理的西哈努克港湾公司开放募资,JICA 代表日本政府进行投资,成为西哈努克港湾公司股东,随后,日本阪神国际港口(公司)和上组(公司)也相继成为运营股东。②

日缅合作的标志性项目——缅甸迪拉瓦港已成为该国最大深水港,迪拉瓦产业区吸引了 100 余家企业入驻,其中一半以上是日资企业。园区内汽车产业和食品产业密集,大部分面向快速增长的缅甸国内市场。铃木汽车利用迪拉瓦港辐射印度洋、太平洋两大洋的优势,将在迪拉瓦的工厂和在印度的工厂连接。印度工厂里生产的整车运至缅甸工厂再加工后,直接面向缅甸市场销售。军人接管政权前,铃木汽车在缅甸业绩一路上涨。即使在缅甸因罗兴亚人危机和军人接管政权等多次冲击营商环境,日企仍然坚持深耕缅甸市场,坚持在缅生产、在缅销售。

海外港口开发作为国际产业链布局和海外市场开拓的关键基础设施,与日本推动和东南亚国家达成经济伙伴关系协议、在美国退出跨太平洋伙伴关系协定后坚持引领《全面与进步跨太平洋伙伴关系协定》缔约生效、迅速批准加入《区域全面经济伙伴关系协定》一样,都蕴藏着地缘经济战略的考量。

---

① 藤井直樹、「交通インフラ海外展開をめぐる現状と課題」、『運輸政策研究』、2021 年第 23 期、第 88 頁、https://www.nikkei.com/article/DGXLASFS23H8U_T20C17A3EE8000/。(上网时间:2022 年 1 月 5 日)

② 山本大志、「港湾インフラの海外展開に向けた国土交通省の取組」(2021)、https://committees.jsce.or.jp/kokusai/system/files/8‑%E3%80%90%E5%9B%BD%E5%9C%9F%E4%BA%A4%E9%80%9A%E7%9C%81_%E5%B1%B1%E6%9C%AC%E6%A7%98%E3%80%91%E5%9C%9F%E6%9C%A8%E5%AD%A6%E4%BC%9A%E5%9B%BD%E9%9A%9B%E3%83%83%E3%83%97%E3%83%AC%E3%82%BC%E3%83%B320200630.pdf。(上网时间:2022 年 3 月 10 日)作者系国土交通省港湾局产业港湾课国际企画室官员。

第三节 "海洋国家"身份战略性运用："政治大国"追求

能源革命、工业革命使四面环海的日本为推动国家现代化必须大规模进口资源能源，资源能源安全和海上通道安全由此成为国家战略关切。对于国土面积狭小的日本来说，经济结构的升级必然催生出国际产业转移和海外市场拓展的诉求，这成为日本提升国际经济影响力、维系经济强国地位的国家战略关切。以上动机符合大国谋求海外港口支点的普遍诉求，所产生的连带政治和地缘效果有目共睹。

"富起来"的日本没有满足于以经济影响带动政治影响，而是更加主动地、有意识地将包括港口在内的海洋资源战略性地运用于地缘战略推进。日本把握住美国二战后借助日本平衡国际格局的心思和区域国家谋发展的诉求，将海洋资源成功运用于国际战略推进。战略性运用包括用港口资源在内的人文性海洋资源来推进对外战略，是日本提出"海洋立国"、战略性构建"海洋国家"身份的真谛。日本拥有丰富的人文性海洋资源，并越来越善于运用它们。

一、人文性海洋资源与自然性海洋资源辨析

人类对海洋资源的认识始于"渔盐之利"与"舟楫之便"。"渔盐之利"堪称人类能在海洋这座宝库中开发到的自然资源的统称，既包括渔业资源、海底矿藏，也包括潮流能、化学能、海水淡化等绿色能源。随着人类走向深海远洋，海底热液矿、海底冷泉、深海生物基因、区域矿产资源进入人类视野，让人类对海洋资源开发寄予厚望。"舟楫之便"则是利用海洋天然的通道属性而产生的海洋资源价值。其既因人类为寻求"渔盐之利"走向海洋而产生，更服务于陆域与陆域之间跨跃海洋的人员、物资交流。这两类因海洋存在而产生的可以被人类利用的资源是自然性海洋资源。

《联合国海洋法公约》（下称《公约》）确立领海、毗连区、专属经济区制度、群岛国家制度，以及用于国际通行的海峡制度，基本上平衡了国家管辖海域与公海的权益、自由。《公约》生效后，缔约国依此拥有了受到国际法保护的国家管辖海域的海洋权益，以及全人类共有的海洋资源（例如国际海底区域）。这引发了全球范围内的海洋资源开发热潮。当前，追求此类"渔盐之利"的热潮虽然仍未褪去，但国际社会对此有了更加清醒的认识。虽然近海埋藏的石油、天然气不存在开采的技术障碍，但因其与国家间岛礁主权归属和海洋权益争端相关，生出诸多事端，面临不少困难。虽然国际海底区域蕴藏着丰富的钴、稀土、可燃冰等战略性资源能源，主要海洋强国纷纷就此加强技术储备，但谈论商业化利用还为时尚早。何况"绝对环保主义"兴起，海洋资源的开发利用面临更高、更多门槛。

　　大国意识到更容易转化为经济利益和国家实力的还是升级版的"舟楫之便"。进入近现代以来，港、航成为全球化的"基础设施"。港航业不断发展，形成一定产业规模，形成某种发展模式，甚至构建出具有海洋属性的超越国界的经济结构。如港口业、航运业、造船业、海洋工程设备产业以及临海、临港产业集群。海洋因其广域的、联通的、流动的特点而具备国际属性，国与国之间在"舟楫之便"的互动中或因利益分配不均而商议规则，或因更高的利益追求而推动产业发展。在此过程中获得积累的经济力、技术力、规则力、政治力成为国家核心竞争力的组成，也就是人文性海洋资源。

　　"舟楫之便"和"渔盐之利"都可以在国际关系互动中转化为人文性海洋资源。换言之，自然性海洋资源开发只要涉及国际关系，就会形成经济力、技术力、规则力、政治力。如《公约》谈判中的权力博弈与确权，当前各方围绕《〈公约〉下国家管辖范围以外区域海洋生物多样性的养护与可持续利用协定》谈判历经争议所达成的共识，都是自然性海洋资源向人文性海洋资源的转化。

　　人文性海洋资源如果没有被运用，则不能成为一种资源。人文性海洋资源不像自然性海洋资源那样看得见、摸得着，但是在全球化的今天

第五章 日本海外港口开发战略目标及驱动因素

是国家软实力的重要组成。具体到港口开发，在国内港口开发中所形成的模式，所积累的技术、人才基础，都是人文性海洋资源。既然国内港口开发产能可以出海，那么国内港口开发模式和规则同样可以对外推广。

日本敏锐地察觉到，人文性海洋资源在对外战略推进中可以发挥重要作用，并对其进行战略性运用。诚然，日本有着悠久的"渔盐之利"开发利用史，从古代的渔业大国，到近现代成为最大的远洋捕捞国家。美国总统杜鲁门1945年9月发表《杜鲁门公告》，起因就是日本在阿拉斯加海域大量捕捞金枪鱼。[1] 伴随着《公约》旷日持久的谈判，日本曾掀起针对自然性海洋资源的开发热潮。日本于20世纪70年代颁布了《领海法》和《关于渔业水域的临时措施法》，大力研发海洋勘探和开发等装备、设备。特别是《公约》的缔约和生效，刺激日本学界开启了探讨海底资源开发和海洋科技发展的热潮。日本官方认为，日本由此从领土面积上的"小国"摇身一变成为"居世界第六位"的"大国"，海域管理面积达到447万平方千米，是陆地国土面积的12倍。[2] 甚至有日本学者提出，日本是世界第四的海洋大国，因为虽然日本专属经济区面积位列世界第六位，但是按海水深度计算，日本拥有的海水总量是世界第四。日本开发自然性海洋资源的热情可见一斑。在此潮流下，自然性海洋资源开发成为日本国家海洋战略重点，加之"3·11"地震、海啸所引发的能源危机背景，第二期日本《海洋基本计划》（2013—2018年）在开篇便提出，"通过开发、利用海洋获得富有与繁荣"与"向海洋未知领域发起挑战"是实现日本"海洋立国"所应该采取的措施。[3]

---

[1] Scharf, M., "The Truman Proclam ation on the Continental Shelf", *Customary International Law in Times of Fundamental Change: Recognizing Grotian Moments*, Cambridge University Press, 2013, pp. 107 – 122.《杜鲁门公告》是首次国家对领海之外的大陆架及其自然资源提出权利主张，掀起了国际"海洋圈地运动"。

[2] 「海洋立国の実現」、http://www.mlit.go.jp/saiyojoho/manifesto/manifesto6.html。（上网时间：2018年10月8日）

[3] 第三期《海洋基本计划》，https://www.cao.go.jp/ocean/policies/plan/plan03/plan03.html。（上网时间：2018年9月1日）

然而，这一热潮正在逐渐褪去，新兴的自然性海洋资源未能转化为高额的商业利润，一举解决日本的资源能源"自给焦虑"，距离转化为国际政治影响力更是相去甚远。能够被日本战略性运用的不是日本对外开放渔业配额，也不是可燃冰开发，而是包括在港口强国建设中所积累的港口资源在内的，在"通商国家""政治大国"身份建构过程中同步建构的"海洋国家"身份。

二、人文性海洋资源的战略性运用

西方学者分析认为，中国企业参与比雷埃夫斯港项目与中国对希腊的影响力紧密相关。"希腊经济受益于中国中远集团的活动越多，就越依赖与中国保持持续良好关系。比雷埃夫斯港通过中欧班列、海铁联运的安排，将中国影响力向中东欧扩展。一国对海外港口的投资将影响其对象国的外交政策与行为选择，经济依赖连带着政治影响的加强。"[①]如果"港口—经济—政治"的相关关系成立，那么日本便是这一模式的典型代表。20世纪50年代开始，日本便开启了海外港口开发。日本是系统性、战略性运用人文性港口资源的"先行者"。

日本开启海外港口开发本就蕴含了政治考量而并非是单纯的经济行为，其第一个海外港口开发项目——印度铁矿石港项目始于美国邀请日本加入"科伦坡计划"时。美国乐见日本加入"科伦坡计划"，旨在对冲英国等欧洲势力对南亚的影响；日本乐于抓住此机遇，旨在摆脱战败国身份、改善国家形象和拓展国际影响力。[②]

这是美国借用日本力量主导战后国际秩序的尝试。朝鲜战争爆发，

[①] Frans‑Paulvander Putten, "European Sea Ports and Chinese Strategic Influence Therele Vance of the Maritime Silk Road for the Netherlands", The Clingen Dael Institute, December 2019, p. 5. 作者系荷兰学者。

[②] 张德明："从科伦坡计划到东盟——美国对战后亚洲经济组织之政策的历史考察"，中国社会科学网，2013年3月1日，http://www.cssn.cn/sjs/sjs_sjxds/201310/t20131025_536031.shtml。（上网时间：2019年2月1日）

第五章　日本海外港口开发战略目标及驱动因素

中断了美国对日本全面改造的进程，美国为将日本绑上"反共战车"，推动日本发挥远东"前哨"作用，对其经济、政治、军事、外交提供全方位支持。美国和日本的关系由战胜国与被占领国演变为"美主日从"的盟友关系，并不断走向强化。这改变了二战时期美国和日本是对手的状态，是美国对战败国日本松绑的结果；这不同于正常国家间的交往，日本的国家发展长期从美国受益同时也受美国制约。

加入"科伦坡计划"是日本政治影响力出海的早期尝试。"战后，日本作为战败国，受和平宪法的限制，无法将军事作为外交武器，为维护和扩大本国的国家利益，经济外交是日本的必然选择。"[①] 日本在以经济外交低调推进对外战略的过程中，抓住了对象国谋发展这一"痒处"，利用看似非敏感的港口开发援助打造日本与其对象国的利益交汇点。这一时期，海外港口开发被纳入日本对外援助框架，即日本经济外交框架，服务于改善战败国日本的国家形象、打开外交局面。20 世纪50 年代，同样是在美国的默许甚至支持之下，日本开启了在东南亚的港口开发援助，运用港口资源拉近与遭受战争创伤的东南亚国家之间的距离。

综上所述，海外港口开发较早地被日本战略性运用，源于其国内港口开发的实践基础、对港口资源是人文性海洋资源的敏感认知，也源于国际环境对日本的制约。战后体制对日本的限制，客观上强化了港口作为人文性海洋资源被日本战略性运用的价值。

三、"海洋国家"与"政治大国"身份建构

二战战败后，日本一度避谈地缘政治。"日本认为战前受纳粹德国的地缘政治学影响太过强烈，地缘政治学成为日本军国主义和侵略主义的理论支撑，并最终导致日本战败。战后一段时间内，不仅地缘政治学

[①] 林晓光：" 战后日本的经济外交与政府开发援助"，《亚非纵横》2005 年第 1 期，第 64—70 页。

的内容，就连地缘政治学这个词都成了日本人避讳的对象。"① 伴随着经济发展，战后日本国家战略的发展演变经历了"经济中心"导向、酝酿转型与新目标确立、"大国化"目标导向等几个阶段。② 1980 年前后，伴随着日本国力达到顶峰，始于 20 世纪 60 年代的日本政界、学界对地缘政治和国家对外战略问题的探讨达到高潮。

高坂正尧是战后日本国际政治学的奠基人，是引领这一轮思潮的代表性人物。1974 年，高坂正尧的论文集《海洋国家日本的构想》出版，该书一经出版便受到广泛关注，至今仍多次再版并被日本战略界反复解读、引用。高坂正尧认为"重经济、轻军备"的"吉田主义"具有局限性，强调"海洋"是日本国家安全之核心。说到日本的出路，其明确指出，日本必须做通商国家，推动更多日本人，以及日本的资金、技术、产业出海；必须集中动员各方力量强化日本海上通道安全保障，举各方之力强化战略支柱性产业港航业的支撑作用；必须参与并努力争取国际海洋秩序主导权。③

1980 年，高坂正尧主笔《综合安全保障战略》报告；1984 年，高坂正尧作为"和平问题研究会"领军人物向中曾根康弘首相提交《国际国家日本的综合安保政策》报告，此时的高坂正尧已对政府有着极大的影响力。其在两份事关国家战略方向的报告中指出，以东亚为中心的太平洋地区是日本迈向对外战略大国的第一步；日本应从"经济大国"向"政治大国"转型，构建"海洋国家"。

中曾根康弘是探讨日本战后国家战略时绕不开的政治家之一。或许是接受了高坂正尧等学者的建言，或许是中曾根康弘与高坂正尧思想本就趋同，中曾根康弘担任首相时期，明确提出了日本应从"岛国"走向"海洋国家"，从"经济大国"走向"政治大国"。中曾根康弘在"战后政治总决算"中提出构建"国际国家"，以亚太地区为

---

① 铃木祐二、「海政学の试论」、『海外事情』、2017 年 3 月。
② 杨伯江："战后 70 年日本国家战略的发展演变"，《日本学刊》2015 年第 5 期，第 12—17 页。
③ 高坂正尧、『海洋国家日本の構想』、中央公论社 1974 年版。

重点来加强日本对整个世界的作用。在1984年担任日本首相前夕出版的《新的保守理论》一书中，中曾根康弘指出，"从地理政治学的角度来看，日本是个海洋国家，海洋国家日本因为缺乏资源向外发展，利用海洋，靠通商贸易生存，成为海运国家，愿意建立自由民主主义的政权"。[1]

这是"通商国家""海洋国家""政治大国"身份建构汇集于一处的时期，标志着日本战后国家对外战略和国家身份的确立。从这一时期开始，"海洋国家"身份战略性运用于日本对外战略利益拓展和"政治大国"的追求。中国学者徐淡对此总结到，进入20世纪80年代后，日本统治集团一直把"从'经济大国'迈向'政治大国'"作为其对外战略的基本方针，力图利用经济、政治和外交等手段，辅以相当的军事力量，在"多极世界"中成为重要的一极，建立几个大国共同管理的"国际经济政治新秩序"，让日本扮演"君临"亚洲太平洋的角色，为开创"以日本为中心的太平洋时代"铺平道路。

也正因处于上述国家战略的框架之下，这一时期成为日本对外援助最为活跃的时期。如美国学者丹尼斯指出，在20世纪80年代，对外援助从日本众多政策中脱颖而出，成为维护其国家利益的外交政策的核心。与军事或贸易相比，对外援助作为日本可以自主掌控的外交工具不易激起与他国（尤其是美国）的摩擦或冲突，在实践中有效地实现了日本的外交目标，获得了国际和国内的广泛支持，提高了其国际地位，且向日本展示了一条理想的、非军事的、积极有为的通往国际大国的可行路径，这些因素极其契合日本的国家利益，共同促进日本成为自我强化式的援助大国。[2] 这一时期仍主要在对外援助框架下推行的海外港口开发与此相辅相成，形成了以东南亚、南亚为重点，向非洲、拉丁美洲

---

[1] 转引自吕耀东：《日本国际战略及政策研究》，社会科学文献出版社2021年版，第23页；[日] 中曾根康弘著，金苏城、张和平译：《新的保守理论》，世界知识出版社1984年版，第135页。

[2] Dennis T. Yasutomo, "Why Aid? Japan Asan 'Aid Great Power'", *Pacific Affairs*, Vol. 62, No. 4, 1989, pp. 490–503.

扩散，迈向全球化的态势。

第四节 "海洋国家"身份的异化：地缘战略

　　思潮孕育着国家战略，国家战略牵引着思潮。21世纪特别是2010年以来，日本对外战略发生了重要变化。日本国家战略宣示明晰化，学者著书立说更加活跃，包括《国家安全保障战略》、国家海洋战略、"印太战略"等在内，日本国家战略——文本化。日本不再避讳宣示自身国家利益诉求和国家战略取向，学界探究其战略取向不再"雾里看花"。这一时期，日本人文性海洋资源扩容，"海洋国家"身份与港口资源愈发服务于地缘竞争。日本所掀起的地缘竞争是典型的零和竞争，日本以陆海划界，错误解读区域发展现状和展望区域发展方向，其海洋观从向海而生、向海图强走向制造陆海对立。

一、"陆海对立"思潮

　　21世纪以来，日本将国家安全、政治、经济等战略目标与海洋缠绕在一起，海洋国家战略与国家海洋战略走向重合。2012年，日本《外交》杂志推出《海洋新时代的外交构想力》特刊，主流学者提出的观点颇具代表性。

　　《外交》杂志总编铃木美胜开篇便提出"海洋国家"建构是国家战略问题。其在《海洋新边疆面临新挑战，日本应如何弥补战略的缺失》中呼吁加强海洋政治学研究。其重申高坂正尧"日本既不是东方也不是西方"的国家定位，认为"中国崛起""日本在中美间难以平衡"已经迫在眉睫。铃木美胜在文中引用时任民主党外相玄叶光一郎的讲话内容："日本应在全球议题上发挥作用，宇宙、太空、海洋等新空间均是战略选项，日本必须在议题治理中先人一步"，"日本是海洋国家，繁荣离不开海洋。日本将推动亚太地区通道安全、沿岸国海上安保能力建设"。虽然民主党短暂执政便下台，但正如铃木美胜所言，各党派就海

第五章　日本海外港口开发战略目标及驱动因素

洋战略是日本国家战略不可或缺的组成部分已经形成共识。[①]

《海洋新时代的外交构想力》特刊的主要观点如下。

第一，日本的战略重心在海洋。宫城大藏强调东南亚是日本外交基本盘，[②] 这一观点也是日本政、学、商界的共识。川胜平太在《亚洲的海洋地缘政治学——从文明论的视角出发》一文中提出，日本外交有两轴。一是南北轴，是由太平洋上散落的岛和岛国、澳大利亚、南太平洋构成的竖轴；二是东西轴，是由跨越太平洋、印度洋的"海洋国家"，东南亚、印度洋国家和非洲东海岸构成的横轴。

第二，日本所代表的海洋国家是先进的。日本知名政治经济学专家白石隆撰文《膨胀中国 vs 美国新安保战略——"海的帝国"再论》提出，19世纪，东南亚地区在英国主导下以新加坡为中心形成了区域秩序。二战后，该地区在美国主导下形成了海洋秩序。二战后的区域海洋秩序有两大抓手，一是封锁共产主义势力蔓延；二是日本在美国领导下发挥作用。中国开始积极地走向海洋，导致地区结构深刻变化。白石隆承认，1999年出版《海的帝国》时没想到中国会发展得如此迅猛。美国总统奥巴马十分清楚，如果不将力量投射到亚太，中国一定会在东亚秩序中占据更加有利的位置。所以在这样的力量博弈中，美国防卫安保合作网必将加强。[③]

第三，港口等海外关键基础设施是美日所代表的"海洋派"必争之"棋眼"。神保谦在《对东南亚的战略基础设施援助是日本安全保障的基石》一文中呼吁，日本应继续加大对东南亚战略性基础设施的援助力度，以"一石击三鸟"。此举一来有助于保持日本在东南亚这一"海上生命线"沿岸国的战略能见度，维护日本通道安全；二来有

[①] 铃木美胜、「海洋フロンティアへの新たな挑戦 構想の欠落をどう補うか」、『外交特集：海洋新時代の外交構想力』、2012年版、第16－19頁。
[②] 宫城大藏、『「海洋国家」日本の戦後史』、ちくま新書、2008年版；宫城大藏、『戦後日本のアジア外交』、ミネルヴァ書房 2015年版。
[③] 白石隆、「膨脹中國 vs 米新安保戦略——"海的帝國"再論」、『外交特集：海洋新時代の外交構想力』、2012年版、第38－46頁。

助于应对中国在本地区的快速发展；三来有助于协助美国"重返"亚太地区。神保谦"未雨绸缪"地指出，美国已经提出要帮助东南亚国家提高应对地区格局变化的能力的构想，但囿于财政预算，美国难以面面俱到。日本作为美国盟友，有义务承担相应责任。东南亚的港口和机场是战略性基础设施，日本的参与将有助于美军对其运用。港口、机场、道路、电力、通信、能源、软件是一国实力的基础，更是区域经济结构的基石，日本应当更加重视，在资金、技术援助上发挥优势。[1]

随后，多名日本专家学者参与讨论，共同系统性地建构日本的"海洋国家"身份，推动地缘海缘观回潮。这一轮"海洋国家"身份建构的实质是：面对区域格局的激烈演变，选择以海陆划界，割裂区域合作。2012年，有着西方学术背景和视角的日本国际关系学者西川吉光出版《日本的外交战略——从历史中寻找海洋国家日本的前途与方向》一书。西川吉光回顾日本自古至今的外交史，指出日本外交有着扩张和收缩的周期性，国际战略选择并非全都是合理的、正确的。未来日本必须坚持开放性、海洋性。真正从岛国性格向"海洋国家"升级。日本国本是"贸易立国""海洋立国"，要誓死维护自由贸易体制和民主主义。美日关系是基轴，海洋国家联盟是基础，要团结涉海力量形成联盟。对华竞合并存，既要做好对华经济合作，也要管控好风险，中日"不是一路人"。[2]

2016年，白石隆在专著《海洋亚洲与大陆亚洲》中进一步阐述其观点。白石隆提出：东亚可以分为中国和部分非岛屿东南亚国家组成的大陆亚洲，以及日本、东南亚岛屿国家组成的海洋亚洲。大陆亚洲与海洋亚洲存在结构性矛盾。中国的崛起具有"扩张性"，中国与东南亚的经济合作是中国从陆向海延展，对地区既有平衡产生冲击。以日本、中

---

[1] 神保謙、「東南アジアへの戰略インフラを安全保障の砦」、『外交特集：海洋新時代の外交構想力』、2012年版、第96–101頁。

[2] 西川吉光、『日本の外交戰略—歷史に学べ海洋国家日本の進路と指針』、晃洋書房2012年版、第152頁。

国台湾、印尼、印度为横轴,以印尼、澳大利亚为纵轴的多边合作是应对中国冲击的必然,是在中国军力壮大,南海、东海稳定受到冲击的背景下,美国、日本、东南亚岛屿国家、越南、澳大利亚、印度之抗衡所形成的协同效应,"不是有人指挥的"。投射在地区格局演变上,二战后美国在东亚所建立的双边同盟体系,正在走向以美国为中心的多边网络以及美国的盟友、伙伴国之间双边合作的加强。白石隆强调,面对上述地区格局之变,日本作为 GDP 总量全球第三的"世界大国",要承担起维护国际秩序与地区秩序的责任;日本已经处于对华第一线,海洋国家战略问题已经成为最重要的国家战略问题。①

2017 年,长期从事国际政治观察的秋元千明②出版专著《战略地缘政治:陆权 vs 海权》。秋元千明提出,当今是一个"不战不和"的灰色时代,战后国际格局松动,美国霸权难以为继,日本必须更重视地缘政治,在国际舞台发挥更大的大国作用。③

2019 年,竹田勇在专著《海的地缘政治学 霸权 400 年》中提出,大航海时代以来,世界史围绕海洋霸权展开。海上通道安全是绝大多数国家的国运、国家利益所在,同理,也是日本的"生命线"。当前,日本是"海洋秩序维护者",中国是"海洋规则破坏者"。海洋秩序的维护早已并非仅依靠军事实力,外交力、执法力和军事实力构成"三驾马车"。日本提出的"自由、开发印太构想"是不同于以往海洋霸权的海洋新秩序。④ 竹田勇对大航海时代以来的西方海上霸权进行了系统回顾,然而,最终落脚点仍然是为日式"海洋国家"身份建构背书。

---

① 白石隆、『海洋アジアvs 大陸アジア』、ミネルヴァ書房 2016 年版。
② 其曾任英国皇家联合军种国防研究所亚洲本部所长。
③ 秋元千明、『戦略の地政学ランドパワー VSシーパワー』、株式会社ウェッジ 2017 年版。
④ 竹田いさみ、『海の地政学 覇権をめぐる400 年史』、中央公論新社 2019 年版、第 246 – 248 页。

二、海外港口开发安全化

回顾日本学者的观点可以发现，诸多学术探讨和政策建议正在被日本国家战略的嬗变和区域格局的发展态势所一一印证。日本正在改变其传统的低调处理"国家利益"和"对外战略"的官方态度，将其战略考虑文本化并更为积极、高调地宣示和推进。

2013年12月通过的《国家安全保障战略》是日本官方首次正式以文本形式明确"国家战略"和"国家利益"。由于《国家安全保障战略》内容大多涉及对外关系，也可将其视为日本较为系统的国际战略。[①] 海洋被明确为日本国家战略和国家利益所在。《国家安全保障战略》"基本理念"指出，"日本有着丰富的文化和传统，奉行自由、民主、基本人权尊重、法治的普世价值，拥有受过高水平教育的人力资源和高水平文化，是受惠于开放的国际经济体系而具有强经济力和高技术力的经济大国。日本四面环海，受惠于广阔的专属经济区和漫长的海岸线，通过开展海上贸易和海洋资源开发来推动经济发展，是持续追求'开放、稳定的海洋'的海洋国家"。在"国家利益和国家安全保障目标中"，该战略首先提出"国家领土主权与人民安全目标"，随后提出"作为一个海洋国家，要在亚太地区通过自由贸易竞争促进经济发展，强化自由贸易体制，创建一个稳定开放、拥有光明未来的国际环境"。"维护和捍卫基于自由、民主主义，尊重基本人权、法治等普遍价值与规则的国际秩序也是日本的国家利益。"[②]

行动上，海洋也成为日本参与国际政治的着力所在。2014年，日本首相安倍晋三在日本"海之日"当天讲话中指出："我国自古热爱海

[①] 吕耀东：《日本国际战略及政策研究》，社会科学文献出版社2021年版，第3页。

[②] 「国家安全保障の基本理念」、「国家安全保障の目標」、「我が国の能力・役割の強化・拡大」、『国家安全保障戦略』第4、6頁。日本内阁网站，https://www.cas.go.jp/jp/siryou/131217anzenhoshou.html.（上网时间：2019年4月30日）

洋，并在海洋的守护之下发展至今。我们必须确保海上交通安全，维护领海和专属经济区海洋权益，为把建立在法治基础上的'开放稳定的海洋'交给下一代而不懈努力。"同年，安倍晋三在香格里拉对话会上首次提出"海洋法治三原则"。① 同年，美日首脑会谈后发布的"美日联合声明"称，美日两国是拥有依托开放的海洋而形成的全球贸易网络的海洋国家，强调在遵守有关航行与飞越自由的国际法的基础上维持海洋秩序的重要性。

日本战略性运用"海洋价值观""海洋规则"等人文性海洋资源，在美日同盟和区域合作中积极推进。与美日同盟合作扩大相伴的是，大国地缘博弈的范围从东亚扩大为"印太"。2016年，安倍晋三在非洲发展会议上正式提出"自由、开放的印太战略"；随后在印度提出印度是重要的"印太伙伴"。日本版"印太战略"以"法治、航行自由、贸易自由"，"通过发展符合国际标准的'高质量基础设施'推动互联互通，追求经济繁荣"，"以支持提高海上执法能力、防灾和防核扩散能力等促进和平与稳定"为三大支柱。

2018年，美日达成"印太战略"合作意向，就开展基础设施、能源、网络安全、海洋安保与防灾减灾等第三方市场合作达成一致。② 俄罗斯学者基斯塔诺夫和中国学者杨俊东联合撰文指出，虽然日本官方称该战略不针对某一特定国家，但"不能不令人怀疑该战略是为应对中国在南海、东海以及印度洋的活动专门制定的"。③ 日本外务省国际问题研究所研究员小谷哲男坦言，"印太战略"旨在对抗中国在"一带一路"框架下在欧亚大陆和非洲日益增长的影响力。

---

① "海洋法治三原则"的内容是"各国应依据国际法提出主权主张，不能以武力或武力威胁主张权利，以和平方式解决争端"。
② 「自由で開かれたインド太平洋の維持・促進に向けた日米協力の例」、日本外务省网站，https：//www.mofa.go.jp/mofaj/files/000403218.pdf；小谷哲男、「アメリカのインド太平洋戦略：さらなる日米協力の余地」、第7頁、https：//www.jia.or.jp/pdf/research/R01_Indopacific/04 - kotani.pdf。（上网时间：2022年2月10日）
③ 基斯塔诺夫、杨俊东："日本'印太战略'：构建、核心与延伸"，《东北亚学刊》2018年第4期，第26页。

"过去70年国际经济关系主要由经济规则塑造的局面正在改变，地缘政治重新成为主要考量……即地缘政治接管国际经济。"① "印太地缘政治由海湾、岛屿、河流和海洋，以及由此产生的货物和服务的移动定义。"② 2018年第三期《海洋基本计划》中，日本也不再将自然性海洋资源开发视作海洋战略首要。这一方面源于自然性海洋资源开发技术储备基本完成，商业化利用尚不具备条件。更重要的是，日本急于运用"价值观"、"规则"、港口基建等人文性海洋资源来服务地缘竞争。日本首次提出"综合海洋安全保障观"，除了强调加强海上自卫队、海上保安厅等能力建设，以及加大对"传统安全"的投入，还有"通过外交手段确保主权与海洋权益""深化美日同盟""加强与海上通道沿岸国合作""贯彻海洋法治原则"等维护"综合海洋安全"的综合手段首次在海洋战略文本中被强调。③

"广阔的印太地区是影响未来国际政治走向的重要地区，这是所有人都关注这片区域的原因。海上安全，在印太地区稳定事务中居于地缘政治中心地位。"④ 进入21世纪以来，日本持续尝试通过"海洋价值观外交"聚合所谓海洋民主国家联盟。⑤ 小泉纯一郎提出"海洋民主主义联邦"，麻生太郎提出"自由与繁荣之弧"，野田佳彦提出"民主海洋

---

① [法]让·皮萨尼-费里："地缘政治主导国际经济"，《财新周刊》2021年第40期，2021年10月18日，https://weekly.caixin.com/2021-10-16/101787375.html。（上网时间：2021年10月19日）

② Brendon J. Cannon, "Grand Strategies in Contested Zones: Japan's Indo-Pacific, China's BRI and Eastern Africa", *Rising Powers Quarterly*, Vol. 3, Iss. 2, 2018, pp. 195-221. 作者系哈利法科技大学（阿联酋阿布扎比）国际与民安学院国际安全副教授、美国犹他大学博士，在日本访学后发表了此论文。

③ 第三期《海洋基本计划》，https://www.cao.go.jp/ocean/policies/plan/plan03/plan03.html。（上网时间：2018年9月1日）

④ 引自伦敦大学国王学院教授、英国政策交流协会高级研究员阿莱西奥·帕塔拉诺在日本《日经亚洲评论》杂志发表的《澳英美联盟与印太地区实现政治"小多边"主义的开端》一文。

⑤ 吕耀东："日本'价值观外交'背后的海权图谋"，人民网，2013年8月8日，http://theory.people.com.cn/n/2013/0806/c40531-22462963.html。（上网时间：2019年1月15日）。

第五章 日本海外港口开发战略目标及驱动因素

国家联盟"。安倍晋三在第一次执政时期提出"钻石菱形构想",这便是如今影响深广的"自由、开放的印太战略"的雏形。上述战略宣示日本海洋战略的一脉相传,均是日本就"海洋国家"身份建构的战略思考和战略选择的展现。

"印太地区的'高速公路'、数字连接性通道以及军事调遣与力量投射,并不依赖于柏油路和天线,而是依靠咸咸的海水和海底电缆。"①看似"加强与海上通道沿岸国合作"与"发挥海上自卫队、海上保安厅作用"难以在非军事属性的海外港口开发中交汇,但实则早在2013年,日本便有3艘海上自卫队的军舰访问了缅甸迪拉瓦港。

维护资源能源供给、航道安全、国际产业链布局与海外市场,是日本海外港口开发持续至今的目标。继从经济安全保障与区域经济影响力拓展来定位海外港口开发之后,日本正在向锚定更综合的"地缘战略安全"之目标演进。日本第三期《海洋基本计划》和日本《基础设施系统出口战略2025》文本中出现了以下相同的表述:"航线沿岸国港口基建维护、运营管理,确保日货进口的战略性资源由日本船舶、船员达到一定比例的日本自主海运体制运输,加强日本商船队的国际竞争力、提高日本港口开发竞争力,对确保日本经济安全至关重要,能够发挥维护综合安全的作用。"

20世纪七八十年代,以确保资源能源安全即资源能源海外供给安全和海上通道安全为最主要目的的日本经济安全早已泛化。自20世纪以来,自称是"海洋国家",以及"日本资源能源几乎全部依赖海外进口、依赖海运"的表述延续写入第一、二、三期《海洋基本计划》文件中。但在第三期《海洋基本计划》中,首次特意提及"日本航线经东南亚、印度洋、太平洋",声称"全球化背景下,一国难以以一己之力维护国家安全、促进国家发展",日本坚持推进"印太战略"、以

---

① 引自伦敦大学国王学院教授、英国政策交流协会高级研究员阿莱西奥·帕塔拉诺在日本《日经亚洲评论》杂志发表的《澳英美联盟与印太地区实现政治"小多边"主义的开端》一文。

· 205 ·

"海洋法治三原则"为基础的"自由开放的海洋秩序"才能维护日本和国际社会的安全。"最为关键的是,要在未来较长的一段时间内,根据战略落实情况和效果,根据形势变化,随时调整、推进、升级,以主动积极营造对日本有利的国际形势、环境为目标。"①《海洋基本计划》中"经东南亚、印度洋、太平洋的航线是日本海上生命线"至少并不周延,与事实严重不符地没有提到澳大利亚、新西兰、拉美等海上能源资源通道方向,也没有提到北美这一重要的贸易方向。这折射出日本的对外战略考量已经从经济安全、经济利益、经济布局走向政治安全和地缘战略;"印太"这一对外战略重心的确立也标志着海外港口开发空间布局从全球化走向"印太化"。战略目标与战略重心的选定反映在实践中,即是海外港口开发走向零和竞争。

　　日本对"印太"海外港口开发零和竞争的态度仿佛也曾出现短暂转圜,但实际上并不具备内生动力。2017年6月,安倍晋三在日本"亚洲未来论坛"演讲中首次表示,可有条件地参加共建"一带一路"倡议。2017年11月举行的中日首脑会谈达成了两国在第三方开展商业合作的意向。2018年李克强总理访日,中日决定设立"一带一路"官民协议会。2018年10月安倍晋三访华,双方召开了声势浩大的首届中日第三方市场合作论坛。2019年全年,中日政府部门保持沟通;《日本经济新闻》2019年9月曾报道,双方计划在2020年春天举办第二届中日第三方市场合作论坛。然而,随着新冠病毒感染疫情袭来、安倍晋三辞职、中美竞争加剧,从菅义伟上台执政到岸田文雄掌权,中日围绕第三方市场合作并没有机制推进和实质进展。

　　诚然,疫情作为"黑天鹅"事件打断了中日关系回暖的进程。但即使在短暂的转圜期内,学界也并非没有对中日第三方市场合作的担忧之声。长期从事"一带一路"研究的中国学者傅梦孜提出,"西方政治语境"具有反复性,"日本竭力推销'印太战略',拼凑'美日澳印'

---

① 第三期《海洋基本计划》,第9页,https://www.cao.go.jp/ocean/policies/plan/plan03/plan03.html。(上网时间:2020年9月1日)

同盟，有牵制'一带一路'的战略考虑。日本会与中国争夺海外基建市场，能自己干就会自己干，或者自己主导着干"。① 如今，这一对日本的判断已被事实所印证。

更值得注意的是，日本似乎一直认定海外港口开发有着特殊敏感性，即使是在短暂的转圜期，港口也并不在中日第三方市场合作的清单之列。日本经济产业省曾明确要求，日企参加"一带一路"项目时，对于与安全高度有关的港口项目要提高警惕。

三、具有战略主动性的日本

美国需要日本。菅义伟上台后不久，民主党重新夺回美国执政权，拜登重回重视盟友、伙伴的建制派路线，美日同盟和美日就"印太战略"的对接进入新阶段。美日澳印"四边机制"脱虚向实，使美日同盟强化、扩大化，美国盟友伙伴之间的双边经济与安全合作强化。这与白石隆等学者提出的区域发展态势如出一辙，日本正如"白石隆们"所呼吁的那样，追求着"承担起维护国际秩序与地区秩序的责任"，"在对华第一线"将海洋战略与国家战略问题一并考虑、协同推进。美日澳印"四边机制"成立了"基础设施出口工作组"，美国"重建美好世界"、日本"基础设施系统出口战略"与印度、澳大利亚相关基建倡议的对接步入实务层面，2021年美日澳印"四边机制"首脑峰会更提出了"印太"绿色航运网络、绿色港口网络的新概念。

一直以来，"美主日从"是学界普遍观点。1951年，美日签订《美日安全保障条约》，成为美日关系基础。至今，该条约多次修订，维系了"美主日从"主格局。二战后，美国对日本的全方位扶持让日本获利颇丰，日本获得经济复苏的"第一桶金"，即市场、技术、资金、节省军费等诸多机会成本。冷战结束后，美日同盟能否存续一度成为问题，双方出于利益的考虑皆有维系的意愿。日本方面，受长期威胁评

---

① 傅梦孜：《"一带一路"建设的持续性》，时事出版社2019年版，140页。

估、追随强者的战略文化、政府个别部门的部门利益等多因素共同驱动，乐于继续维持美日同盟；美国方面，欲以日本为"不沉的航母"保持在远东的存在，同样乐于维持美日同盟。中国日益崛起，更是让美日重新树立共同的假想敌。此外，日本不完全追随美国的尝试悉数失败。美日之间贸易战、科技战旷日持久，日本最初曾抛出强硬立场，但最终只能以拖延和妥协应对。日本一度是区域第一大经济体，尝试引领东亚区域合作，主导推动东亚一体化，但美国"四两拨千斤"，迅速解构东亚合作，也让日本在这样的蹉跎中实力下降、经济总量被中国远远甩在身后。像鸠山由纪夫这样想在美国和亚洲之间取得平衡、尝试"回归东亚"的政治家难得善终。

综上所述，美日同盟、"美主日从"是历史形成的。那么日本是否对美国产生政策影响力？在"印太"成为世界新中心、中美竞争加剧的背景下，日本的作用是否有变化？

日本熟知"美主日从"的套路，深知如何在美日同盟框架下获得国家利益最大化。美日同盟确立伊始，日本便有依傍美国出海、争取美国支持的意识和相关尝试，这种尝试存在于各行各业，而非仅仅狭义上的外交。以 IAPH 的诞生为例，1952 年的日本还没有在战后举办过大型外事活动。日本港口协会会长松本学提出，以纪念日本港口协会成立 30 周年为契机举办国际港口会议。作为日本港航界的头面人物，松本学知晓美国态度的重要性，遂利用自身人脉关系努力争取美国外交界和港航业对日本举办会议的支持。该会议得以在日本成功召开，美国代表、亚洲七国代表、欧洲九国代表参会。

日方的努力和野心不仅于此，日本做通美国工作，由美国代表在大会上提出三点倡议。一是国际港口会议有必要从临时会议升级为常设组织；二是常设组织的筹建工作交由日本港口协会具体落实；三是为彰显美国的支持，第二次国际港口会议计划在美国洛杉矶举行。由美国发出的呼吁显然比东道主日本的发言更具有国际影响力，美国的积极推动最终得到正向反馈，三点倡议获诸多与会者认可。1955 年，第二次国际港口会议在美国洛杉矶召开，IAPH 宣告正式成立并落户

第五章 日本海外港口开发战略目标及驱动因素

日本东京。

IAPH 成立并落户东京是战后早期日本反向塑造美国的缩影,而在当前"印太"成为世界新中心、中美竞争加剧的背景下,日本的进取性更趋强烈。2020 年,美国向日本提供全球关键港口清单,敦促日本在美国清单指明之处加紧布局,以对冲中国的"海外扩张"。[①] 美国催促日本将更多战略资源投入海外港口开发,以日本在本地区的经济影响力对冲中国向海外的不断拓展。而这不单纯是美日战略对接的结果,更是日本主动塑造的结果。

据美国战略与国际问题研究中心发布的,由该中心负责亚洲和日本事务的高级副总裁格林主持的《中国海上丝绸之路对印太地区的战略意义和经济影响》报告记载,美国战略与国际问题研究中心对中国海上丝绸之路港口支点进行重点考察的想法源于与日本国家安全保障会议高官的讨论,后者为这一主题的系列研讨会提供了资金支持。[②] 该课题组最终组织了 7 位"专家"以皎漂(缅甸)、汉班托塔(斯里兰卡)、瓜达尔(巴基斯坦)和恰巴哈尔(伊朗)为具体案例,系统分析中国海上丝绸之路港口项目,以及对"印太"地区基础设施发展及经济、地缘战略的影响。

"阿米蒂奇"系列报告被视为观察美日同盟的"窗口"。2020年 12 月发布的第五份"阿米蒂奇"报告以《2020 年的美日同盟:一个带有全球议程的平等联盟》为总标题,以不同于以往的口吻分析了日本在美日同盟的角色以及日本的特殊贡献。该报告用大量篇幅肯定了日本近年来处理亚太事务的方式,甚至称,"日本已经完成了美国未完成之事,为同盟关系做出了贡献","日本在构建地区

[①] 「安保条約 60 年 第 2 部/1(その1)米、対中『港湾リスト』インド太平洋 30 カ所 日本に開発協力迫る」、『毎日新聞』、2020 年 3 月 23 日、https://mainichi.jp/articles/20200323/ddm/001/010/133000c。(上网时间:2020 年 3 月 28 日)

[②] Michael J. Green, "China's Maritime Silk Road: Strategic and Economic Implications for the Indo-Pacific Region", CSIS, April 2, 2018, https://www.csis.org/analysis/chinas-maritime-silk-road. (上网时间:2021 年 2 月 6 日)

关系网方面发挥了重要作用,日本在军事和建设开放的基础设施等方面提供了资源,展开了安静的软实力外交,这有利于加强日本同东南亚和南太平洋岛国之间的联系,从而帮助美日共同对抗中国日益壮大的影响力"。

回到当前美国所关注的"印太"绿色航运网络、绿色港口网络构建问题上,上述概念的提出过程依然能够发现日本的影子。2021年4月美日首脑会谈指出,两国将共同致力于推动全球碳中和;"两国建设美日竞争力和韧性伙伴关系"以及"合作构建绿色航运网络"出现在美日领导人联合声明的附件中。随后,在2021年9月举行的美日澳印"四边机制"首次线下首脑会谈中,构建美日澳印绿色港口、绿色航运网络成为会谈成果之一。

事实上,日本战略界已经不避讳谈及"日本应在美日同盟和地区秩序构建中发挥主动性"。2021年9月9日,日本最大报刊《读卖新闻》登载了其与读卖国际经济恳谈会联合主办的读卖国际会议论坛实录。日本时任驻美大使杉山晋辅发言称:"过去美国重视的对象依次是俄罗斯和欧洲、中东、拉美,之后才是亚太,现在主战场已经转向'印太'和东亚。安倍晋三提出的'自由开放的印太战略'获得特朗普总统和拜登总统的重视,可以说是凸显日本外交实力和构思能力的典型案例","与30年前我第一次被派驻华盛顿相比,日本经济总量在全球占比有所下降,被中国后来居上。但是此次作为驻美大使赴任期间,切身感受是与国力下降相反,美国似乎开始依赖日本的构思能力、对外发声能力和外交能力","从美国的视角看,日本是最能够用同一种思维思考问题、最容易对话的盟国。日本只要自信地尽职尽责就好"。[①]

总之,一系列动向标志着日本"海洋国家"身份与港口等人文性海洋资源运用的异化,标志着日本正从向海而生、向海图强走向制造陆海对立。以往日本将"海洋国家"与"通商国家"挂钩,主要为维护

---

① 「台湾有事は日本有事」「中国共産党は力を信奉」、読売国際会議、東アジア情勢を議論、『読売新聞』、2021年9月9日。

日本在区域的海外利益和海上利益。当时没有其他国家与日本正面竞争,日本要做的就是通过非军事手段,即以对外援助为主的经济外交来维护国家利益、拓展国家的对外影响力。从"雁阵模式"到东亚共同体概念的提出、推动"10+3"合作模式的形成,以对外援助和"经济伙伴关系协定"为两翼塑造区域经济结构,日本彼时所面临的是美日同盟下美国做"班长"、日本做"副班长"的秩序和结构。

21世纪以来,特别是2010年GDP被中国反超后,日本强调"海洋法治""规则""价值观","海洋国家"身份建构突出日本是区域"自由、安全的海洋国家"的守护者、引领者,这并非是历史的偶然,日本正在美日同盟框架下争取外交空间和战略影响最大化。正如中国学者廉德瑰所指出的:"这一时期,日本建构'海洋国家'身份是瞄准应对来自亚欧大陆心脏地带的挑战,主张海洋国家结成联盟和构建大陆边缘地带对心脏地带包围网。"[①] 日本利用东海、南海议题巩固并强化与东南亚、南亚、澳大利亚的合作,强化美日同盟,深化与欧洲国家合作。这使日本可以成为"印太"地缘海缘网络中的重要节点,在"印太"地缘政治博弈中的地位大幅提升,甚至成为第二权力中心;也使日本推动包括海外港口开发在内的战略目标的实现更加顺畅。"海洋国家"身份的异化,是以人文性海洋资源服务地缘海缘零和竞争的恶用。

第五节 "海洋国家"身份的再异化:
科技革命与地缘竞争

地缘竞争正在"印太"如火如荼地上演,海外港口开发是其重要赛道。地缘竞争正在显现出新变化,宏观层面是以能源革命、信息革命为主线的新一轮科技革命;中观层面是拜登上台后气候变化治理重

---

① 廉德瑰:"略论日本'海洋派'的对外战略思想",《日本学刊》2012年第1期。

新成为全球关键政治议题。海外港口开发在此背景下，呈现出以"绿色"勾画小圈子和网、空、海融合发展，综合竞争的新态势。港口绿色化、信息化成为新的可战略性运用的人文性海洋资源和地缘竞争新赛点。

一、科技革命孕育新地缘战略思潮

像基辛格一样，一些有代表性的日本学者正试图将科技革命、绿色化、信息化纳入地缘政治，构建新的地政学。北冈伸一、细谷雄一在编著的《新地政学》中提出，自由主义世界秩序趋于无序，民主和法治丧失，中美博弈激烈，以权力为基础的地缘政治竞争重现。一方面，新地缘政治竞争与一个世纪之前麦金德提出的传统地理政治学相似，以"地理"和"历史"为优先视角，折射出地缘竞争与全球化背景下的各方相互依赖关系。另一方面，新地缘政治竞争融入了科技进步所带来的太空、网络等诸多新要素，已经不同于古典地缘政治学只关心海陆，或者说空间的地缘政治问题。[①]

细谷雄一牵头组织"API 地经学研究组"，提出构建"地缘经济论"学说。细谷雄一认为，以中美贸易问题为标志，国际政治迎来了以"经济"作为地缘竞争手段的"地缘经济学"时代。新冠病毒感染疫情加速世界格局演变，"技术与创新""全球供应链""建立国际秩序的规则、规范和标准""气候变化"是地缘经济论的四大题中之义。[②] 经济手段已经成为最好用的地缘竞争手段，狭义上包括经济制裁等手段，广义上则涵盖了对外援助和投资等。

[①] 北冈伸一、细谷雄一编、『新しい地政学』、東洋経済新報社 2020 年版。
[②] 由独立智库"亚太倡议"多位专家组成的研究组，旨在预判疫后国际政治格局、经济潮流，研究地缘经济学，服务日本国家战略和利益。参见 https://apinitiative.org/geoeconomic-briefing/，https://toyokeizai.net/list/author/API%E5%9C%B0%E7%B5%8C%E5%AD%A6%E3%83%96%E3%83%AA%E3%83%BC%E3%83%95%E3%82%A3%E3%83%B3%E3%82%B0。（上网时间：2021 年 2 月 30 日）

二、海外港口开发"绿色化""数字化"竞争新动向

在这样的思潮之下,绿色港口、绿色航运问题正在被美日等对中国抱有地缘竞争敌意的"先发国家"所政治恶用。气候战略、气候安全、绿色化信息化建设深度卷入大国竞争。

2021年4月,美日首脑会谈达成一致,双方共同努力推动全球碳中和。美日领导人联合声明附件中提出,两国建设"美日竞争力和韧性伙伴关系",合作构建绿色航运网络。2021年9月,美日澳印"四边机制"举行首次线下首脑会谈,提出要构建美日澳印绿色港口、绿色航运网络。2022年2月11日,拜登政府发布其首份美国"印太战略"报告(由白宫发布),提出未来12—24个月的10项核心工作,该报告第6项"做深做实美日澳印'四边机制'"指明:"'四边机制'将建立一个绿色航运网络,并将协调卫星数据的共享,以提高相关国家船只的海洋领域意识和气候反应能力。四国集团成员将共同在南亚、东南亚、太平洋岛屿推动高标准基础设施建设,并将努力提高其网络能力。"

"小圈子"绿色航运网络正在走向战略落实。2021年9月,"四方"首脑会谈合作清单指出,"四方"将成立"美日澳印航运工作组",这是虚脱入实的机制保障。该清单还指明,"四国拥有多个世界级大港,是国际海运干线组成,有无以伦比的条件推进绿色港口建设、绿色燃料运用。四国将通过航运工作组加强组织协调,以洛杉矶、孟买、悉尼、横滨为主要港口支点,构建脱碳、绿色海运价值链。2030年前建成2—3个低排放或零排放的美日澳印港口走廊(航运干线)"。[①] 2021年11月10日,美国交通部长皮特·布蒂吉格在《联合国气候变化框架公

[①] 「ファクトシート:日米豪印首脳会合」、第3页、https://www.mofa.go.jp/mofaj/files/100238180.pdf。(上网时间:2021年12月14日)

约》第 26 次缔约方会议①期间的英国交通日发表讲话称，"美日澳印航运工作组"已经就权责分工达成一致。

2022 年 2 月日本最新发布的《海外港口开发指针》中提出，日本要运用美日、美日澳印的国际关系网络，交换关于海外港口开发的信息和展开具体合作；将在碳中和大背景下，推动国际绿色航运网络形成；日本要在海外港口布局氢能、氨能等绿色燃料存储和补给设施。② 致力于氢能使用推广的"清洁氢合作伙伴关系"也已写入美日澳印"四边机制"合作清单。

由此，美日正在试图主导构建将中国排除在外的"印太绿色港口、绿色航运"网络。中国是全球举足轻重的海运大国，海运货物贸易量全球第一，是东盟、澳大利亚最大贸易伙伴。中远海运拥有全球规模最大的商船队，与招商局参与了全球多个大港的建设运营，在全球吞吐量排行前十名的港口中，中国独占七席。在这一背景下，"印太"海运减排合作将中国排除在外，无论如何也难以让人信服能够取得减排的成效。

其实早在 2010 年，IAPH 便制定了 ESI③，并负责其运营。至今，全球参与 ESI 奖励措施的港口及机构累计达到 53 个，包括不少全球性大港，如欧洲的阿姆斯特丹港、鹿特丹港、安特卫普港、不来梅港、汉

---

① 2021 年 11 月 10 日，在《联合国气候变化框架公约》第 26 次缔约方会议上，22 个国家承诺在未来几年建立零排放航运走廊，作为实现航运业脱碳的第一步，而航运业被公认为是最难减排的行业之一。《克莱德班克宣言》签署国的目标是，到 2025 年至少建立 6 条船舶试点运用零排放燃料的航运走廊，然后再扩大数量更多、距离更长的航线，或在同一航运走廊增加更多的零排放船舶。签署国在该会议上发表的宣言中表示："到 2030 年，我们希望看到更多绿色走廊投入运营。"这个新成立的联盟是对丹麦、挪威和美国发起的"零排放航运使命"承诺的补充，有助于航运业到 2050 年实现净零排放的目标。这 3 个国家与澳大利亚、比利时、加拿大、智利、哥斯达黎加、斐济、芬兰、法国、德国、爱尔兰、意大利、日本、马绍尔群岛、摩洛哥、荷兰、新西兰、西班牙、瑞典和英国等国共同签署了《克莱德班克宣言》。

② 『海外展開戦略（港湾）』（2022），https://www.mlit.go.jp/report/press/content/001462444.pdf。（上网时间：2022 年 3 月 10 日）

③ 这一指数用于评估在减少大气排放方面较好的海运船舶。对于减排方面表现较好的海运船舶会有相应奖励。

堡港和勒阿弗尔港，亚洲的东京港、横滨港、釜山港，美洲的洛杉矶港、纽约和新泽西港务局等。除了ESI之外，世界主要港航大国及国际组织纷纷提出绿色港口认证标准，北美绿色航运认证影响力最大，欧洲海港协会也建立了港口自我诊断方法和港口环境评审系统，中国交通运输部制定了绿色港口等级评价标准。

全球还没有统一的绿色港口定义，[①] 绿色港口标准之争，关乎以绿色重塑干线港口、国际航运网络、国际价值网络，这才是各方争抢参与标准制定的动因所在。联合国贸易和发展会议报告指出，可贸易的商品和服务的温室气体排放约占全球碳排放的1/4左右，在气候变化治理大背景下，联合国贸易和发展会议酝酿将环境服务纳入《服务贸易总协定》。[②] 是否"绿色"，可能成为海外港口开发和港口海运干线支点战略地位的新门槛，冲击以质优价廉为核心竞争力的既有海外港口开发竞争格局，以及以货物吞吐量为核心竞争力的既有海运干线网络格局。美日澳印"四边机制"战略宣示、美日相应战略对接、美国与日本各自的战略规划聚焦港口绿色化，目的皆在于此。

港口信息化也是新的竞争焦点。"印太经济框架"和"印太海域态势感知伙伴关系"是拜登东亚之行的"两大成果"。2022年5月24日，美日澳印"四边机制"东京首脑峰会宣布，构建"印太海域态势感知伙伴关系"。"'印太海域态势感知伙伴关系'在很大程度上实现了美国定义的"印太"地区战略图景的联网。"[③]

海域态势感知始于冷战时期的美苏海上争霸，"9·11"恐怖袭击事件后美国发起了海域感知国家计划。美国总统小布什表示："海洋领

[①] 彭传圣、于秀娟等：《亚太绿色港口实践精选》，人民交通出版社2019年版，第43页。

[②] "贸易和发展报告2021——从复苏到复原力：发展层面的问题（概述）"，第24页，https://unctad.org/system/files/official-document/tdr2021overview_ch.pdf。（上网时间：2022年2月26日）

[③] Lalit Kapur, "Assessing the Indo-Pacific Partnership for Maritime Domain Awareness," June 23, 2022, https://www.delhipolicygroup.org/publication/policy-briefs/assessing-the-indo-pacific-partnership-for-maritime-domain-awareness.html.

域意识计划的核心是对远远超出我们传统海上边界的所有船只以及货物和人员的准确信息、情报、监视和侦察。"①"印太海域态势感知伙伴关系"构建，标志着海域态势感知从维护国土安全走向战略威慑，美国提出全域组网海域感知，旨在抢占大国海上博弈新高地。美国新版"印太战略"报告为此做出铺垫：美日澳印"四边机制"绿色航运网络建设要"协调卫星数据的共享，提高相关国家船只的海洋领域意识和气候反应能力"。这指向船舶自动识别系统数据的运用和海域态势感知。与美国相呼应的是，日本从2013年第二期《海洋基本计划》开始，正式将"海洋状况监控体系"明确为国家海洋战略规划；并明确，海域态势感知是美日同盟合作内容之一。此次"印太海域态势感知伙伴关系"构建方案的提出，将整合和扩展跨域"印太"的四个情报融合中心的数据：新加坡的国家信息融合中心、印度的印度洋国家信息融合中心、瓦努阿图的太平洋融合中心以及所罗门群岛的太平洋岛屿论坛渔业局区域渔业监控中心。美日澳印开启该合作，建立起庞大的海洋数据系统和智能分析体系。

　　换去路为来路，亦能一探美国对港航等海洋制信息权的重视和战略考量。2021年12月21日，美国《华尔街日报》网站炒作：在全球港口拥堵、各行业饱受供应短缺困扰的情况下，运输数据成为极具价值的商品。中国通过国家交通运输物流公共信息平台等构建全球港口数据系统，既包括中国沿岸港口，也包括海上丝绸之路沿岸港口，将对数据安全、供应链安全和战略安全构成威胁。2022年10月3日，美国《纽约时报》英文版渲染称，中国已经意识到，海洋实力并不是仅以军力来衡量的。中国具有强大的造船能力，且在全球海上供应链中占据主导地位，美国经济"严重依赖"中国和东亚的产品、资源，而航运网络越来越受中国的"控制"。该报道引用美国国会一家咨询

---

① "National Plan to Achieve Maritime Domain Awareness for The National Strategy for Maritime Security"，https：//www.dhs.gov/sites/default/files/publications/HSPD_MDAPlan_0.pdf.

第五章　日本海外港口开发战略目标及驱动因素

机构的警告称，中国可以利用航运数据来跟踪货物流动，获得商业或战略优势。①

事实上，美日已将港航制信息权的争夺付诸行动。日本在海外港口开发中积极推广由日本提供技术支持的港口电子数据交换系统和信息化标准，在缅甸建设的由日本提供技术支持的港口电子数据交换系统项目已经步入实用阶段，在越南、柬埔寨的有关项目已开启，并在印尼、新加坡、马来西亚、缅甸、越南、印度等广泛推广。② 日本提出，"支持对象国提高能力以便与日本信息共享，推动亚太经济合作组织成员国间信息标准化"。③ 日本还正在打造 TradeWaltz 线上贸易系统，计划把日本与越南、泰国、新加坡、中国台湾、澳大利亚和新西兰连接起来，使贸易无纸化、跨境零部件采购基于大数据平台更加高效。2020 年起，日本国内大约有 20 家企业已经试运行该系统，预计到 2025 年，使用该系统的日本企业用户将达到 450 家，所有国家和地区的用户达到 5000 家。④ 显然，港口信息化是美日澳印所谓"供应链安全""经济安全"的一部分。

总之，港口绿色化、信息化打破了海域、空域、网域的界限，使新的疆域成为融合的新疆域。绿色化、信息化被政治化，是可被战略性运用的人文性海洋资源的外延又一次拓展。

三、科技革命背景下的新地缘竞争

科学技术是第一生产力，港航竞争是国家综合科技实力的竞争。唐

---

① Michael Roberts, A U. S., "'Ships Act' Would Break China's Control of the Seas", October 3, 2022, https://www.nytimes.com/2022/10/03/opinion/china-us-shipping-security.html.

② 『海外展開戦略（港湾）』(2022)、https://www.mlit.go.jp/report/press/content/001462444.pdf.（上网时间：2022 年 3 月 10 日）

③ 2015 第 6 回海外港湾物流プロジェクト協議会，港湾関連プロジェクトの海外展開の動向。中崎剛、「港湾分野におけるインフラシステム輸出戦略について」、https://www.umeshunkyo.or.jp/ronbun/h25_port_abstracts/4.pdf.（上网时间：2022 年 1 月 10 日）

④ 引自《日本经济新闻》网站 2021 年 7 月 16 日的报道。

宋时期，中国掌握大型商船建造技术，从而掌握了东亚海上贸易主导权和海上战略优势，并将影响力向印度洋延伸。

工业革命后，西方工业水平全面赶超东方。蒸汽机最早被用在轮船动力上而非工业生产，带来远洋船舶吨位、安全性、速度的跨越式发展，西方势力如潮水般涌向古老的东方。① 丘吉尔在《第一次世界大战回忆录 1：世界危机（1911—1914）》中回忆其力主英国军舰将能源从煤炭向石油转换，让燃油舰队在海战中发挥重要作用的经历。"液体燃料带来的优点是无法估量的"，加油耗时短、人力成本低，不必浪费从海上往返于煤炭补给港的时间。能源转型大大加速英国海军战力的提升，燃油舰队在一战海战中作用凸显。与此同时，能源转型带动国家战略诉求的转变，煤炭港口重要性下降，英国开始为确保石油储备安全而寻找海外油田、建立石油供给海外战略支点。②

如果能源革命、信息革命的逻辑成立，绿色与信息的新竞争规则将颠覆传统的以吞吐量、硬件基础设施为核心竞争力的港口竞争的效益逻辑，以及以质优价廉为核心竞争力的海外港口开发竞争的商业逻辑。这也是美日在失去传统竞争优势的背景下，尝试为自身寻找新错位优势的出路。这一竞争的局面已经开启，但我们必须认识到，如果一项新技术、一种新能源并非出于生产力变革驱动、渐进地释放其价值，而是依靠"小圈子"政治单方面推进，终将难免会止步于政治表态，沦为空谈。各方对科技革命已经袭来拥有共识，同时又对其路径和节奏莫衷一是。

本章小结

地理的影响具有客观性，经济的影响具有长期性，政治的影响具有

---

① 横渡大西洋航线的帆船最大为 1000 吨级，而蒸汽船吨位可达 3618 吨。
② ［英］温斯顿·丘吉尔著，关良健等译：《第一次世界大战回忆录 1：世界危机（1911—1914）》，左岸文化 2014 年版，第 80—85 页。

第五章 日本海外港口开发战略目标及驱动因素

方向性。本章全面系统地分析日本对于通道安全、资源能源安全、经济利益、国际产业分工、海外市场、政治诉求、地缘竞争的战略考量,论证海外港口开发是日本经济战略、海洋战略、地缘战略的交汇所在。本章结合日本国家对外战略演变和战略思潮演变论证得出,海外港口开发成为日本国家战略具有必然性,海洋观的发展和异化是日本海外港口开发战略推进的底层逻辑,"海洋国家"身份话语建构之变是驱动因素。

第一,海外港口开发是日本经济、政治、安全、地缘战略的交汇点。海外港口开发服务于日本对外战略,并随对外战略演进而演进。多重战略目标并非随着时间推移而叠替,而是多个共存,战略优先度不断调整。作为四面环海的国家,保障国家资源能源安全和通道安全是日本海外港口开发初衷;伴随着国际产业内分工的大发展,国际产业结构塑造成为其首要经济战略关切;面对日本国内供需两弱,海外市场的开辟对于维系其经济大国地位至关重要。从地缘政治战略上讲,港口资源作为人文性海洋资源被日本战略性运用于"政治大国"目标;在大国竞争与科技革命相互作用的背景下,港口战略化、安全化属性突出,"港口绿色化、信息化"异化为日本挑动地缘竞争的新工具。

第二,海洋观的发展和异化、"海洋国家"身份建构之变是日本海外港口开发战略推进的底层逻辑、驱动因素。日本敏锐地察觉到区域地缘海缘属性和区域内国家向海图强的发展诉求,以及人文性海洋资源可在对外战略推进中战略性运用。从战略性运用港口资源、"通商国家"身份建构,到当前恶用"海洋价值观、规则、法治"及"港口信息化、绿色化引领者"身份,日本"海洋国家"身份话语建构不断异化,其本质是国家海洋观从向海而生、向海图强走向制造陆海对立。

第六章

日本海外港口开发战略评估

通过前五章的研究，本书可以得出以下结论：港口攸关一国的发展与安全，港口与海外港口形成全球化网络，大国对海外港口支点控制经营高度重视，当前海外港口开发已取代西方殖民式、美国霸权式开发模式，成为大国海外支点控制经营的主流模式。囿于战后体制，日本以"软手段"推进对外战略，海外港口开发是其经济外交、海洋外交的交汇所在，即"贸易立国"与"海洋立国"的交汇点。日本海外港口开发较好地统筹海上通道安全、资源能源安全、国际产业链布局、海外市场拓展、地缘竞争等多维战略目标，日本"以港织网"较好地服务于国家发展与安全。海外港口开发战略重心的转移反映着日本海洋观从向海而生、向海图强转向制造陆海对立。向海而生、向海图强适应区域地缘海缘属性取得一定成功，而制造陆海对立是对其战略实现的根本制约。日本海外港口开发的渗透式模式已经形成，模式化运行降低了日本海外港口开发战略成本，模式创新加速了日本海外港口开发的推进。

第一节 战略成效评估

20 世纪 50 年代至今，日本以承接对象国港航发展规划切入，"规划调查—建设运维—运营管理"全流程参与，至今在海外共完成港口规划调查项目 380 余项，在建港口 40 余个，经营港口接近 30 个，构建起遍布全球、聚焦"印太"（特别是东南亚）的海外港口支点网络。日本海外港口开发的经济战略目标实现度最高，布局与经营较好地服务于资源能源安全、国际产业链布局、海外市场开拓、经济利益拓展。同时，对对象国港航发展规划的介入有助于与对象国增进互信，提升本国政治影响力。

随着日本的"慢性衰退"[①]，其经济、政治外溢效应与制度影响力将随之下降，海外港口开发战略推进缓慢甚至收缩是客观必然。日本投入战略资源的增加，并不必然带来海外港口开发的高位发展，以及当前其最为重视的地缘竞争战略目标的实现。

一、较好地服务于国家发展与安全

日本海外港口开发遍布各大洲的70余个国家，其海外港口开发战略推进与国家对外战略推进保持高度一致。最初，主要服务于海上通道安全与海外资源能源供给安全；20世纪七八十年代，随着能源多元化而走向全球化；80年代末开始逐步收缩战略；当前主要服务于战略安全竞争，以及国际产业链布局与海外市场拓展。从区域看，东南亚始终是重中之重，南亚居于第二梯队，在非洲、大洋洲的布局展现出新的活力和潜力，对拉丁美洲、中东的兴趣则有所下降。

（一）聚焦"印太"

在东南亚这一集海峡咽喉、资源能源供给地、国际产业转移目的地、海外市场、地缘博弈"棋眼"于一体的战略重点区域，日本海外港口开发起步最早，支点布局最为密集，港口合作最为深入。日本经过长期经营，不同程度地介入过该地区几乎所有具有战略价值的港口支点，或止步于规划调查，或继续参与建设运维和运营管理。日本包揽印尼、菲律宾、越南、泰国等多个东南亚国家的国家港航发展规划，港口开发项目"规划调查—建设运维—运营管理"全流程参与的转化率最

---

① 日本经济问题专家张季风在2022年6月15日举行的中华日本学会2022年理事会暨《平成时代》出版座谈会上指出：虽然日本在未来仍然可以保持发达国家的地位，但其慢性衰退是不可避免的。

高；日本在东南亚的港权与货权经营最为成功，打造了多个港城一体化项目，如印尼巨港与产业园区、缅甸迪拉瓦港与产业园区、泰国林查班港与产业园区等。这些港城一体化项目至今仍然服务于日本在该地区的经济、政治、安全、地缘利益。

从日本海外经济布局的区域来看，东南亚地位仍然重要且涨势强劲。2001—2020年，日本对东盟国家直接投资虽然具有一定波动性，但总体呈上涨趋势，特别是2012年以来，增长幅度显著高于其他主要的直接投资目的地。2016年下跌后迅速实现反弹，虽然2020年因疫情对外直接投资普遍下跌，但日本对东盟国家的投资增速和累计直接投资总额远超对其他非发达经济体。日本财务省和日本银行的统计数据显示，截至2019年，日本对东盟国家累计直接投资总额达到29万亿日元；截至2022年，日本对美国直接投资占比29.3%，对欧盟直接投资占比26.5%，对东盟直接投资占比14.3%，东盟是仅次于美国、欧盟的日本第三大对外直接投资目的地。

从行业领域来看，制造业特别是运输机械的海外生产比例持续提升。虽然日本国内经济增长失速，但日本企业的海外产业转移仍在持续。根据日本国土交通省公布的统计数据，2004—2016年，制造业海外生产比例从16.2%提高到23.8%，其中运输机械的涨幅和占比最大，海外生产比例从36%提高到46.1%。

日本至今仍处在东亚产业链、价值链上游。日本通过港城投资，塑造地区经济结构，港口支点与地区经济结构呈现出相互塑造效应。日本港口中长期政策愿景"港口2030"指出，未来，劳动力密集型产业投资的目的地将转向柬埔寨、老挝、缅甸、越南等国家，东南亚较为发达的国家则是资本密集型产业直接投资和开拓海外市场的目的地。日本正在着力向人均GDP较高（按照购买力平价）的国家开拓消费市场，向人均GDP较低的国家推进制造业产业布局。日本官民一体着力推进并取得进展的柬埔寨、缅甸、越南、印尼等国的海外港口开发，与上述国家战略布局的指向完全吻合。

汽车产业是当前日本的主要优势产业，其布局对于判断日本战略走向具有参考价值。日本汽车产业的国际布局一直保持着增长的势头，特别是在亚洲地区投资不断上涨，占海外产值的半数以上。在印尼，日本积极与对象国产业战略对接。印尼宣布大力发展汽车产业，印尼总统佐科亲自公布了2025年整车出口100万台的目标。2022年，日本丰田入股印尼巨港汽车装卸专用码头运营，目前月整车吞吐量达到1.6万台。在日本对外援助支持下，该港整车年吞吐量有望在2026年突破60万台，对同样由日本参与运营的丹戎不碌港的吞吐能力形成有益互补。①

表6-1 日本汽车产业海外布局的推进（2003—2012年）　　　单位：万台

年份 区域	2003	2004	2005	2006	2007	2008	2009	2010	2011	2012
亚洲	348	384	400	403	452	487	514	712	754	850
北美	300	383	384	400	404	357	268	339	306	425
欧洲	133	145	154	170	197	187	122	135	141	148
中南美	45	53	64	74	89	92	79	98	102	128

资料来源：根据《日本汽车零件工业（2013/2014）》相关数据自制。

日本海外港口开发聚焦"印太"，特别是东南亚，正好跟"印太"成为世界地缘、政治、经济新中心的时代潮流相契合。美国"重建更美好世界"倡议的国际部分重点关注拉美、加勒比、非洲、"印太"；欧盟"全球门户"计划重点关注拉美、非洲、"印太"、东欧、北极；中国海上丝绸之路倡议亦提出了经南海、印度洋至中东、非洲、欧洲的线路。"印太"是主要力量汇集之处，而日本对这一区域的经营旷日持久，海外港口开发所取得的成效可圈可点。

此外，百年未有之大变局下，日本联美遏华做对外战略调整，海外港口开发被纳入其"印太构想"。这为日本海外港口开发涂上了新的地

---

① 「自動車輸出拠点へ前進　パティンバン港、本格稼働4カ月」、『アジア経済ニュース』、2022年4月13日，https://news.yahoo.co.jp/articles/8aed95975c97d6b4e514bbbdb045c09f9d3d68e9。（上网时间：2022年5月7日）

缘竞争底色。在"印太战略"、国家海洋战略、"基础设施系统出口战略"引领下，日本一方面巩固东南亚基本盘，另一方面发力南亚、大洋洲、非洲，加大力度在"印太"地区推进海外港口开发。海外港口开发战略化、安全化的情势仍在演变之中，博弈激烈，成本与收益比已经发生新的变化。

（二）遍布全球

日本从20世纪50年代开启海外港口开发，不仅在东南亚、南亚近水楼台，还更广泛地在全球范围内开展合作。日本主动谋划海外港口开发战略，推进源于对海上通道安全和资源能源安全的关切，突出维护"经济安全"的战略目标。

从经济结构看，海运占日本货物贸易运量的99.6%，海上贸易结构几乎就是日本对外贸易结构，日本对国际初级产品的需求巨大。煤、石油、天然气、铁矿石、羊毛、棉花全部依赖于海外进口，连依存度相对略低的木材都达到了72%。所以海上通道被日本比作"海上生命线"，而海外港口支点是"海上生命线"的支点。

表6-2　日本主要资源能源进口依存度统计（2014—2015年）　单位:%

进口物资	煤	石油	天然气	铁矿石	羊毛	棉花	大豆	小麦	木材
国内占比	100	100	100	100	100	100	92	88	72

资料来源：根据日本船主协会《Shipping Now》相关数据自制。

日本与埃及（苏伊士运河）、巴拿马（巴拿马运河），及印尼、新加坡、马来西亚（马六甲海峡沿岸三国）建立了良好密切的港航合作关系。随着能源来源多元化、分散化和能源转型，除了中东、东亚、南亚等地区，日本对澳大利亚、美洲、非洲、欧洲等国家和地区的海外港口均有涉猎。港口支点联通着对象国港口腹地的资源能源以及贸易市场，对日本维护经济安全、深化国际经济合作发挥着支撑和保障作用。

二、战略收益的悖论

日本海外港口开发战略持续推进，取得战略性成效，但综合内外因素判断，其收益虽可观，但未来却不可期。

（一）日本经济发展的内外矛盾显现

凡事总有两面，日本海外港口开发战略以国内港口高水平开发为基础，初衷是协同服务于国家战略全局，但对于已经步入后工业化时代的日本而言，加速推进国际产业链布局与国内经济增长之间、海外港口开发与国内港口战略地位维系之间存在着悖论。

随着国际产业转移的不断深化，日本国内产业空心化愈发严重。以制造业景气和消费市场景气的风向标——集运吞吐量为例，冷战结束后整个东亚地区的集运吞吐量持续上涨，1990年亚洲（东北亚、东南亚、南亚）集运占全球38.9%，2013年占比达55.1%。[1] 而相比之下日本失速明显，如2012年，除日本外的东亚地区集运吞吐增长130%，而日本仅增长40%。[2]

日本越是拓展海外产业和市场布局，越是冲击其国内实体经济和港航业复苏。新兴国家的蓬勃发展对于日本国内市场的壮大并无助益。这是日本必须面对的矛盾境地。正如日本学者所言："日本国内港口战略地位下降，表面看是日本货物贸易下降的结果，深层原因在于日本产能向国际转移，新兴国家崛起也使日本作为全球消费市场的地位下降。"[3]

---

[1] 川崎芳一、寺田一薰、手塚広一郎、『コンテナ港湾の運営と競争』、成山堂書店2015年版、第64頁。

[2] 松良精三、「国際コンテナ戦略港口政策等について」、『貿易と関税』、2014年第12期、第26–45頁。作者曾任日本国土交通省港口局港口经济课港口物流战略室室长。

[3] 津守貴之、『日本のコンテナ港湾政策―市場変化と制度改革、主体間関係―』、成山堂書店2017年版、第37頁。

（二）战略谋划受国力制约

置于国际经济格局演变的历史维度看，当前日本经济增长低迷，在区域经济格局中的重要性下降、竞争力下降更似是一种回归。中国知名日本问题专家武寅指出，从历史的视角看，"虽然，近现代日本通过明治维新图强，实现了向世界强国的飞跃，但是毕竟日本强大、中国孱弱之于历史只是短暂的一瞬"。本区域内中国强、日本也没有完全衰弱，这一"中日间所面临的力量对比是前所未有的新常态"。①

日本作为全球经济总量第三的经济大国不会轰然倒塌，但与中国经济实力的差距将越拉越远。如果其一直增长乏力，在全球的经济强国地位将不断被新兴经济体赶超。日本认为，未来日本经济总量将被东盟、印度超过。② 诚然，2000年至今，日本经济几无增长，而美国、中国增速明显，东盟和印度也呈现稳定上涨的趋势。

日本经济走弱将令其产业外溢能力与制度影响力随之下降。具体到港口开发上，国内港口开发战略效果不彰将导致外溢能力后劲不足，海外港口开发推进缓慢甚至收缩成为客观必然。即使日本在战略上越来越重视，也不可能从根本上扭转这一颓势。日本国土交通省国土交通审议官藤井直树承认，近五年来，日本海外港口开发工程的中标额不足中国的10%，仅为490亿日元，而中国同期中标额达6300亿日元。③

这在当前日本国内推动的大港、强港战略上已有所显现。横向对比看，世界港口已经进入规模化时代，上海港、新加坡港、宁波港等超级大港的吞吐量早已不是日本国内港口可以匹敌的。新加坡单日集装箱吞吐量超过10万标准箱，是日本以举国之力"集约"的最大集运港——东

---

① 武寅："百年未有之大变局下的中日关系"，《日本学刊》2021年第3期，第1—9页。
② 『港湾の中長期政策「PORT 2030」参考資料集』、https：//www.mlit.go.jp/common/001216417.pdf.（上网时间：2022年6月5日）
③ 藤井直樹、「交通インフラ海外展開をめぐる現状と課題」、『運輸政策研究』、2021年第23巻、https：//www.nikkei.com/article/DGXLASFS23H8U_T20C17A3EE8000/。（上网时间：2022年1月5日）

京港吞吐量的7倍，遑论世界排名第一的上海港。科技竞争方面，基于信息技术和智能化平台技术的飞速发展，全球港口码头自动化作业升级日新月异，欧洲、中国、新加坡的主要港口群均在大力推进自动化码头建设和信息化平台建设，而日本决策、行动迟缓，在信息化水平上未能进入国际竞争第一梯队。

第二节　战略趋势展望

海外港口开发是日本适应战后体制并发挥港口资源这一人文性海洋资源拓展国家利益的选择。日本认识到东亚主要经济体均位于亚欧大陆边缘破碎地带，因顺应这一东亚经济、政治、安全的海缘特点推进对外战略。海外港口开发是日本改善东亚经贸运行痛点、构筑以日本为中心的经贸结构的举措。二战后日本向海而生、向海图强，推动包括港口开发在内的对外经济合作，这符合对象国诉求和区域发展大势，其战略推进较为顺利。但当前日本制造陆海对立则是误判了国际格局和发展大势，忽视了各方对于"发展"的优先战略关切。

一、向海而生、向海图强的海洋观适应区域地缘海缘属性

二战后，日本迅速实现国家经济复苏和经济腾飞。也许是海洋意识源远流长，又或是明治维新后向海而生已成为其国家战略选择的惯性，日本对海有着特殊的情结和敏感。日本很早就比较充分地认识到，"印太"地区格局具有海缘属性，与北美圈、欧洲圈有着巨大不同。"印太"区域内主要国家分布在海陆交界边缘破碎地带，海在区域安全、政治、经济格局中是重要变量。区域各国间主权和权益争端焦点在海；人流、物流"生命线"在海；国家间力量博弈着力点也在海。

海，折射日本的世界观、价值观和方法论。日本对"印太"区域格局具有海缘属性的看法具有适切性。甚至可以说，在战后很长一段时

期内，正是依靠对地区海缘经济属性的正确判断，日本对外战略推进才取得成功。

现代化以来，日本经济具有"供需两头在外"的特点，国内港口与海外港口能力不足的瓶颈深刻触动日本，使日本认识到港口是国际经济大循环上的薄弱环节。这一认识是其推动海外港口开发战略的思想之源。海外港口开发因契合战后广大发展中国家有关发展的需求而受到欢迎，港口开发故而可以成为日本对外战略推进的重要抓手，发挥着"四两拨千斤"的作用。

冷战结束后世界统一大市场形成，东亚地区的贸易增速远高于其他地区。2017年，东盟贸易额、中日韩经济圈贸易额纷纷达到1990年贸易额的8.4倍，分别是25596亿美元和65274亿美元。中日韩经济圈贸易额超过美墨加经济圈贸易额。① 东亚地区贸易激增所引发的港口基建缺口再一次被日本所敏锐捕捉。

日本对于区域海缘结构的把握是准确的，放之全球，海运同样具有无可替代的战略价值，世界经济重心依然在沿海地区，海外港口开发这一客体恰能够发挥"海洋国家"日本的优势特色，日本对于自身可战略性运用资源的认知准确。日本海外港口开发所取得的成效源自其对自身经济规律和区域经济特点甚至全球经济结构的准确把握，以及对对象国关于"发展"需要的正向回应。

二、制造陆海对立的海洋观背离区域地缘海缘属性

百年未有之大变局下，不适应变局的日本努力为自身寻找"强国出路"：从向海而生、向海图强转向制造陆海对立。这是对"海洋国家"身份建构的恶用，是日本海洋观背离客观规律的错误转向。

---

① 『港湾の中長期政策「PORT 2030」参考資料集』、https：//www.mlit.go.jp/common/001216417.pdf。（上网时间：2022年6月5日）笔者注：冷战结束以来欧洲贸易额扩容3.7倍，增速逊于其他两大经济圈，但总量大，达到117008亿美元。

第六章 日本海外港口开发战略评估

日本作为国家具有复杂的主体特点,容易陷入"我是谁"的纠结。日本既不是发展中的小国、弱国,也不是战略自主的大国、强国。日本拥有强大的经济、科技实力,但囿于美日同盟,至今没有实现"正常国家化"。日本自称西方世界一员,但作为被东方文化中浸润千年的国家,有着不同于西方的集体主义惯性。

这就是高坂正尧指出的,日本既不是西方也不是东方,中国崛起后将面临两难选择;[①] 竹内好所说的,日本经历明治维新,也看似被美国改造成"西方国家",但由于没有像中国那样经历对西方的"抵抗",没有深思过如何将自身传统、中国文化烙印和现代西方模式平衡,国家定位一直呈现矛盾的状态。[②] 因此,在百年未有之大变局下,日本极易"迷失自我",找不到正确的战略方向。在大国竞争激化的漩涡中,日本明知对华关系十分重要,但行动上却越来越依傍美国。

在日本包装下,海外港口开发从日本传统优势对外战略资源嬗变为美日"印太战略"核心工具。日本将美国当前对日本的期待视作被松绑国家战略空间并扩大国际影响力的机遇,故积极配合美国挑动大国竞争,迎合美国,将中国树立为美日共同的假想敌。

日本试图以制造陆海对立应变,但以"海洋国家"和"大陆国家"来割裂区域结构将走向错误的地缘海缘战略之路。背离开放、包容的海洋的根本属性,以及陆锁国、沿海国、半岛国、岛国等各种地理形态国家在海上利益密切交织的客观现实,只是在国家之间煽动地缘对立而不创造任何价值,不能回应关于"发展"的客观诉求,必将无功而返。

如果政治化的格局重塑目标不符合地区经济运行的客观规律,产业链、供应链、价值链将难以被人为阻断,因为发展才是各国共同的诉求。海洋观的战略性错误将是日本国家战略推进的根本桎梏,以"陆海对立"引领海外港口开发和塑造区域结构将步入"死胡同",日本渗透

[①] 高坂正尧,『海洋国家日本の構想』、中央公论社 1974 年版。
[②] [日]竹内好著,李冬木、赵京华、孙歌译:《近代的超克》,生活·读书·新知三联书店 2005 年版。

式海外港口开发将失去运筹空间。

东盟国家的反应证实了上述判断。东盟仍然将发展视为核心战略诉求，不愿卷入地缘竞争。在 2022 年 6 月结束的香格里拉对话会上，日本首相岸田文雄成为继 2014 年时任日本首相安倍晋三参会以来，第二个出席该会议的日本首相。岸田文雄在演讲中渲染"东海、南海面临威胁"，高调宣扬"印太战略"，鼓吹日本将为维护"印太"地区海洋秩序推进区域海上安全合作。[1] 而新加坡《海峡时报》6 月 11 日的社论提出，地区国家不希望被迫在各方当中选边站队。相反，大多数国家认为，经济合作为促进正当的国家利益搭建了最佳框架。据新加坡《联合早报》网站 6 月 13 日报道，新加坡国防部长黄永宏在香格里拉对话会最后一场全体大会上的发言指出，亚洲应明确核心议题不是"专制与民主之间"的意识形态斗争。[2]

第三节　渗透式海外港口开发模式评析

二战后，海外港口开发取代殖民式、霸权式海外支点经营成为国际主流模式。日本是海外港口开发实践的先行者，在上述长期实践中形成了日本特色渗透式海外港口开发。渗透式海外港口开发是日本"适应性对外战略推进和进取性国家利益拓展"的体现。渗透式海外港口开发不像军事扩张那么猛烈，军事扩张一锤定音但容易返弹；渗透式海外港口开发也不像复制"规则""价值"那般上纲上线，复制"规则""价值"容易遭人厌恶，陷入虚化、弱化。这与俄罗斯以军事力为杠杆，欧洲国家以规则力为杠杆，美国以强大的综合国力为霸权的依托均不尽

---

[1]「岸田総理のアジア安全保障会議（シャングリラ・ダイアローグ）における基調講演」，https：//www.mofa.go.jp/mofaj/fp/nsp/page4_005629.html.（上网时间：2022 年 6 月 13 日）

[2]"黄永宏：民主与专制之争非亚洲核心议题"，新加坡《联合早报》网站，2022 年 6 月 13 日，https：//www.zaobao.com/news/singapore/story20220613-1282333。（上网时间：2022 年 6 月 13 日）

相同。

日本海外港口开发对于一个地区或一个国家的经营历经几十年，不以单个项目论成败，而是综合考虑对外战略推进的得与失，通过项目推进，对对象国以及区域经济、政治、安全格局施以缓释的影响。

日本海外港口开发至今所取得的成效是60余年的累积所得。即使在未面临高强度竞争的20世纪60—90年代，日本规划调查项目向建设运维、运营管理的转化率也是比较低的。何况日本官、民综合投入远大于直接投入。这反映了渗透式海外港口开发"水滴石穿"一般的难度，但同时，其受到对象国认可和欢迎，很少有"一锤子买卖"，日本和日本民众获得了良好的国际反馈，这又反映着渗透式海外港口开发的成效具有长期性。

这一模式的创新提高了日本海外港口开发的竞争力，模式的运行降低了日本海外港口开发战略推进的成本。这一模式可概括为国家主导、官民一体，战略推进、内外统筹，全程参与、全链捆绑，身份建构、差异竞争。

一、国家主导、官民一体

国家主导使日本能够更加有效地整合各类资源和战略目标，国家主导模式是日本港口开发相较西方的特殊之处。虽然在新自由主义风潮下，日本对大政府主义进行了改革，国家对国内经济发展和国际经济合作的介入降低，但相较其他国家，日本保留的国家主导事务范围更广，港口开发至今仍由国家主导。20世纪70年代，日本学者喜多村昌次郎便一针见血地指出：日本港口具有"公共属性"，民间参与有限。[1] 北见俊郎、黑田胜彦、小林照夫等在学术著作中多次强调日本港口开发由国家主导、国家运营，并寻根溯源认为，始于明治维新的土地私有化改革并未触及日本沿海地带土地公有的根本，这反映着日本与西方政府权

---

[1] 喜多村昌次郎、『港湾産業』、成山堂書店1971年版、第205-208页。

力观的迥异。①

海外港口开发由国家主导是日本国内港口开发的本质特征由内向外传导的结果，也是国家海洋观引领下日本以海外港口开发服务国家对外战略的产物，体现了海外港口开发是日本人文性海洋资源中的优势资源和战略性资源。

国家主导并非"国家全包"，官民一体是日本横向对比中的特殊化，也是日本式国际战略推进落实中的普遍做法。明治维新以来，从战前的武力扩张期开始，日本就体现出鲜明的政、产、学、研、商多主体共同推进战略实现的特点。例如"大名鼎鼎"的"满铁"。战后，日本由武力扩张型海洋战略转向现代化海洋外交，②仍然延续着其官民一体推进的手法，具有官方背景的机构、智库，与强大的商社、行业力量发挥出巨大作用。如石油天然气与矿产资源机构③承担着对象国调研、政府政策咨询职能，同时也与帝国石油等日本企业共同出资进军国际海洋石油开发市场。

再如，日本经济腾飞后一直想介入"海上咽喉"马六甲事务，但苦于沿岸国反对。面对"日本意欲经济侵略"的指责，④日本政府退居幕后，由民间组织出面向印尼、马来西亚、新加坡等沿岸国提供海图、灯塔等公共产品。⑤以此为切入点，日本逐渐取得沿岸国信任，对当地

---

① 北見俊郎、『港湾総論』、成山堂書店1980年版、第57-65页；黒田勝彦編著、奥田剛章、木俣順共著、『日本の港口政策—歷史と背景』、成山堂書店2014年版；小林照夫、『日本の港の歷史？その現実と課題？』、成山堂書店1999年版。

② 王旭："日本参与全球海洋治理的理念、政策与实践"，《边界与海洋研究》2020年第1期，第6页。

③ 石油天然气与矿产资源机构是隶属于日本经济产业省派出的官方机构，在多国设有代表处。

④ 高田清、『200カイリ戦争—海洋分割時代で日本はどうなる』、創土社1977年版。

⑤ 1971年，马来西亚、新加坡、印尼等马六甲沿岸国发表共同声明，承诺共同承担维护马六甲海峡通行安全的沿岸国责任，拒绝其他国家对马六甲海峡权力的染指。日本财团推动"马六甲海峡协议会"成立使日本获得机遇。因为当时日本、新加坡、马来西亚用的是英国海军的海图，印尼用的荷兰的海图，不能满足航行安全的需要。日本与马六甲沿岸国合作绘制海图的工作随即开启。

海事事务的影响力逐渐上升。这种官官民民（官即是民、民即是官）的举国模式大大提高了日本国际战略推进的覆盖面和深度，也是日本对外战略推进取得较好效果的主要原因之一。

海外港口开发战略推进中，政府一度退居幕后，由 JICA 冲在前台发挥作用，这高度符合上述日本官民一体模式的一般性规律。当然，近些年来，随着海外情势和市场的变化，日本海外港口开发中的官民一体也出现若干未偏离其本质特征的创新路径。

海外港口开发对外援助项目正从对外援助走向对外援助 + 政府和社会资本合作。这是新官民一体的新手法之一，为契合时代潮流，日本期待民间力量发挥更大、更多元作用，包括参与投资建设、入股运营、融资支持、第三产业和第二产业协同出海等。通过构建理事会（国内）、项目磋商会（国际）等官民一体的渠道，民力既担任商业活动中的主角，政策制定的建言者，更成为与官方一同维护、拓展日本海外利益与海上利益的关键参与者。

顺应潮流的另一个表现是，日本政府从幕后走向台前，日本围绕海外港口开发的高层营销"触顶"。21 世纪以来，日本与对象国首脑会谈以及建立两国间港口开发合作机制相结合，激发对象国需求；特别是在国家战略向地缘竞争和重视安全调整后，官方对推进项目的热情再度提升。

新官民一体是日本为适应国际格局和国际经济结构变化所做出的努力，但"术"的优化难以抵消"道"的劣化，如果日本挑动零和竞争，那将制约其新官民一体发挥效能。

二、战略推进、内外统筹

日本海外港口开发并非仅仅是一门生意，而是国家战略组成部分。日本比其他国家更重视也更善于运用经济力量来推进国际战略的实现。这基本可以划分为三个阶段。

第一阶段是二战后经济起步，重化工业是日本的经济支柱性产业。日本海外港口开发服务的最主要经济目标是寻找资源能源，确保初级产品供给保障安全。这一经济目标也是日本初始的经济安全战略诉求。政治目标是通过从战争赔款走向对外援助，改善战争对日本国际环境的负面影响，树立日本负责任的良好国际形象。上述战略目标是非零和的，因此得以较好落实。

第二阶段是日本经济结构从"重厚长大"向"轻薄短小"做动能转换到以日本为"头雁"的东亚模式形成。日本海外港口开发服务的优先经济目标是支持东亚产业内分工网络的高效运转、兼顾初级产品供给保障，政治目标是通过密切区域内经济联系来争取区域事务主导地位，还提出了以日本为中心的"东亚一体化"愿景。日本地缘经济战略得以较好推进，但是政治目标触及美国在本地区的既得利益，效果不彰。

第三阶段是美国"重返"亚太、中国大国崛起至今。日本海外港口开发优先服务地缘竞争目标。在"美主日从"框架下，依托美日澳印"四边机制"遏制中国在区域日益增长的影响力，以港口支点的筹谋设计牵引国际产业链、供应链、价值链向着"更安全、更有弹性"的方向重塑。与此同时，主导国际产业塑造，扩大海外市场，落实日本"基础设施系统出口战略"，实现"日本再兴"。现阶段的日本国家战略相较以往，是最强调地缘竞争、大国竞争、零和竞争的，国家主导和国家战略投入也随之进一步加大。这一战略性转变走向错误的方向，冲击着日本渗透式海外港口开发模式，违背了日本重视利益与风险平衡的一贯做法，恐使日本陷入战略透支。目前，这一进程仍在发展变化中。

回顾70余年的历史，日本海外港口开发战略与国内港口开发协同推进，是海外港口开发战略推进的坚实保障。日本国内港口开发的积淀为海外港口开发注入源源不断的人才、技术、模式、机制支持。日本国内港口开发中所形成的港城一体化模式、重视规划调查全流程参与、抗震减灾技术标准、环保导向、信息化探索等经验被推广出海，为日本在国际竞争中赢得若干优势。

日本对国际港口网络的战略意义有着较为清晰的认识，这源自日本深知是内、外港口共同构成了日本经济内外循环的动脉网络。也正因如此，在东亚经济格局演变带动发展中国家港口群体性崛起后，日本在诸多反对声中出台"战略港"战略。然而，对于后工业国家日本来说，制造业回流与海外直接投资扩张的矛盾越来越突出，海外港口开发越是有声有色，国内港口一蹶不振、经济一蹶不振的态势越是难以扭转。这是日本当前正在面临的矛盾困境。

三、全程参与、全链捆绑

日本的全程参与看似增加了战略成本，实则提高了战略效益。有别于大多数国家的普遍做法，日本将海外港口开发视为规划调查（"川上"）、建设运维（"川中"）、运营管理（"川下"）三个阶段的统一，而非某个具体项目的中标。日本的谋划是长期的，战略目标也是锚定对象国的更深度、更广泛介入的。

日本海外港口开发的规划调查项目数量极多，是典型的"广撒网"。日本政府在这一阶段发挥的作用最大，JICA代表日本政府接洽项目最多、参与时间最长。近几年，为进一步推动海外港口开发，日本政府又特别成立了日本海外交通与城市开发项目支持机构。具有可行性和必要性的规划调查项目被日本政府列入视野，推动其转化为日本参与主导的建设项目。包括JICA、海外交通与城市开发项目支持机构等具有官方背景的机构往往率先对海外港口项目进行投资，以官方的支持吸引日本民间资本注入，再由东洋建设等日本工程企业承建。最后一环是运营管理。日本基于前期与对象国建立的沟通机制与互信关系开展公关，推动日本参与项目的运营管理。介入运营管理的方式有建造—运营—移交模式、特许经营权、入股等几种。前两种获得的主导权更大，是日本的优先目标，如对迪拉瓦港的运营。也有日资投资参与运营管理公司组建的，如越南和柬埔寨的几个港口项目。

从更广义的全程参与看，日本致力于向"川上"的"川上"延伸，包括构建双、多边的港口开发机制或交通合作机制、承接对象国的国家港口或交通发展规划等，从而从港口开发需求的信息搜集者、承建方摇身一变成为对象国港口开发所需的生产者。

此外，日本还有些外围手段，如运用港航国际组织、开展国际港航人才交流和举办培训等，为日本海外港口开发充分打牢地基和造势。这些做法在东南亚、南亚、非洲等重点区域极为普遍。这些铺垫有助于激发对象国的港航发展需求，强化对象国对日本海外港口开发能力的信任，使日本推进海外港口开发更为顺畅。

全程参与是客体的全程，全链捆绑是主体的全链。制造业对港航产链塑造作用突出是日本模式的另一大特色。货物、港口节点、航运作为上、中、下游构成完整的链条，三方权力在经济逻辑下（同时受政治安全因素影响）达到动态平衡。日本海外港口开发覆盖了对货权、港权、航权的关切。不同主体对货权、港权、航权的不均衡关切，促使不同类型的日本企业对参与海外港口开发有着不同的偏好。从港口企业看，日本港口企业"走出去"比较少，只有京滨、阪神这样的头部码头运营公司尝试出海，日本还没有孕育出高度国际化的头部国际码头运营商；从航运企业看，虽然按照业界内衡量其竞争力超过了日本码头运营商在国际上的影响力，但日本航运企业在海外的投资横向看并不突出，不能代表日本海外港口开发的最优势力量。尚未得到应有重视的是，日本制造业对海外港口开发的参与度远高于国际社会普遍水平。

作为制造业大国，制造业背后的综合商社是日本优势战略资源。在日本政府的推动下，综合商社成为日本海外港口开发的主力军。综合商社与政府有着深厚的渊源，一直是日本战略利益拓展的重要力量。首先，综合商社在对象国深耕多年，其实地经验在参与海外港口建设运维和运营管理两个阶段中发挥着积极作用。其次，综合商社背靠综合产业的商业优势，以港城一体化推进，直接指向国际资源能源博弈和国际产业链供应链主导权竞争。最后，综合商社进军海外多年，主要对象国分布在东南亚、南亚、中东、非洲地区，即世界地缘、政治、经济的新中心——"印太"。日本海洋战略的最新动向就是推动综合商社更积极地参与海外港口开发。未来，日本综合商社所发挥的作用将有增无减。制造业深度参与海外港口开发，将使日本塑造国际港航产业链更赋弹性和韧性。

四、身份建构、差异竞争

学界普遍认为，外宣是日本的强项。海外港口开发中，日本为自己量身打造了港口规划强国、建设强国、运营强国以及追求"普世价值"的身份形象，并制定了差异化竞争策略。日本考虑有二：一是宣传自身优势，取得对象国信任；二是建立"护城河"，拒止外部竞争。

日本以偏好"研讨"闻名，虽然规划调查耗时较长，但日本团队工作细致，报告论证比较充实，普遍得到对象国的认可，港口规划强国"人设"基本实至名归。充分发挥规划调查方面的优势，是日本以规划调查切入海外港口开发的直接表现。当然，更深层的原因是获取信息和渗透。

面对海外港口开发中的激烈国际竞争，日本宣传自身在抗震、绿色环保、信息化、标准化技术等方面具有优势，试图以上述优势来对冲成本高、工期长的劣势。气候变化治理背景下，绿色化顺应了潮流，在自然灾害的频频冲击下，愿意为抗震买单的国家增多，日本所宣传的此类"优势"有助于实现差异化竞争。

日本自称港口数字化强国的说法比较牵强，日本在港口数字化、智能化上并不领先，在发达国家和港口大国中甚至滞后，只是相对于发展中国家来讲具有一定先进性。另外，日本推广数字化有主导国际港航数据网络的考虑。此"人设"是"项庄舞剑，意在沛公"。

追求"普世价值"是手段而非国家价值观的追求。日本在"印太战略"中讲"自由、开放"，在海洋议题上谈"规则、法治"，在海外港口开发中吹嘘"标准""劳工友好"。这是其外交方针的一部分，这样的外交方针，目的在于联合有"共同价值观"的"民主国家"组成"排他性"战略联盟，共同对付"异己势力"。[1]

---

[1] 吕耀东：《日本国际战略及政策研究》，社会科学文献出版社2021年版，第39页。

余　　论

习近平总书记指出："经济强国必定是海洋强国、航运强国。"[①] 纵观世界历史，大国向海而兴、背海而衰，中华民族伟大复兴也必然伴随着海洋强国、海运强国、港口强国建设。坚船利炮开路一去不复返，作为后发国家，中国不可能复制靠掠夺构筑全球网点的发展模式，而是必须走利益共同体、命运共同体的道路。[②]

进入新时代，中国"走出去"步伐加快，已成为海外利益和海上利益分布最广泛的发展中大国。在多个国际场合，习近平总书记提起港口时，用"重要支点""重要枢纽"来形容港口在"一带一路"中的重要性。[③] 港口在共建"一带一路"、海洋强国建设中的重要作用毋庸置疑。如何以港口这一"重要支点""重要枢纽"来推动共建"一带一路"和海洋强国建设是重大理论和现实议题。

一、以"全球发展倡议"引领中国特色海外港口开发

日本海外港口开发契合区域发展大势和对象国诉求是其战略推进取得一定成效的根本性原因，但日本尚没有做出创新性的理论贡献。"有

[①] "航海日，看总书记如何把脉'航运强国'"，新华网，2020年7月11日，http://www.xinhuanet.com/2020-07/11/c_1126225930.htm。（上网时间：2020年7月13日）

[②] 贾大山、金明：《海运强国发展模式》，人民交通出版社2018年版，第238页。

[③] "书写新世纪海上丝绸之路新篇章——习近平总书记关心港口发展纪实"，人民网，2017年7月6日，http://jhsjk.people.cn/article/29385979。（上网时间：2020年7月13日）

余 论

道无术，术尚可求也，有术无道，止于术。"作为全球最大的发展中国家、世界第二大经济体，中国要有中国担当、中国智慧、中国贡献，要主动回应世界对中国的期待，以更先进的理念引领世界探索更加公平、合理的全球治理体系，向世界提供更赋时代感、更有生命力的发展方案。

习近平总书记在2021年召开的第76届联合国大会上首次提出"全球发展倡议"，这是中国全球发展方案的基石。港口是全球化的起点、海上通道的支点、国际产业网络和国际市场的节点，只有将海外港口开发置于"全球发展倡议"的理论框架中，才能激发出中国海外港口开发的更大活力。

第一，"全球发展倡议"核心在"发展"，应从贯彻新发展理念的高度推进海外港口开发。中国共产党十八届五中全会提出了创新、协调、绿色、开放、共享的发展理念。党的二十大报告指出，"贯彻新发展理念是新时代我国发展壮大的必由之路"。[①] 新发展理念不仅为我国发展指明方向，更具有世界性。海外港口开发需深入贯彻人类命运共同体理念、海洋命运共同体理念，倡导共商、共建、共享、共赢，以新发展理念引领推动港口高质量开发，通过港口经济、港口文化、港口数据建设的高质量发展，充分激发以港口合作带动区域协同发展、人员货物往来、文化交融创新等动能，使发展的红利惠及对象国，在海外港口开发中为全球海上互联互通提供有别于西方的互利共赢、包容可及、可持续的愿景。

第二，"全球发展倡议"关键在"全球"，应从陆海联通、陆海统筹的高度推进海外港口开发。日本制造"陆海对立"的局限性凸显中国"陆海统筹"的战略生命力。"全球发展倡议"是全人类共同价值的体现，我们的世界既有岛国，也有沿海国、半岛国、内陆国，并非简单

[①] "习近平：高举中国特色社会主义伟大旗帜　为全面建设社会主义现代化国家而团结奋斗——在中国共产党第二十次全国代表大会上的报告"，新华网，2022年10月25日，http://www.news.cn/politics/cpc20/2022-10/25/c_1129079429.htm。（上网时间：2022年11月1日）

以大陆国家、海洋国家割裂，况且《公约》明确规定，包括内陆国在内的任何不同地理类型国家都有出入海洋的权利和过境自由。中国作为陆海兼备、陆海联通的国家，需进一步深化东、西双向开放的新格局，将中国打造为联通亚欧大陆与印度洋、太平洋、北冰洋的全球中心国家，将中国港口城市打造成全球中心城市；需客观认识中国仍处于从海洋大国向海洋强国迈进的关键阶段，海权、海缘并不只是一岛一礁的争夺，而是用海、管海、治海、控海能力的综合运筹；需强化国内港口支点和海外港口支点的组网作用，立足陆、布局海，以"陆海统筹"抵制"以海制陆"。

第三，"全球发展倡议"抓手在"倡议"，应从"仰望星空"与"脚踏实地"并驾齐驱的战略智慧出发，倡导区域合作，稳步推进海外港口网络建设。港口是串起陆海边缘破碎地带的纽扣，是创新区域发展的钥匙，需将港口开发合作作为区域合作的主要议题之一，在多边框架下倡导国际港口互联互通的新方案，推广中国港口发展模式，加强政府、商界、学界的多层次交流，引领构建大数据时代的港口新标准。具有海缘属性的"印太"地区是中国大国崛起的挑战所在，也是机遇所在。倡议应在东亚先行先试，再向南亚、非洲、中东乃至全球推广，进而形成港口开发"南南合作"新模式。

二、主动识变、应变、求变，形成中国特色海外港口开发方案

日本抓住朝鲜战争"机遇"实现战后经济复苏，倚美出海开启海外港口开发，抓住集运港大发展机遇实现港口强国崛起和海外港口开发推进。如果说日本以"适应性进取"的对外战略推进寻得自身在国际政治格局、权力格局、经济格局中的"生态位"，那么中国更应顺潮而动，拿出与大国地位相匹配的具有新时代特征的中国方案。

第一，开放性的方案。虽然零和竞争必然不受欢迎，但良性竞争是有益的。中国对外经济合作的优势是体量大、后劲足。"日本无法在东

非或其他任何地方与中国进行同等规模的竞争。事实上,没有一个国家能在规模上与中国竞争。"[1] 中国方案的优势还在于"接地气"。作为发展中国家,中国能给对象国提供质优价廉且不强加"价值观"等附加条件的方案。这自然受到发展中国家的欢迎。而来自日本等国家的竞争是检验中国方案优劣的一个影子,促使中国不断完善、改进自身的工作。以港口为重要组成的全球基建合作的良性竞争,可为发展中国家发展水平的提高带来更多资源,为全球经济增长注入持续动力,助力世界经济的良性循环。

第二,前瞻性的方案。从模式看,海外港口支点经营历经军事控制、政治控制、经济控制,当前又加入规则控制,绿色港口、数字港口可能成为未来新的规则门槛。能源革命和信息技术革命深度交融演进,可能对当前以吞吐效率、质优价廉为核心竞争力的既有逻辑造成一定冲击。中国有后发经济优势和港航产业链蓬勃发展的实践基础,有能力也有必要准确判断时与势,将国内绿色港口、数字港口建设经验转化为对外战略资源。

一方面,做好内外统筹。包括港口在内的基建服务于互联互通,港口是天然的国际互联互通的支点,这使港口战略更迫切地需要内外统筹协同推进。内外统筹是港口大国的标配,美国拜登基建计划包含国内基建和全球基建两部分,国内和全球都包括港口项目。日本国内强港建设与海外港口开发内外协同发展。内外统筹是中国构建国内国际双循环相互促进的新发展格局的必然要求,应统筹谋划内循环和21世纪海上丝绸之路建设,并系统推进。

另一方面,引领融合基建。中国已成为世界性大国,中国需有中国的创新模式,凭引领而非追逐成功。当前,传统基建、社会基建、绿色基建、数字基建走向融合式发展。中国是为数不多有能力对外提供融合

---

[1] Brendon J. Cannon, "Grand Strategiesin Contested Zones: Japan's Indo-Pacific, China's BRI and Eastern Africa", *Rising Powers Quarterly*, Vol. 3, Iss. 2, 2018, pp. 195 – 221.

基建这一系统性解决方案的国家。中国应依托体制优势、规模优势、数据优势、技术优势，抓住新旧基建融合的新机遇，锻造海外港口开发合作的竞争力"护城河"。以港口为依托的枢纽经济发展是对传统港口经济的升级以及对全新发展路径的探索。充分发挥中国的数字经济优势、物流产业优势，陆海统筹建设国际陆港、第五代港口，推动全球港航产业链从"港对港"走向"门对门"，或可成为中国新的制度性贡献。

第三，系统性的方案。一是制造业和服务业同步出海。律师事务所、会计师事务所、咨询机构、金融机构等服务业在日本海外港口开发和对外经济战略推进过程中发挥出独特作用。中国港口强国、航运强国建设已取得令人瞩目的成功：拥有全球最大规模的港口群，是全球港口货物吞吐量第一的国家，与全球100余个国家打通了航线，是全球航道连接度最高的国家，海运船队运力规模达3.1亿载重吨，位居全球第二位。但仍需正视，中国仍处于港航产业链的底端[1]。未来，中国需着力提高金融、仲裁、保险等高附加值港航服务业态发展水平，并将其转化为海外港口开发推进的优势。

二是细化战略目标设计。日本海外港口开发从被动参与、主动融合到争取主导，统筹兼顾通道安全和资源能源安全、国际产业网络布局、海外市场拓展、地缘竞争等多重战略目标。中国海外港口开发成绩可圈可点，对于保障初级产品供给安全、展示中国大国形象发挥着重要作用。下一阶段，随着前所未有地接近建成海洋强国的目标以及海上丝绸之路走深走实，中国对海外港口开发的战略目标设计也需随之从"大写意"走向"工笔画"。中国改革开放以来，在上一轮经济发展和产业布局中，港口经济是核心支柱，承载了外向型产业发展的历史重任。[2] 中

---

[1] 邵贤伟："'双循环'背景下我国港航发展创新的路径"，《中国港口》2022年第2期，第10页。

[2] 汪鸣："港口经济发展创新问题探讨"，2017年宁波海丝国际港口论坛发言，http://www.mpforum.org/uploads/headpic/2018 - 04 - 11/5acdac42a8380.pdf。（上网时间：2022年1月10日）作者系中国国家发改委综合交通运输综合研究所所长。

国港产城一体化发展积累了丰富的历史经验，在新的发展阶段，海外港口开发推进应更侧重瞄准国际产业结构塑造和海外市场拓展，切实提高产业链、供应链弹性，维护产业链、供应链安全。

三、坚持系统观念推动中国特色海外港口开发行稳致远

在百年未有之大变局的背景下，大国之间的竞争更多体现为包括军事威慑力、经济影响力和制度塑造力的综合国力竞争，国家实力在硬、软两方面的统筹作用越来越突出，海外支点的控制和经营不再基于武力，而是依赖长期的、系统性的投入。无论客观条件抑或主观意愿，都决定了中国无法照搬美欧的殖民式、霸权式对外战略支点网络构建模式，[①] 海外港口开发是中国的必然选择。

以经济外交作为对外战略推进的主要手段曾是日本的殊相；当前，已经几乎成为大国拓展海外权力和利益的普相。日本渗透式海外支点经营模式根植于国家利益，这一模式是先适应再寻机的、缓慢的、系统的、长程的，不以一朝一夕单个项目论成败的，同时，其对于对象国的影响是深远的、稳定的。中国作为一流大国不可能复制日本模式，但应重视和挖掘以日本为代表的渗透式海外支点经营的启发价值。

第一，丰富主体层次，全方位绘制战略版图。横向衔接看，日本除外务省外，其他省厅、海上自卫队等也充分发挥涉外职能，在对外战略推进中，有的负责业务、有的牵头涉外事务。牵头和负责体现在立法、机制、行动指挥、数据库建设、行业组织以及内外宣传等各方面。从而提高了专业性和针对性，避免出现国家对外战略利益拼图的空白。这是

[①] 美国海外利益保护体系是以战略霸权、全面威慑和武力兜底相辅相成的综合性体系，无需以经济外交构建海外支点和海上通道安全网络。英国、法国等老牌资本主义国家至今仍拥有海外领地，这使其全球战略自由度较高，实现战略重心转向"印太"较为灵活。详见本书第一章。

一种战略性运用人文性资源的自觉。比如，港口建设由国土交通省负责，那么相应的涉外金融、咨询、技术、施工、运营、宣传等所有环节都由国土交通省牵头，与各类企业、学界的联系也由国土交通省负责组织。

纵向衔接看，无论任何国家仅凭政府力量都难以维护所有海外利益，一个国家特别是大国，在海外的力量体系并非只有使馆等代表政府的官方机构与企业末梢这两个层次，日本在维护和拓展海外利益时，尽力铸造多层屏障，用足各类力量。国家不仅要精准把握海外港口支点战略目标，还要运用与调动官、民各类资源；在对外战略推进中，促进官、民作用互补；实现官方各部门和民间各方面可依靠力量的专业推进和战略自觉。

行业协会、金融机构、技术委员会、律师事务所、会计师事务所、咨询机构等介于官民之间的力量，平时是情报收集的触角和塑造对象国政策、法律、规则、体制的主要力量；危急时刻是维护国家海外利益的重要载体。例如，日本对迪拉瓦经济特区的经营中，日本律师担任法律顾问。缅甸军人接管政权后，在缅日资律师事务所协助使馆开展"日本国民保护"，会计师事务所进行企业经营状况和撤留意向摸排。

日本参与海外港口开发的民间企业也十分多元，包括港口运营管理公司、港口物流公司、航运公司、仓储公司、综合商社等。港口运营管理公司、港口物流公司、航运公司、仓储公司是海运以及港口建设竞争力的保证。大型综合商社在对象国经营多年，其拥有的资源可以运用在海外港口开发中。

中远海运和招商局已成为全球举足轻重的海外港口开发主体。中远海运以港航一体化模式见长。其拥有全球最大的商船队，干散货、邮轮、特种船运力全球第一，集运运力全球第三。中远海运参与港口开发是港权、航权融合的典范，旨在发挥中远海运及海洋联盟的协同效益，加强全球化港口布局，强化码头和港口业务的控制力和管理能力。

招商局以港城一体化建设模式见长，逐步由财务投资向投资、建设、经营并重转型，长期持有，从单纯的港口码头建设、运营向区港联

余 论

动综合开发演进。这是打通港航产业链的有益尝试,旨在打造港口物流、金融和产业园区一体化发展。

中国是制造业大国,超大规模经济具有外溢效应,产业链的延伸与攀升需要由国内向国外转移的过程。[①] 中国企业"走出去"是系统性工程,除港权、航权、货权的统一,更需强化买权、卖权对于港权的介入,并以港权的巩固推动买权、卖权的强化。制造业企业所发挥的作用不可替代,国际港航产业链安全维护与塑造需要具有国际竞争力的制造业企业的更多参与。展望未来,中国尤其需要更多的大型综合性商业集团"走出去"参与到海外港口开发之中。

第二,抓住主要矛盾,随时反思与改进。全球化背景下,没有国家能做到100%保护海外利益。成功的对外战略不是每战必胜,而是善于总结经验教训和转危为机。日本海外港口开发并非没有遇阻,例如,20世纪90年代,日本在菲律宾八打雁港项目上因激起当地民愤曾遭受挫折。日本对外援助也曾饱受国际批评。1989年,日本成为全球最大的对外援助国,欧美学者对日本对外援助"过于关注地缘经济利益和援助质量较差"的批评达到顶峰。[②] 日本对此保持弹性,一方面,宣传要提高援助质量,加强人文和社会关怀;另一方面,则坚持以"经济基础设施"为主的对外援助策略。

中国对外经济合作取得诸多成功,也将持续面临诸多挑战。"美国炒作的'经济胁迫'旨在强化相关国家对"中国威胁"的认知,但也提示中国需对运用经济手段促成外交目标的手法不断进行优化。"[③]

中国的海外利益涉及190多个国家,点多、线长、面广,不是所有利益都是国家核心利益,不是所有海外港口合作项目都是战略性工程。

---

① 傅梦孜:《"一带一路"建设的持续性》,时事出版社2019年版,第69、79页。
② Dennist. Yasutomo, "Why Aid? Japanasan 'Aid Great Power'", *Pacific Affairs*, Vol. 62, No. 4, 1989, pp. 490 – 503.
③ 赵明昊:"拜登政府印太战略的新意与困境",中美聚焦网,2022年3月2日,http://cn.chinausfocus.com/foreign - policy/20220302/42544.html。(上网时间:2022年3月3日)

国家利益的分级、分类管理，需要细化到对海外利益"毛细血管"的洞察，辨别出什么是核心利益，再精准施策；需做好短期利益与长期利益、短期风险控制与长期风险控制的辩证统一。

港口合作是共建"一带一路"的标志性成果，要关注项目运营维护以及升级等可持续发展问题，真正做到"拿得下、拿得住、拿得稳"，并产生良性外溢效应。这需要进一步加强对国际形势的研判、对对象国的研究，以及加强自身能力建设。

第三，注重细节，适应并塑造战略环境。日本建设港口强国、推进海外港口开发，成功利用了"美国因素"和冷战前后的国际环境。在美极力打压中国崛起的背景下，如何降低美国因素的负面影响，甚至将美国的阻挠、打压转化为发展机遇是必须思考和面对的问题。

此外，日本海外港口开发善于"闷声发财"。其数十年来持续由国家主导、战略推进并成绩斐然，仍能够一直保持着"低调"。相比之下，科伦坡港、瓜达尔港、比雷埃夫斯港等，中国海外港口开发承受着过高的舆论热度。学术和舆论热点反映客观事实，同时也深受国际话语权影响。更好塑造国际话语、用学术的语言讲出中国声音是值得努力的方向。

图书在版编目（CIP）数据

日本海外港口开发战略研究/王旭著. —北京：时事出版社，2023.11
ISBN 978-7-5195-0554-7

Ⅰ.①日… Ⅱ.①王… Ⅲ.①港口经济—经济发展—研究—日本 Ⅳ.①F553.133

中国国家版本馆 CIP 数据核字（2023）第 179783 号

出 版 发 行：时事出版社
地　　　址：北京市海淀区彰化路 138 号西荣阁 B 座 G2 层
邮　　　编：100097
发 行 热 线：（010）88869831　88869832
传　　　真：（010）88869875
电 子 邮 箱：shishichubanshe@sina.com
印　　　刷：北京良义印刷科技有限公司

开本：787×1092　1/16　印张：16.5　字数：240 千字
2023 年 11 月第 1 版　2023 年 11 月第 1 次印刷
定价：105.00 元

（如有印装质量问题，请与本社发行部联系调换）